本套丛书得到北京市教委
“北京市中小学特级教师研修工作室”项目资助

JIAOYU XUYAO
HUANWEI SIKAO

教育需要换位思考

王志伟 著

首都师范大学出版社
CAPITAL NORMAL UNIVERSITY PRESS

图书在版编目（CIP）数据

教育需要换位思考/王志伟著. —北京：首都师范大学出版社，2016.11
(2017.11 重印)
ISBN 978-7-5656-3179-5

Ⅰ.①教…　Ⅱ.①王…　Ⅲ.①中学教育—研究　Ⅳ.①G63

中国版本图书馆 CIP 数据核字（2016）第 219604 号

JIAOYU XUYAO HUANWEI SIKAO
教育需要换位思考
王志伟　著

责任编辑　孙　琳
首都师范大学出版社出版发行
地　址　北京西三环北路 105 号
邮　编　100048
电　话　68418523（总编室）　68982468（发行部）
网　址　www.cnupn.com.cn
印　刷　北京九州迅驰传媒文化有限公司
经　销　全国新华书店
版　次　2016 年 11 月第 1 版
印　次　2017 年 11 月第 2 次印刷
开　本　710mm×1000mm　1/16
印　张　12
字　数　210 千
定　价　26.00 元

丛书编委会

序

习近平同志在2014年我国第三十个教师节前夕同北京师范大学师生代表座谈时谈道："一个人遇到好老师是人生的幸运，一个学校拥有好老师是学校的光荣，一个民族源源不断涌现出一批又一批好老师则是民族的希望。"

"国家大计，教育为本；教育大计，教师为本"已成为尽人皆知的道理。因此，教师队伍建设始终是各级政府都十分重视的一项工作。北京市为适应基础教育改革与发展的需要，落实国家和北京市中长期教育发展规划纲要，在"十二五"期间实施了"首都名师、名校长、教育家培养工程"和"农村教师素质提升计划"，加大对农村教师、中青年骨干教师、特级教师、市级学科教学带头人和基础教育名师名校长及教育名家培养的力度，全面提升教师专业发展水平，促进首都教育质量的全面提升。

特级教师作为基础教育教师队伍中具有特殊作用与地位的群体，其专业发展受到广泛关注。特级教师如何在现有基础上取得专业发展上的突破以带领更多的教师进步、成长，成为困扰许多人包括特级教师自身的问题。分析特级教师这个群体的一些特征：他们在教学实践中积累了丰富的学科教学经验；习惯于对学科课程问题和怎么教进行思考；在学科教学方面形成了一定的影响力；寻求在学科教学方面的进一步发展，但取得新的突破很难。我们不否认一部分特级教师中的佼佼者已经突破了发展的瓶颈，但多数特级教师缺乏对自身经验进行解释的意识和能力。可以说对特级教师而言，新的突破就在于对已有经验的超越！针对于此，2013年首都师范大学受北京市教委的委托，承担了"北京市中小学特级教师研修工作室"项目。该项目将"通过学习研修，使入站研修的特级教师深入理解学校教育与学科教学的本质，总结和提炼自身的教育思想与教学风格，形成理论自觉意识，获得作为特级教师的可持续发展能力，为成为北京市名师和教育名家奠定基础"作为项目的培养目标，将"提升理论自觉意识与理论素养，凝练教育教学思想"和"提升教育研究能力，坚实发展基础"作为培养特级教师的工作重点。

特级教师可以从事的研究领域是宽广的，可以研究的问题也是多样的。其中有一项研究是我们特别关注的，那就是特级教师指向自我的研究。“自己”是研究对象，也是研究者，还是一定意义上的研究工具。伴随着这样的研究，他们需要学习，需要“充电”，需要反思，需要“再成长”。在这一过程中，他们更多地思考了“是什么”与“为什么”的问题，更多地揭示了“自我经验”形成的“道理”，更清晰了对教育、教师、学生和自己的认识，从而也更清楚了自己的教育思想和教学风格。

这套丛书收录了部分特级教师指向自我的研究成果，希望丛书内容不断丰富、作者的队伍不断壮大。也衷心希望本套丛书的出版，能为中小学教师的相互学习与交流搭建一个平台，以促进中小学教师的专业发展；能为读者深入理解优秀教师的成长、理解教育教学实践提供“食粮”。

张景斌

2016年2月2日

前言

2013年3月我有幸加入首届“北京市中小学特级教师研修工作室”，第一次开会工作室就提出了明确的培养目标：第一，总结和提炼自身的教育思想与教学风格，形成理论自觉意识；第二，提升教育研究能力，坚实发展基础。为此工作室不遗余力，积极举办了各种讲座，使我们能面对面向国内外教育界大师请教；还不定期地组织参观考察活动，比如2014年3月到东北育才学校和哈师大附中的参观交流活动；2014年12月去云南的支教活动。这些活动的开展让各位学员在理论和实践两个层面上都有了一定程度的提升。同时工作室要求每位学员以“自己教育特色的形成与发展”作为课题进行研究。在王尚志教授的指导下，经过一段时间对自己人生的回顾总结和对自己教育经历的沉淀梳理，我感觉“换位思考”的理念是我人生中一个比较鲜明的特点，同时觉得这个特点对我在工作上的成长帮助很大。当然这只是一些感性认识，总结以往教学和研究过程中的得与失，可以更好地看清前行的路，更好地提升自己的工作成绩。为了能够在理论层面上更进一步总结提高，以期形成一个比较系统的成长轨迹，我参考了其他研究者的相关著作和文章，学习他们如何总结自我，提炼经验，精确表达，同时注重梳理以往教学过程和研究学习过程的点滴收获，于是形成了本书稿。

目　录

换位思考之认识篇

一、生活经历让我注重换位思考

我1964年出生，在河北的农村长大，幼年的生活环境对我的影响还是比较大的。我幼年的时候父亲就因病早逝，在农村，家里没有成年男性生活是很艰难的，我所说的艰难不仅仅是经济上的捉襟见肘，更重要的是生活上的种种力所不能及，比如从村口的水井里往家里担水，比如从生产队里把分得的粮食背回家，这些对其他人家来说最平常不过的小事，在我家就成了很难解决的问题，因为当时我的大哥也不过12岁，我又没有叔伯，而这些事情几乎是天天需要做的，所以也不能每次都求人帮忙，只能自己想办法解决，当然还有在生产队里各种待遇上的不公平等问题。这些经历可以让我成熟得更早一些，也让自己思考得更多一些，现在想来其实自己童年时期就已经在体会家人生活的不易，与家人或者其他伙伴交往时就能考虑对方的感受，这可能就是朦朦胧胧的换位思考的意识。

小学时期有一件小事让我现在还记忆犹新，也一直心存愧疚。我母亲是我所就读小学的教师，小学四年级的时候，我的数学老师是一位将要退休的老太太，可能因为和我母亲是同事的缘故，她对我很关心。有一次数学课讲列算式解应用题时，老师课下问我能否听得懂，我的回答大意是说上课听不太懂，还不如课下自己想明白。当时没有任何感觉，老师后来说了什么也没有任何印象了。但不知道为什么这件事情一直没忘，过了很长时间，应该是几年以后，不知道受到什么事的触动又回忆起这件事，才意识到不应该那样对老师说话，很不礼貌，让关心自己的老师很伤心。正是由于这件事给我心中留下了很深的印象，所以我以后说话做事时总是能考虑到对方的感受。

二、工作经历让我注重换位思考

我1982年大学毕业分配到河北省乐亭县汤家河高中，有幸和乐亭县唯一的一位数学二级教师(职称改革前的老二级教师按比例远少于现在的特级教师)刘呐宇老师同校任教，去听刘老师的课就成了我每天必做的事。听刘老师上课简直就是一种享受，漂亮实用的板书，简洁精练的语言，对重、难点精确的把控，对学生出现的问题的老到处理，每一个环节的安排无不恰到好处，刘老师还画得一手好漫画，有时根据课堂需要三笔两笔就能画出一个老农挑着担子或一个运动员投掷手榴弹等形象，惟妙惟肖。遗憾的是，由于刘老师是退休返聘，所以一年后就彻底退休回家颐养天年了。虽然跟刘老师学习仅仅一年时间，但老先生成了我终生学习的榜样。现在回忆起来毕业后分配到汤中是我人生中非常幸运的一件事，因为汤中数学组还有一位大师级的老师，那就是白宝瑞老师。白老师是“文革”前北京师范大学数学系的高才生，求学期间就跟随导师参加过第一代从苏联进口的计算机的组装工作，大学毕业后回到家乡担任数学教师。白老师见多识广，理论功底特别扎实，那时就经常在《数学通报》等核心期刊上发表论文。白老师上课的风格和刘老师截然不同，站位很高，看似天马行空又一切尽在掌控之中，听白老师的课经常让人有如梦方醒、豁然开朗的感觉，我跟随白老师听课多年，专业知识方面的提升让我受益匪浅。对我帮助很大的还有时任汤中数学组长的李瑞祥老师，李老师对工作的严格要求是我们这些年轻老师业务不断提升的基础，生活上无微不至的关怀又让我们的工作充满了动力。感谢汤中，12 年的工作经历让我从一个毛头小伙儿成长为一个小有名气的数学教师，取得了一些成绩，也获得了很多荣誉。

作为一个青年教师，听课很重要，听课就能够很好地转换角色，做到换位思考。听课要听常态课，听常态课才对自己真正有帮助。不仅仅要看老教师怎么处理知识，更关键的是要看老教师怎么处理突发事件，比如玩笑开到什么程度，批评学生怎么掌握火候等。

1994 年 8 月，我调到河北省乐亭县第一中学任教，如果说在汤中的 12 年让我在教学水平上有了一定的提升，那么在乐亭一中的 11 年让我在教育管理上有了长足的进步。时任一中校长的胡西元是一位学者型校长，胡校长非常善于学习，博览群书，知识渊博，有着先进的教育理念。担任校长期间，制定了一系列适合乐亭一中师生特点的规章制度、教育教学评比制度以及校训等。强调教育要从适合学生的发展出发，学校经常进行教育教学经验交流。胡校长最大的特点就是对计划和总结的要求非常认真，他经常对大家讲：“写计划就是让你对下一步工作有清晰的思路，写总结就是让你对你的工作成果有升华。”在胡校长的严格要求和科学管理下，全体教师的教育教学水平都有了长足的进步，我自己的业务和管理水平也有了很大提升。胡校长退休以后继任的是赵新民校长，赵校长的学科背景也是数学，他是当时全县乃至全市最优秀的数学教师，数学素养非常高，我们经常一起研究数学问题，探讨教育教学上的心得体会，这对我的帮助非常大，在此期间我被评为河北省特级教师。

2005 年 8 月，我调到北京市第一中学，转眼又过了十年，由于我已经形成了自己的教育教学风格，在工作中能够坚持换位思考，因此在教育教学上都能够得心应手，很快融入了学校，得到了很多领导和老师的支持与帮助，取得了一些成绩，先后获得“东城区师德标兵”“东城区人民教师”“北京市优秀教师”“北京市紫禁杯班主任特等奖”等荣誉。

三、对换位思考的认识

换位思考是基本的道德教谕。古往今来，不同地域、不同种族、不同宗教、不同文化的人们，说着大意相同的话。

换位思考是人类经过长期博弈，付出惨重代价后总结出的黄金法则。没有人是一座孤岛，社会是一个利益共同体。我们不能用自己的左手去伤右手，我们是同一棵树上的叶和果。克鲁泡特金在《互助论》中证明：只有互助性强的生物群才能生存，对人类而言，换位思考是互助的前提。

换位思考是一种善良，它总能让你站在对方的角度考虑问题。换位思考是一种习惯，它是多年形成的一种思维定式。换位思考是一种品质，它需要思考者有博大的胸怀。换位思考是一种修养，它需要思考者不断学习。换位思考是一种境界，它需要思考者能够超脱世外。

换位思考有时候是很神奇的，它可以打开思路，使人豁然开朗。这不仅可以用在教学中，在生活中也很管用。和大家分享一件有趣的事情，有一天晚上我去北京中医药大学操场锻炼，锻炼完回到家门口发现钥匙丢了，赶紧回去找，一路上想着在哪个器械锻炼时钥匙才可能掉出去，但到那儿一看，地上没有，当时我就想，如果我拾到钥匙一定会放在一个别人容易看到的地方，失主才能尽快找到。想到这儿，我就抬起头来找，果然在旁边一个约一米高的棚子的棚顶上放着这把钥匙。这件事情很有意思，拾钥匙的人只想到把钥匙放在显眼处，却没想到找钥匙的人的关注点肯定是地面，没有进行换位思考。

换位思考，也叫角色转换，就是在处理一件事情的时候，将双方所处的位置关系交换一下，站在对方的立场上，以对方的思维方式或思考角度考虑问题。在生活中，这种思维方式的益处是很大的。当你想发怒的时候，换位思考一下，情绪就会平静下来，就会变得宽容；当你觉得对方不可理喻的时候，换位思考一下，就会理解对方此时的真正感受，变得善解人意；当你对问题感到迷惑的时候，换位思考一下，就能对事情的前因后果、来龙去脉及性质趋向有更全面、更客观、更彻底的把握，从而保证自己做出客观、科学的判断与选择。懂得换位思考的人是心胸宽广、聪明睿智的人。在构建和谐校园的过程中，领导、教师、学生相互之间如何营造一个多层次、全方位的换位思考体系是一个教育者需要考虑的重要课题。

生活中的换位思考，可以让我们站在他人的角度思考问题，不仅能收获人际交往中的愉悦感受，更能提升自己的人生境界和处世胸怀。当然换位思考在教育教学上的应用更多，实效性也更强，下面我谈一下在学校教育中自己对换位思考的认识。

1. 领导对教师的换位思考

学校领导与教师的关系是干群关系，这种关系有双重性质，一方面是上下级关系，另一方面又是相互尊重与信任、爱护与关心、理解与同情的民主、平等、竞争的同志关系。人性化管理是目前比较热门的话题。人人都在谈人性化管理，似乎人性化管理可以解决管理中存在的一切问题，比如人性化管理可以增强教师对学校的忠诚度，可以加强团队合作，可以促使其努力工作，等等。人性化管理在很大程度上是换位思考的具体表现和高度概括。当前，人性化管理被提到了一个前所未有的高度，学校领导为此费了不少脑筋，采取了很多人性化措施：有的学校为教师过生日，对其生活关怀备至；有的学校帮助教职员工把家里的事情处理好；有的学校一周内准许教师有一个下午可以提前下班，以兼顾家庭，更好地工作。在学校管理工作中，领导要时时换位思考，在各项改革中既要有力度，还要考虑教师的利益。只有这样，才能避免主观武断，得到教师的拥护，收到事半功倍的效果。

领导的换位思考体现为要顾全大局，胸怀大志，豁达大度，能宽容属下在工作中出现的缺点或失误；要推功揽过，平易近人，不抱成见，疏导主流，团结同志，携手前进；要善于发现教师身上的闪光点，积极引导，搭建平台，最大限度地实现教师的自我价值。

2. 教师对领导的换位思考

教师总会对学校领导的工作进行评价。当个人利益受到损失的时候，有的教师牢骚满腹，埋怨领导不公平，不能够冷静分析自身的因素；有的教师在疲惫的时候，会埋怨领导施加的压力太大，等等。比如，在学校里班主任的工作千头万绪，烦琐复杂而且责任重大，有的教师就以各种理由推托，不愿担任班主任。然而，班主任在学校管理中具有特殊的重要性，如果大家都不担任班主任，学校就不能进行有效的管理。如果我们能换位思考，站在领导的角度思考这个问题，可能就会欣然接受并出色地扮演好班主任的角色。

教师在对校长工作进行评价时要实事求是，不要带着个人恩怨，要时常站在校长的角度，统观全局地看待问题，校长并非完美无缺，虽然有缺点，但也并非一无是处，只不过所处的工作岗位不同罢了。即使校长的工作有这样或那样的不足甚至错误，也要站在朋友与同志的角度提出合理化建议。要求校长大度，自己首先要大度。当校长在工作中遇到困难的时候，要真诚理解，热情帮助，必要时可以提供一些合理化建议，发挥集体的聪明才智，群策群力，从而促进学校的和谐发展。

3. 教师对学生的换位思考

为了让每个学生在素质教育时代都能得到全面发展，教师应该更新教育思想，有换位思考的教育理念，永远怀着一颗童心，与学生共同进步。教师换位思考了，就会收到意想不到的教育效果。在教育过程中，当教师与学生发生矛盾时，教师要站在学生的立场上思考问题。教师遇到学生在学习、活动中出现行为问题、思想问题、学习问题时，要从学生和家长的角度出发，把自己摆在与学生、家长平等的位置上，多替学生与家长着想，进行换位思考与换位分析，在换位思考中纠正学生的不良行为习惯，在换位思考中赏识学生的纯真可爱、聪明才智、上进努力，在换位思考中为学生减压，也为自己减压，让每个学生都能在阳光般的教育氛围中成长，在自信中成长。换位思考策略的制定要紧紧围绕每个学生的特征与教育的预期目标，理想的换位思考策略应该包括以下几个方面。

第一，以换位思考为载体，增强学生自信。在学习过程中，学生克服困难的能力并不是完全相同的，有的学生能以坚强的意志克服学习中的困难，有的学生则表现为意志薄弱，在困难和失败面前缺乏信心。教师要在学生遇到失败和困难的时候，从学生角度出发进行换位思考，要善于通过实践活动培养学生坚强的意志，为学生喝彩，帮助学生树立克服困难、面对失败的信心。班主任都希望自己班上的学生在各项比赛中获得好成绩，但世界上没有“常胜将军”，学生在比赛中也有失败的时候，教师如果在这时给学生施加压力，对学生的表现不满意，就会打击学生的积极性。此时，需要教师进行换位思考，需要教师对学生进行鼓励与帮助，需要教师赏识学生在失败中表现出来的可贵之处。

第二，以换位思考为途径，减轻学生学习压力。学生的心理发展具有一定的稳定性和可变性，学生掌握知识的深度与广度是循序渐进的，当学生的心理发展与教师的教学要求产生矛盾，教师的教学要求超出学生的心理发展水平时，就会对学生的心理、感情造成一定的压力，特别是那些学习暂时有困难的学生，心理压力更大。当学生害怕让家长在考卷上签字时，教师应该换位思考：如果我考试考不好会不会怕父母知道后批评我？会不会把试卷藏起来不让家长看到？会不会有压力？通过换位思考，教师就会理解学生的心情。成绩不理想确实会使学生产生一定的思想压力，单纯地通过家长签字来督促学生认真学习是不科学的，这种家校联系的方式是不理想的，因此，教师要对有特殊情况的学生进行单独的心理辅导，以取得“减压”的教育效果。

第三，以换位思考为手段，激发学生的学习兴趣。兴趣是学生力求接触与认识某种事物的一种意识倾向。兴趣在对学生的教育中起着重要作用。教师应根据学生兴趣的特点，对学生进行学习目的性的教育，使学生将兴趣与学习目的结合起来。素质教育时代要求学生全面发展，家长为了子女将来能立足社会，也会望子成龙、望女成凤，为子女设计培养课外特长的计划，让子女学习各种本领，给子女施加学习压力。家长的一片苦心，学生并不能完全理解，于是呼唤“还我快乐的周末”。通过换位思考，教师可以引导家长从子女的角度出发，让子女根据自己的爱好，在原有兴趣的基础上培养新的学习兴趣，使学生能够轻松愉快地学习课外知识，发展个性特长，促进全面发展。

坚持“以人为本”的教育理念，是教师换位思考的基础。在教育管理中，教师要注意本着“人文关怀”的精神，关心体谅学生，要做学生的知心朋友，才能使他们感觉所处的环境处处充满友爱，从而产生强烈的亲近感、依赖感，这才有发生矛盾时“换位”的基础。在对学生进行教育时，师生间感应敏锐，随时会发生心理上的交流与撞击，产生多种心理效应。因此，在教育学生的过程中，要根据学生年龄、性格和心理发展的不同特点，确定场合、范围和火候。一定要选择好角度，并根据情况的变化，随时变换角度，巧妙地寻找学生的最佳接受点。作为教师更要以冷静、宽容的态度，尊重学生人格，把握好教育的尺度，这是教师做好教育工作的重要保证和前提。

还要有尊重、理解、宽容、善解人意的胸怀，这是教师换位思考的关键。俗话说：人非草木，孰能无情？情通则理达，教育管理工作中的“换位思考”就要用心去体会，理解对方的需要，带着感情、带着尊重、带着关心，将心比心地与人交朋友。任何事物都有其矛盾的特殊性，正是事物矛盾的特殊性，构成多姿多彩的大千世界。任何人都有其自身的个性优势，每个人都认真发挥自己的个性优势，社会上才能“行行出状元”。尊重学生的个性优势，并合理调控学生个性优势的发展，将更有利于学生的个性优势健康发展，从而调动他们的学习积极性，使他们积极主动地学习发展。尤其是对有抱负、有追求的学生，要对他们的才能充分认识，对他们的潜力充分估量，对他们的进取心理充分相信，使之成为社会不可或缺的人才。

4. 教师和家长之间的换位思考

有些老师在潜意识里，往往把家长看作与自己对立的一方——家长就是孩子的父母，管的就是孩子的衣食；我们只是学生的老师，负责学生的知识教育。但事实并非如此，无论是家长还是教师，都对学生负有不可推卸的教育责任。而且，只有两者互相协调、互相配合，才能有效地教育学生、管理学生，使学生朝着一个正确的方向发展。试想，作为家长，谁不想自己的孩子在未来的社会生活中能有光明的前途呢？而一旦离开了正确的引导和教育，甚至将教育的责任一股脑儿全推给老师，这种希望往往就会落空。所以，站在家长的角度来看，教师和家长不是对立的，双方是相互合作的一体，是一种合作的关系，应该互相交流。

既然教师和家长是一种相互合作的关系，抱有相同的希望，那么必然也有共同的责任。作为家长我们都希望自己的孩子能朝着正确的方向发展，这就需要家长担负起孩子居家时的教育和监管责任。这种监管并不是指像监工那样目不转睛地盯着孩子是否在家里“好好学习”，而是要关注孩子的学习态度、学习状态，关注孩子学习之外的生活和行为习惯。比如，孩子爱看书是好事，但我们要关心他在看些什么书：是有益于身心健康的好书，还是不利于孩子成长的坏书。再如，孩子爱用电脑也是好事，但我们要关心他在利用电脑做些什么：是在拓展自己的视野、丰富自己的知识储备，还是在打些无聊的游戏或“欣赏”低俗的“画面”。如果是后者，则说明家长没有尽到教育和监管的责任。同家长的心情和希望一样，作为教师，我们也希望自己的学生除了学有所成之外，更要具有健全的人格。这是教师和家长共同的责任！

既然教师和家长有着相同的希望，负有相同的责任，教师和家长便有了相互交流的基础。教师应该遇事首先从家长的角度出发来考虑问题、对待家长，视学生家长为“合作伙伴”。

教师应正确地进行换位思考，有效地对学生进行教育，应注意：“换位思考”作为一种工作方式，只宜律己，不宜律他。“换位思考”作为一种工作技巧，不能停留在口头上，要落实在行动中才能有效地促进教师和学生及家校关系的不断成长与发展。

换位思考不仅要站在学生的角度尊重和理解学生，更要站在学生未来成长和发展的高度去帮助和引导学生及家长。总之，教师在对学生、家长进行换位思考教育管理时，要始终坚持以尊重为前提，以诚信为基础，以沟通为桥梁，以促进学生健康成长发展为目的，这样，我们的教育一定会富有成效。

换位思考之实践篇

一、在教育中的换位思考

我 1982 年走上教育岗位，至今已任教 33 年，担任班主任 28 年，曾荣获“北京市紫禁杯班主任特等奖”。多年的班主任经历告诉我换位思考是班主任工作的一个重要法宝。

（一）我是学生的朋友——知心

在情感教育中，既要有春风化雨润物无声的感化与陶冶，又要善于抓住一些教育契机使学生获得高峰体验，最终形成行为习惯，达到教育的最佳目的。下面我谈一谈我的做法和建议。

1. 做学生的知心人

1997～1998 学年我担任高三(2)班班主任，刚开学我就发现原来活泼开朗的刘燕同学升入高三后突然变得沉默寡言，不和同学交流，不向老师提问题了，课间休息也不出教室，我询问其他同学，大家也都觉得她有变化但说不出是什么原因，我通过家访才知道她的家庭在暑假期间发生的不幸。本来她的家庭是一个幸福的四口之家，她的父亲是做货运生意的，母亲操持家务，他们姐弟二人都在上学。但就在这个假期，她的父亲出车祸不幸去世，这件事情对刘燕同学的打击非常大，因此有了前面出现的情况，她的学习成绩也受到了影响，为此我多次找她谈心，把我的幼年经历讲给她听，同时耐心倾听她的倾诉，让她的情感尽情发泄。那一年我和我爱人都教这个班，我教数学，我爱人教英语。为了安慰这个孩子，有一段时间我爱人带她到我家吃住。慢慢地，这个孩子终于从阴影里走了出来，学习和生活都走上了正轨，高考后被中国人民大学录取。

教育家马卡连柯说：“爱是教育的基础，没有爱就没有教育。”的确，教育工作需要教育者有一颗爱心。爱有很多种，老师的爱是理解，是宽容，是信任，是期待，是肯定，是激励，也是宠爱。是为学生的进步而神采飞扬，而大声喝彩，而骄傲而自豪，但我始终把责任放在首要位置。不久前，我曾接到一个十来年前教过的学生母亲的电话，她说：“王老师，我是刘艳丽的母亲，听说你调到北京工作，尤其是听说你把老家的房也卖了，我特别难过，以为再也见不到你了。现在找到了你的联系方式，我特别高兴，马上就想到给你打个电话。当年艳丽学习遇到困难，非常着急，甚至有退学的念头，我们家长也束手无策。您就像对待刚出土的幼苗，给她培土、施肥、浇水，精心呵护她，让她渡过了难关。高考前您感觉到学生压力大，情绪有些急躁，就针对每个学生的特点，用纸条给每人写上一段话，发给学生减压，这张纸条我到现在还留着。现在艳丽大学毕业后也在北京工作，已经有小孩了，生活很幸福，我们全家都很感谢您。”听了这段话我很感动，同时再次感受到爱的力量，认识到鼓励和肯定的作用有多么巨大！

2. 走进学困生的内心　提高他们的数学成绩

如何提高学困生的数学成绩是当今教师面临的一个重大难题。对学困生的教育不能像对优等生一样，因为后进生没有掌握学习方法，在学习上不占优势，学校要升学率，家长希望子女能成才。所以，教师要想让每一个学生都参与到学习中来，必须要有足够的耐心，对于学困生的教学，教师要设法调动他们学习的主动性和积极性，要把他们当作学习的主人，不能把他们当作学习的工具，要找出一种转化后进生的教学方法，让每一个学生都愉快地投入到学习中去。德国哲学家黑格尔说：“不应该使孩子们的注意力长久地集中在一些过失上，对此，尽可能委婉地提醒一下就够了。最重要的是要在学生身上激发出对自身力量和自身荣誉的信心。”我在教学中深切体会到，学困生对学习产生的逆反情绪是提高整体教学成绩的第一拦路虎。学困生的形成有多方面的原因，有家庭的，有社会的；有智力方面的，也有非智力方面的；有先天的，也有后天的。但大部分学困生都是后天形成的，教师只有弄清楚这一点，才能提高学困生的学习兴趣，消除他们的自卑心理，让他们树立起学习的自信心，从而更好地提升学困生的数学成绩。

(1)弄清学困生数学差的原因

数学学困生主要有以下几个特点：

①基本概念、定理模糊不清：不能用数学语言再现概念，不能说明概念的体系，概念与概念之间联系不起来。

②自学能力差，不能找出问题的重点和难点：不能回答教材中叙述的问题，说不清楚掌握了哪些知识，同时也提不出问题，不能运用学过的知识解题，阅读慢且易受外界干扰，读书被动，无自觉性。

③课堂上缺少解题的积极性：课堂上对教师提出的问题、布置的练习漠不关心。解题过程没有步骤，或只知其然不知其所以然，不肯动脑筋，总是漫不经心，避而不答。

④不认真完成教师布置的练习、作业，遇难不究，抄袭了事：不愿弄清所学的内容，解题时不遵循一定的步骤，解题过程没有逻辑性。不能正确灵活地运用定理、公式，或生搬硬套，不能正确评估自己的作业或试卷。

⑤不重视考试，缺乏竞争意识，抱着考场上“临时发挥”的想法。

⑥个别学困生受家庭影响，产生厌学情绪。

(2)在教学中要注重培养后进生对数学学习的兴趣

兴趣是最好的老师，如何培养学困生的数学学习兴趣呢？在教学中，要以课本为主，课本以外的例题、习题，难度不能过大，使学生学得高兴，以便培养兴趣。后进生由于长期受到各种消极因素的影响，数学学习往往需要多次讲解才能掌握知识。教师对于作业、练习、测试中的问题，应采用集体、个别相结合，或将问题渗透到以后的教学过程中等手段进行反馈、矫正和强化。同时还要根据反馈得到的信息，随时调整教学要求、教学进度和教学手段。及时反馈可避免课后大面积补课，提高了课堂教学的效率，也可使学困生受到激励，乐于接受下一次学习。这样做的目的是培养、发展学生的学习兴趣，在课内讲解时，要对学困生可能出现的问题进行有针对性的讲解，对于容易混淆的概念，要引导后进生用对比的方法，弄清它们的区别和联系。对于定理、公式，应当引导学生搞清它们的来源，分清它们的条件和结论，了解它们的用途和适用范围，以及应用时应注意的问题。总之，通过课堂教学，不仅要教会学生知识，而且要使学生学会识别对错，知错能改，要认真分析学生作业中的问题，总结出典型错误，加以评述。通过讲评，进行适当的复习与总结，也可使学生再经历一次调试与修正的过程，增强识别、改正错误的能力，从而更好地培养学困生对数学学习的兴趣。

(3)要耐心细致地辅导，增强学困生的自信心

学困生在数学学习上既有困难又有潜能，因此教学的首要工作是转变观念，正确地对待学习差的学生，认真分析学生学习困难的原因，有意识地“偏爱差生”，从而激发他们学习数学的自信心，并创造条件，让学困生体验在学习上取得成功的情感，以便增强他们的自信心。学困生在数学学习中受到的肯定、鼓励相当少，因此要充分地鼓励肯定他们，促使他们对数学产生兴趣，让他们在数学学习上取得成功，使他们感到自己能学好数学。从学困生的实际情况出发，降低和调整某些教学要求，以满足某一层次学生的需要，促进教与学的适应，教与学的促进，教与学的统一。树立“要教就要使学生掌握”的观点，纠正过去“教得好不好是教师的责任，学得好不好是学生的责任”的观点，多从自己的教学方面寻找提高教学质量的因素，帮助学困生树立起学习数学的信心，为他们学好数学准备条件。但单靠信心，是学不好数学的，如果学生没有产生一种自己学好了数学的切身感受和兴趣，那么这种信心就不会持久，而且有可能导致更大的失败和自卑。为了增强学生学习数学的自信心，消除他们的自卑感，必须掌握五个低起点的教学方法：

①以教材中较容易接受的知识引入作为起点；

②以所教内容中最基本、最本质的内容作为教学的起点；

③以解题方法为教学起点；

④以所教新内容的特殊基本题型作为教学的起点；

⑤以学生掌握、了解的知识、例子作为起点，通过新旧知识的异同点类比进行教学。

(4)要转变、更新教育观念，建立起新型的师生关系

很多学困生的自尊心很强，经受不住刺激，渴望老师对自己“以诚相待”，不歧视，不讽刺，不打击，不揭短。学困生有一种怕遭冷落的共同心理，因此，只有尊重学困生，才能建立起良好的师生关系，融洽的师生关系是转化学困生的思想基础和前提。在教学过程中，要把爱学生的情感投射到学生心里。比如，在数学课堂上，老师提出问题时，随之对差生投去一个充满信任的、亲切的眼神，老师心中有“差生”，“差生”心中才会有老师，师生感情的一致性，会引起双方信息的共振，此时学生的接受能力最强，教学效果最好。柳斌同志说：“转变教育思想和教育观念，转变人才观念、质量观念是实施素质教育的前提。”学生之间存在个体差异，教师要创设条件，因材施教，使每个学生都得到不同程度的发展和提高。教师应以训练学生创新能力为目的，保留学生自己的空间，尊重学生的爱好、个性和人格，以平等、宽容、友善的态度对待学生，使学生在教育教学过程中能够与教师一起参与到教和学中，做学习的主人，形成一种宽松和谐的教育环境，激励他们积极进取，努力向上，从而达到转化学困生的目的。

总之，数学具有高度的抽象性、严谨性、逻辑性和应用的广泛性。中学阶段不可避免地出现了相当一部分学困生，严重影响了数学教育质量的提高。因此数学教育的目的性应该跳出数学本身这一狭窄的范围，必须融入教育这一宽广的大视野中，从学生实际出发，优化教学过程，重视过程评价，创造快乐的课堂气氛，形成和谐师生关系，力求达到学生与教师共鸣，学法与教法共振，知识与能力辩证统一，认识与情感同步发展，智力因素与非智力因素有机结合。在数学教学中，教师应当运用多种手段和方法，通过多种渠道培养和激发学习兴趣，最大限度地调动学生的学习积极性和主动性。古人云：“不积跬步无以至千里，不积小河无以成江海。”学习也是一样的，后进生之所以学习不好就是因为没有脚踏实地、一步一个脚印地学。他们不是这个数学概念没记牢，就是那个定理公式没记住，从而越来越跟不上，越来越厌烦学习，成绩也就越来越差。所以教师只有在实际教学中认真做好以上几个方面的工作，细心地引导培养，才能有效地提高学困生的数学成绩。

3. 教学需要有情感投入

从心理学的角度看，学习过程中一般都有两个心理过程：一是感觉—思维—认知的过程；二是情感—意志—性格的过程。智能的形成和发展是两个心理过程协调发展的结果，单纯强调某一个过程只会事倍功半。情感是客观事物是否符合人的需要与愿望、观点而产生的心理体验。它反映的是具有一定需要或愿望、观点的主体与客体之间的关系。一般来说，凡是能满足人的

需要或符合人的愿望、观点的客观事物，都能使人产生愉快、喜爱等肯定的情感体验；反之，就会使人产生烦闷、厌恶等否定的情感体验。

从教学论的角度看，教学不仅要有知识的传授、技能的培养，同时还要有情感的交流。情感教学就是在教学过程中，充分考虑认知因素的同时，充分发挥情感因素的积极作用，以完善教学目标，增强教学效果的教学。皮亚杰说："没有一个行为模式，不含有情感因素作为动机。"学生作为学习的主体，其情感直接影响学习的效果与质量。教师应充分挖掘学生的情感源泉，以恰当的途径，激起学生健康积极的情绪体验，以优良的情感感染学生，促使学生自觉探究知识、发展技能。

在数学教学中，不仅要培养学生的运算能力、逻辑思维能力和空间想象能力，还要培养学生良好的学习心理素质、个性品德素质及审美素质，这些都是数学素质中不可缺少的重要组成部分。数学学科枯燥乏味，巧妙利用情感的独特功能，使学生在学中求乐、学中求趣，激发学生积极主动地参与教学活动，引起师生间的思维共鸣，其教学效果显著。情感是数学教学的润滑剂、催化剂。

(1)在良好的师生关系中，培养学生积极的学习态度

所谓学习态度，是指学生对学习及其学习情境所表现出来的一种比较稳定的心理倾向，是学习者对学习持有的积极的、肯定的或者消极的、否定的倾向。它也是个人对学习所抱有的一种内在的心理准备状态，具有一定的持久性和稳定性。一般来说，学习态度的好坏受到学习价值观的影响，取决于学习者对学习的价值和意义的看法。学习的价值和意义越大，学习者的学习态度就越好。教师与学生之间的关系是否融洽是影响学生学习态度的一种不可忽视的重要因素。正所谓"亲其师，信其道"。

(2)保持和谐多样的情感表现

第一，采取灵活多样的教法。比如：用创设情境法讲概念；用发现法、比较法讲性质、法则、公式或定理；用"讲讲""练练"或"议议"等方式上习题课或复习课。启发诱导，充分调动学生的积极性，让他们主动参与，生动活泼地学习。

第二，增强数学学习的趣味性。在课堂上，结合教学，做一些投影片或教具，让学生看一看、画一画、做一做。借助多媒体用动态的方式使学生了解图像变换的全过程，以交互的方式让学生动手设计和制作课件，这样既使学生学到了知识，又增加了趣味，还提高了学生动手动脑的能力。还可以通过讲解祖冲之研究圆周率、陈景润勇探哥德巴赫猜想、华罗庚自学成才等故事使学生从数学家的趣闻逸事中获得榜样的力量。

第三，联系生活渗透情感教育。让学生体验到数学既来源于生活、提炼于生活，又在更高层次上应用于生活、服务于生活，学生才会感受到数学在

日常生活中的重要作用。如：在进行“黄金分割点”教学时，可以告诉学生，女士穿高跟鞋其实是为了增长下半身，使上半身和下半身长度刚好形成黄金分割比，产生美感，所以不是所有的女士穿高跟鞋都漂亮。这样可以使学习越来越轻松有趣。

通过教师自身渗透情感教育。作为一名数学教师，自己对数学的情感会潜移默化地影响学生对数学的情感。教师应热爱自己所教的学科，应有严谨的教学态度，并有发自内心的对数学的感情和思维，把讲数学课当作一种享受。这样学生就会很自然地爱数学，把上数学课当成一种享受。这样教师就可以把自己对数学的热爱传递给每一位学生。

(3)进行及时恰当的评价，强化学生的自我概念

自我概念是指人对自身的认识及对周围事物关系的各种体验。它是认识、情感、意志的综合体，是人心理发展过程中一个极为重要的方面。自我概念包括当事人对自己身份的界定(“我是谁”)、对自己能力的认识(“我能做什么”)以及对自己的理想或要求的规划(“我应该怎样”)。学生的自我概念是指学生对于自身作为学习者的认识以及学习过程的认知体验。学生自我概念的形成与教师的评价有着密切的关系。

评价是对学生的一种肯定和鼓励。在课堂教学中，教师应尽量给学生表现的机会和多种鼓励，捕捉学生的思维亮点。对学生一次精彩的发言，一个独到的见解，一回勇敢的尝试，一次进步的努力，都应及时评价和表扬，让他们体验学习的乐趣，享受成功的喜悦。即使是错误或不够准确的理解，也应鼓励学生正视自己的错误和不足，形成积极的情感、态度和价值观，帮助学生认识自我，树立学习的自信心。通过及时引导和评价，让学生强化自我概念。

评价不仅要关注学生学习的结果，更要关注学习的过程；不仅要关注学生数学学习的水平，更要关注在数学教学活动中表现出来的情感与态度，帮助学生认识自我，建立信心。评价方式有许多，如：课堂观察、口述法、书面测试、调查报告、学生自评、作业评语等方式。每一种评价方式都有它独有的特点，不管用哪种方式都要做到以真实、及时、激励、表扬为主。就算批评也要语言委婉，古人云：“良言一句三冬暖，恶语伤人六月寒。”

数学教育与情感教育在教学中相互交融、相互渗透、相互影响、相互促进。因此，我们要努力探索情感教育的有效途径，不断提高情感教育的效益，从而更有效地提高数学课的教学质量。

4. 对待学困生教学方法要灵活多样

数学教学是一项复杂的教学活动，要想提高学生的学习成绩，必须重视培养学生学习数学的兴趣，正所谓兴趣是学习的动力。心理学告诉我们，一个人只要体验到一次成功的快乐和胜利的喜悦，便可激发无休止的成功的意

念和力量。那么，如何激起学困生学习的兴趣，激起他们学习的愿望与动力，是一个值得深思的问题。

随着新课程改革的深入，学生在课堂的主体地位逐渐显现出来，教学也要面向全体学生，但数学学困生仍然存在，这是我们所有数学教师应该关注的问题，数学学困生如何转化也一直困扰着广大数学教师。“他就是不学，我也没办法了。”“你怎么就是学不会啊!”这样的话我们经常听到，那是不是我们就束手无策了呢？怎么解决这个问题？如何培养学困生学习数学的兴趣呢？我认为可以从以下几个方面入手。

(1)理解、尊重、赞赏，是调动学困生学习兴趣的基础

培养学生学习兴趣先要给予他们爱。真诚的关爱是一切的基础。特别要重视对学困生的关爱。学困生在数学学习中总会因为某些原因而对学习产生厌恶或放弃等思想，这时候我们不能大声训斥，更不能冷落，不能嘲笑，应根据实际情况，鼓励他们认真思考，帮助他们弄清楚出现错误的原因，同时还要表扬他们积极动脑思考、勇于发言的精神，让他们觉得你理解尊重他们、觉得你和蔼可亲，从而在内心深处真正感受到你对他们的关爱与尊重，从而建立起民主平等友爱的师生关系。师生的情感融洽了，就能更好地促进教与学的和谐统一，调动起学困生学习的积极性。学生犹如一个巨大的宝库，蕴含着巨大的能量。教师犹如一把钥匙，如果钥匙能把宝库打开，就是一把好钥匙，而学困生要想获得成功并非一件容易的事情，当他们获得成功时，教师应及时给予鼓励。有了鼓励，学生才能树立起自信和自尊。

(2)对学困生采取“优先”的方法

教师不但要爱“孔雀”，更要爱“丑小鸭”，在教学中对学困生充满关爱，采取一系列“优先”方法，优先提问，优先板演，优先答疑……对他们每次出色的表现，教师都要给予鼓励性语言，使学困生慢慢克服自卑心理，逐渐树立自信心，融洽师生关系，使他们产生积极向上的情感，身心得到健康和谐的发展，进而激发他们学习数学的兴趣。我所在的学校是一所普通校，学生成绩参差不齐，经过我不断的鼓励，好多学困生已经慢慢开始对数学有兴趣，成绩也有了一定的提高，而且还越来越努力，这让我很欣慰，也很高兴。

尽量创造机会，多多鼓励“学困生”。“学困生”由于基础差，学习经验不丰富，知识面有断层等原因，学起来很困难，很吃力。教师要在课堂上注意对旧知识的复习和回顾，对新课一开始要尽量讲得浅而易懂，然后再层层递进，包括情境的创设、问题的提出、练习的设计等也要照顾“学困生”。例如，我讲解平面向量时，学生已经在物理学科接触到了关于向量的一些知识，因此我举的例子就是：“位移、路程、密度、加速度这些量中哪些是向量?”由于之前有一定的基础，学生就比较容易判断了，所有的学困生都能说出哪些是向量。通过这个例子激发了他们学习数学的兴趣，提高他们的自信心，使他

们感觉学习并不是很难，从而树立信心。教师通过长期的、有意识的培养，让学生逐渐实现从“要我学”向“我要学”的转化。在教学中，我采取各种办法为学困生创设成功的机会，如低要求、低起点、小台阶、多鼓励、少批评和“少吃多餐”，并鼓励他们认真听，多动脑，大胆说。多提问，多鼓励，就算说错了也可以适当表扬他们的勇气，通过这样的方式来培养学困生的学习兴趣，从而逐渐提升他们的学习成绩。

(3)注重教学艺术，是激起学困生学习兴趣的方法

孔子说得好：“知之者不如好之者，好之者不如乐之者。”这里的“好”与“乐”就是愿意学、喜欢学，就是学习兴趣。伟大的科学家、相对论学说的创立者爱因斯坦也说过：“在学校里和生活中，工作的最重要动机是工作中的乐趣。”学习的乐趣是学习的主动性和积极性。我们经常看到一些同学为了弄清一个数学概念长时间埋头阅读和思考；为了解答一道数学习题而废寝忘食。这是因为他们对数学学习和研究感兴趣。很难想象对数学毫无兴趣、见了数学题就头痛的人能够学好数学，要培养学习数学的兴趣首先要认识学习数学的重要性。数学被称为科学的皇后，它是学习和应用科学知识必备的工具。可以说，没有学好数学，就不可能学好其他学科。此外，必须有钻研的精神，有非学好不可的韧劲，在深入钻研的过程中，就可以领略到数学的奥妙，体会到学习数学获取成功的喜悦。长久下去，自然会对数学产生浓厚的兴趣，并激发出学好数学的高度自觉性和积极性。怎样才能更好地调动学生的主动性和积极性？

①巧妙创设情境、导入新课。数学知识由于抽象而显得枯燥，是影响学生学习的最大障碍。教师授课时为了避免平铺直叙的讲解令学生昏昏欲睡，提不起兴趣，可适当地出一些趣味数学题。在数学教学中，适当适时地创设情境，可以激发学生的学习兴趣，唤起学生的心灵共鸣，在情绪的驱动下变“要我学”为“我要学”。老师可以以故事、谜语、游戏、脑筋急转弯的形式创设良好的情境。

②采用多种教学方法。虽然有些学困生有兴趣，也肯下功夫，但是他们的数学成绩却总是上不去，其重要原因就是他们缺乏数学学习方法，不会对信息进行加工储备，不会反思调整自己的数学认知过程与方法。教师要逐渐让他们掌握数学的基本学习方法和学习技能，培养他们善于灵活运用各种方法学习数学的能力，从而使他们慢慢地对数学学习产生兴趣，驱使他们主动地调整自己的思维，不断地展示自己，优化自己，发展自己，提高自己。能较大幅度地提高学困生的数学成绩。此外，在教学中可以让学生多动手，比如在立体几何的学习中让他们自己做做模型，既可以提高他们的学习兴趣也可以更好地辅助教学，让教学由抽象变为形象。我在进行异面直线教学时就经常让学生做长方体展开图模型，通过模型让学生找异面直线就更加容易了，

这样也可以提高学困生学习的热情，使他们更有兴趣学习，更大胆地去做。

③积极使用多媒体进行教学。教师可以恰当地选用多媒体技术辅助教学，以形象具体的图、文、声、像等来创造良好的教学情境，帮助教师处理一些在黑板上画不好，用模型也看不清的图形，使抽象的教学内容具体化、形象化，创造出一个图文并茂，有声有色，生动逼真的教学环境。多媒体教学在立体几何中尤为凸显优势，很多图形通过课件展示既形象又容易理解，使得学生更容易理解立体几何中一些抽象的概念，更加节省时间，图形的美观程度也就更加明显了。通过多媒体教学也可以让学生更直观地理解一些图形的变化过程，使教学更加简明扼要。

④重视数学在生活实际中的运用，让学生感受到数学学习的乐趣。数学问题来源于生活、生产与科研的实际，生活中蕴含着丰富的教学资源。著名数学家华罗庚说过："人们对数学早就产生了枯燥乏味、神秘难懂的印象，成因之一便是脱离实际。"因此在小学数学教学中，要把握教学内容"从生活中来，到生活中去"的理念，注重从学生熟悉的生活情境出发，运用数学知识解决各种各样的实际问题，使学生感到学而有用，只有这样学生才会产生浓厚的兴趣。

(4)与家长一起努力

经常电话联系家长，有条件也可进行家访。多与家长沟通，做好家长的思想工作，消除消极思想。通过家校联系，不仅可以更新家长的教育观念，还可以与他们探讨教育方法。这样可收到意想不到的效果。通过这样的方式还可以让学生体会到老师对他们的关心，激起他们学习的兴趣和热情。

不管是什么样的学生都希望得到老师的关注和鼓励，所以在教学中，只有多鼓励学生，提高他们对教师的信任程度以及对数学的学习热情，才能更好地开展教学，使他们主动积极地去学而不是被动接受。实行新课改后，我们更加注重培养学生自主学习的能力和学习兴趣，提高学生自主学习的能力是上好每一堂课的关键，也是提高教学质量的关键。

(二)我是学生的兄长——引领

统计表明，在人生成功的诸多要素中，智力因素只占20%，非智力因素具有更为重要的作用。学校教学亦如此，学生有了明确的学习目的，产生了浓厚的学习兴趣、愿望、热情，在学习态度上则表现为积极主动，学习效果自然优良。所以教师要能够从学生的角度出发，引领学生认识自我、突破自我，让学生不断进取，不断成长。怎样才能引领学生和老师一道向着正确的道路前进？我一直坚持以下观点。

1. 并肩作战，同甘共苦

1998～1999学年，我担任文科复读班的班主任，全班71人都是高考落榜的学生，第一次班会上，我给同学们播放歌手郑智化的《水手》："风雨中这点痛算什么，擦干泪，不要问，为什么……"我想让大家尽快摆脱高考失利的阴影，明白不经历风雨就难见彩虹。学校的管理很严格，早晨5:30教室才供电，早自习时间 6:00～6:50，一开始有几个同学早晨 5:30 就到教室上自习，后来提前上自习的同学越来越多，学生多了以后我担心自习秩序有问题，所以也 5:30 到教室。看到老师来了，其他同学也就全部 5:30 进班了。将近一年的时间里我天天 5:30 进班，其实按照学校的规定，班主任不需要天天早自习到校，但是与同学们同甘共苦成了我的责任和兴趣，自此以后我班就成了一道特殊的风景。其他班的班主任还在为早自习学生迟到而和学生较劲，我班提前半小时学生已基本到齐。我觉得这半个小时的学习时间可能并没有多么重要，这种你追我赶互不相让的气氛是最重要的，大家以能在这个班学习为荣，对自己的班集体充满了信心，对自己也充满了信心。正是因为有了这样的氛围，所以同学们自主管理的意识特别强，有一次自习课，我想去检查一下学生上自习的情况，结果发现班长正在前面讲纪律问题。这一切是那么自然，没有丝毫的虚张声势，同学们又是那么配合，对班长的善意提醒表示深深的理解，气氛非常和谐，也很好地达到了目的。当年的高考中，这个班有 30 人上了重点线，50 多人上了二本线，创造了学校的历史。

2. 信任是无声的教育

数学是学校课程中开设时间最长的学科之一，情感教育在数学教学中作用巨大且无可替代。如果说数学教学是长身体(知识)的骨骼和肌肉，那么数学教学中的情感教育就是在塑造一个人的灵魂。在数学教学中如何有效地渗透情感教育呢？结合教学实践浅谈方法如下：

(1)亲其师，方能信其道

用亲和力感染学生。有些学生喜欢某一学科是从喜欢这门学科的任课教师开始的，这是由学生的认知特点趋于感性化决定的。这时教师的亲和力尤显重要，得体的外在形象能得到学生的认同，优雅的言谈举止能成为学生崇拜的楷模，广博的知识和扎实的功底更能得到学生的倾慕，灵活生动的授课艺术亦能打动学生，幽默风趣的语言常常让学生忘记数学的枯燥。如此一来，师生自然能够一同遨游在数学王国里。反之，随着学习难度的增大和各种其他因素的介入，如果教师不具备较强的亲和力又不能适时、有效地加以调整和引导，学生对该学科自然容易失去兴趣。

(2)润物细无声

教师不应把学生对数学的学习单纯地看作是教师与学生的教与学，而应将其视为师生之间情感的和谐互动。教师是课堂心理环境的直接创造者，教师良好的情绪、情感是学生形成良好的学习心理状态的开端。在轻松愉快的情绪氛围下，学生情绪也会随之高涨，对数学产生浓厚的兴趣，从而发挥灵活敏捷的思维能力和丰富的想象力、创造力，充分发挥学习的主动性、积极性。和谐的师生关系能产生情感期待效应，使每个学生都感受到教师的期待、教师对学生深切的爱，从而激发学生强烈的求知欲。

(3)博爱是教育的基础

教育家苏霍姆林斯基说：“热爱孩子是教师生活中最主要的东西。”“爱学生是教师必须具备的美德，也是教师的天职。”因此我们要关心和爱护每一个学生。教师在教学实践中要切实关注学生的情感活动，关注情感培养。能够得到教师的关爱，是每一个学生最起码的心理需求，教师的关爱对学生来说是一种鞭策和激励，对学生的成长和进步有较大的推动作用。因而教师要把爱心倾注到每一个学生身上，这是情感教育的基础。

(4)尊重和信任能唤起学生心中的火花

要尊重和信任学生。自尊心是人的心灵中敏感的角落，是学生对自己在集体中的地位、作用的一种认识和评价。教师在教育教学活动中，要尊重和爱护学生的自尊心。如果发现学生成绩差，只是一味地训斥、指责或向家长告状，既伤害了学生的自尊心，又容易使学生产生逆反心理，乃至对抗情绪。教育者和受教育者之间一旦产生了对抗情绪，教育就很容易失败。教学的艺术不在于传播的本领，而在于“激励、唤醒、鼓舞”，教学法一旦触及学生的情绪和意志领域，触及学生的精神需要，就能发挥高度有效的作用。我相信那些“问题学生”是向往进步的，能够进步的。只要对他们抱有热切的希望，并经常给予鼓励和帮助，哪怕是教师的一个眼神、一句话、一个手势都会给他们带来安慰和鼓舞。如果他们在内心深处接受这种期望，并按老师希望的去做就会获得成功。因此，在教育工作中我们要把信任和期待的目光洒向每个学生，把关爱的语言和行为倾注于整个教育教学过程中。尤其是在课堂上，教师对一些学习困难的学生更要多倾注一分爱心、多给予一点儿鼓励，让他们感受到“我是集体中不可忽视的力量，尊重和信任同样属于我”。

心理学家认为，鼓励和表扬是引导学生行为习惯发展最有效的手段，当学生从学习中体验到成功，得到肯定时，就会产生满足感，增强自信心，从而深化情感，将其转化为学习的动力，形成良性循环。因此，我们要尊重学生，只要学生有一点点进步就要及时给予表扬和鼓励。促进他们更加深入地学习数学，最终形成行为习惯，达到数学教学的最佳目的。

在数学教学中渗透情感教育，会对数学教学起到事半功倍的作用。教师一件得体的外套，一个关爱的眼神，一句恰当的玩笑，一种基本的尊重和信任，都可能使学生回味无穷，从而增强数学教学艺术的感染力。因此，要使我们当下的数学教学更加贴近新课程的标准，更加符合素质教育的要求，就必须努力探索情感教育的有效途径，不断挖掘情感教育的深层次效应，通过适时的情感教育更有效地提高数学教学的质量。

3. 数学教学中情感价值观的培养

新课程改革要求将学生的发展作为课程的总目标，它意味着在每一位教师心中每一堂课都要关注每一位学生，关注学生的情绪生活和情感体验，关注学生的道德生活和人格养成。新大纲还指出："要根据数学的学科特点，对学生进行学习目的教育；爱祖国、爱社会主义、爱科学的教育；培养学生良好的学习习惯和独立思考、克服困难的精神。"这一番话，指明了数学教学中德育的内涵。数学课堂教学不只是传授知识，培养学生能力和发展智力，还要体现新课程改革的理念，因此，数学教学要围绕这一目标适时进行德育教育。那么在数学教学中如何渗透德育教育呢？

(1)充分发挥教师的人格魅力

教师的思想、信念、品质、作风、行为等，每时每刻都在潜移默化、耳濡目染地感染和熏陶着学生，在学生的心灵深处留下美好的痕迹，从而使学生的灵魂得到净化。这种身教比任何言教和规章制度的作用都大。比如，为了上好一堂数学课，教师做了大量的准备，采取了灵活多样的教学手段。课堂上，教师那优美的板书设计、流畅的语言表达、自然的教学仪态，不仅让学生学得愉快，无形中给学生美的感染，陶冶他们的情操，还会使学生在心里产生一种对教师的敬佩之情，并从教师身上体会到一种责任感，这样对他们以后的学习和工作都有巨大的榜样感召力。

(2)充分挖掘教材，渗透德育教育

在数学教材中有许多例题和习题里蕴含着思想教育因素，教师应善于从教材中挖掘、提炼其蕴含的德育因素，把显性的教学问题和隐性的德育影响有机地结合起来，从而实现数学的育人功能。例如，教材中有许多数学史料插图，介绍我国古代数学家对数学研究的突出贡献。如"我国在2000多年前用算筹计数""几百年前我国劳动人民发明了算盘""大约在2000年前，我国数学名著《九章算术》中的方田章就论述了平面图形面积的算法""约1500年前，中国有一位伟大的数学家和天文学家祖冲之，成为世界上第一个把圆周率的值的计算精确到6位小数的人"……可以组织学生认真阅读，培养学生的民族自豪感和使命感。在应用题教学中也应充分利用数学问题向学生渗透爱国意识、节约能源意识等，这些都是鲜活的德育素材，教师"画龙点睛"式的积极引导，可以收到意想不到的效果。

(3)充分利用实践活动进行价值观培养

数学实践活动是渗透德育教育最好的方式之一。如教学"几何体体积和表面积"，在学生认识图形，会计算体积和表面积的同时，带领学生开展实地测量教室的活动，把测量的数据整理出来，再让学生计算出面积。这样通过小组合作、探究学习，使学生明白这样一个道理：大家一起学习，既要为别人的学习负责，又要为自己的学习负责，要意识到个人目标与小组目标是相互依赖的，只有在小组其他成员都成功的前提下，自己才能取得成功。还可以从小让他们养成严肃看待他人学习成绩的习惯。使学生在亲自体验的过程中，加强所学知识与生活实际的联系，培养学生与人合作的态度。既让学生认识团体合作的重要性，又让学生增强集体主义感，学会与人合作交流。

数学教学中德育渗透的根本目的在于使教学能真正为新世纪培养合格的人才服务，所以教师除了向学生传授数学知识外，还应结合数学学科特点不失时机地培养学生良好的情感，抓住契机，充分利用教材所提供的材料，对学生进行德育渗透，做到教学内容思想性和科学性的和谐统一，使数学知识传授与思想品德教育有机结合，从而有效提高数学学科的教育教学质量。

4. 认识数学的美丽和神奇

从初中进入高中，学生的学习思维方式产生了很大的变化，只有适应这种变化，才能学好高中数学。所以每次面对高一新生，我都会从数学的魅力、高中数学的地位和作用、高中数学学习的目标、高中数学学习的方法、高中数学学习的内容五个方面谈谈进入高中以后的数学学习问题。

(1)数学的魅力——无声的音乐，无色的图画

人们喜欢音乐，是因为它有优美和谐的旋律；人们喜欢图画，是因为它描绘了人和社会与自然的美。人们应该喜欢数学，因为它像音乐一样和谐，像图画一样美妙，它在更深层次上揭示了自然界和人类社会的内在旋律，用简洁、漂亮的公式与定理描述世界的本质。简单举例如下：

无论什么材料构成的三脚架，它的三个内角拼在一起正好是一条直线，它的周长和面积可以直接用三边长来计算；无论做一个什么样的直角三脚架，它的三边长必须遵循勾股定理；无论用多大的力气抛出一块石头，数学都已经为你准备好了一条美丽的曲线，这块石头正好沿着这条曲线运动；当你从一个城市出发到另一个城市旅游时，数学可以为你设计一条最省时省钱的路线……

数学的美还在于它的应用是潜在的。当一项数学成就产生时，它往往离现实十分遥远，需要几十年、几百年甚至几千年以后，才能找到它的应用领域。数学的应用价值几乎是不可预测的。如：

19 世纪上半叶，20 岁的法国数学家迦罗华纯粹从兴趣爱好出发，留下了一些手稿。若干年后，这几页纸成了人类的宝贵财富——他首创了群论。过了 100 年，群论成为物理学家统一能量守恒、动量守恒、自旋守恒、电荷守恒定律的基本工具。

黎曼几何对爱因斯坦创立广义相对论起到理论奠基作用。黎曼在 1854 年做了《论作为几何基础的假设》的演讲，这被认为是数学史上发表的内容最丰富的长篇论文。他提出了一种新的几何体系，后人称之为黎曼几何。爱因斯坦成功地以黎曼几何为工具，将广义相对论几何化。黎曼几何已成为现代理

论物理必备的数学基础。

我把自己发表在《语文报》上的散文《数学是美丽的》读给学生：

数学是美丽的，古代的普罗克鲁斯曾说：数学是这样一种东西，她提醒你有无形的灵魂，她赋予她所发现的真理以生命；她唤起心神，澄清智慧；她给我们的内心思想添辉；她涤尽我们有生以来的愚昧和无知。数学中的和谐美、同一美、对称美及奇异美等都是客观世界美的特征在数学中的反映。

美丽的大自然常以数学的语言讲话，这个语言的字母是三角形以及其他形体(伽利略语)。耸立的原始森林是直的，满月是圆的，蜂巢的结构是极精巧规则的多面体，向日葵的种子是按对数螺线排列的，有些植物绕干攀缘形成螺旋线，这样的例子举不胜举。

动人的诗词也往往以数学语言抒情。“大漠孤烟直，长河落日圆。”王维这一著名诗句活生生地展现出一幅直线和平面垂直，及直线和圆相切的画面。而“孤帆远影碧空尽，唯见长江天际流”又是一个典型的极限现象。另外，“朝辞白帝彩云间，千里江陵一日还”和毛主席诗词“坐地日行八万里，巡天遥看一千河”反映的都是数学中的行程问题。

更神奇的是数学的美在科学创造中的威力，最典型的案例莫过于电磁波的发现。麦克斯韦在建立电磁理论的过程中依据法拉第的实验研究成果，推得两个方程，但两个方程的右边是不对称的，麦克斯韦从数学美的考虑出发，把第二个方程改写成与第一个方程对称的形式，他这样做，当时并没有任何实验依据，正是根据这个改写的方程，麦克斯韦推断出·在宇宙间存在电磁波。对于麦克斯韦的理论，当时人们难以相信，有人说“深不可测”，有人说是“天书”，直到过了 20 多年，物理学家赫茨才证明了电磁波的确存在。这正如物理学家狄拉克所言：“如果物理方程在数学上不美，那就标志着一种不足，意味着理论有缺陷，需要改进，有时候，数学美要比与实验相符更重要。”

数学是这个世界之美的原型，数学美充溢整个世界，正如华罗庚所说：“宇宙之大，粒子之微，火箭之速，化工之巧，地球之变，生物之谜，日用之繁，无处不用数学。”

(2)数学的地位和作用

①数学是什么

数学是对现实世界中数量关系与空间形式的客观反映。

数学是一种应用广泛的工具。社会科学技术、社会生产、生活中越来越多地使用定量研究，数学的思想方法和内容广泛地渗入自然科学和社会科学的各个领域。例如：

技术本质是数学技术，高科技本质也是一种数学技术；

一门科学的成熟程度的标志是其量化的广度和深度，传统数学衍生出商业数学、会计数学、金融数学等方向和学问；

CT是用X射线透视人体器官后，从不同的角度得到器官的平面图形，再利用数学变换通过计算机处理得到器官的立体图形后用于临床诊断；

现代战争的实质，一战是化学战，二战是物理战，伊拉克战争是数学战……

数学是提高思维能力的有效手段。当前世界的竞争关键是人才的竞争，而人才的竞争在某种意义上讲是思维能力的竞争。数学的学习本质上是一种思维活动，是培养思维能力的重要途径和手段，数学是思维的体操。学数学的目的在于学会思考，使人聪明起来。这是其他学科无法比拟的。

数学是一种文化素养。在日常生活、生产实际中，人们从数学的角度提出问题、分析问题和解决问题。例如：对于观察数据信息，能够从数学的角度提出问题；在考查生产情况是否正常时，应该有一种概率统计的观念；等等。这些都属于数学素养的范畴。

②高中数学的地位和作用

高中数学是进一步学习数学的基础。数学有较强的逻辑系统，其内部联系较其他学科更为密切，前面没有学好，后续学习就可能中断或很难进一步学下去。

高中数学是学习物理、化学、计算机等学科的工具，如果数学学得差，其他学科的学习必然会受到很大的影响。

高中数学学习对我们形成良好的思想品质和辩证唯物主义世界观有着十分重要的积极作用。如：数学学习能促进我们形成树立运动变化、相互联系、相互转化、化整为零等观点，培养我们求真求实、锲而不舍的精神等。

(3)高中数学学习的目标

学习高中数学就是要学习从客观世界中提炼出数学问题的方法；学习、理解和掌握数学的概念，学习估算和判别计算结果正确性的本领；学习正确进行逻辑推理的本领；学习正确表达数学问题，解释数学结果与他人进行口头或文字交流的本领。通过高中阶段的数学学习，发展我们的数学思维能力(包括空间想象能力、逻辑推理能力等)和解决实际问题的能力，提高我们的数学素养。

学习高中数学就是学习掌握“四基”(基础知识、基本技能、基本方法、基本活动经验)，发展提高能力(思维能力、运算能力、空间想象能力、分析问题和解决问题的能力)，培养优良品德(良好个性、情感的体验、数学素养等)。

5. 怎样学好高中数学

(1)常规要求——预习，听课(笔记)，复习，作业，小结与落实。

(2)具体建议——三清，四做，五有。

三清——天天清，周周清，月月清。

认真整理笔记，做到天天清。重点在四个方面下功夫：一是基础知识的记忆和整理；二是基本例题的分析和解答；三是思想方法的小结和反思；四是课外作业的完成和自查。

加强复习落实，做到周清、月清。重点从两个方面复习落实：一是理，就是在理解的基础上进行梳理，实际上是一个阶段的复习和小结。建议自己构建知识网络，回忆知识重点，巩固自己认为的难点，二次订正作业和试卷中的错误，总结积累学习经验，争取“由厚到薄，由薄到厚”。二是练。数学是练出来的。如果不加强训练，特别是基本的训练，就无法形成熟练的技能和技巧，那么，培养能力等就失去了基础，成为空话。加强训练主要是我们自己练。主动地练，就会感到练习的乐趣，即使题目多一点儿，也不至于认为是负担；否则，自己被动地练，只是将练习作为任务来完成，题量再少，也会认为是很重的负担。

四做——读，问，思，悟。

读，就是鼓励大家经常阅读课本，阅读数学杂志和趣味数学专著，经常到图书馆查阅数学学习资料。基础好的同学还可以读一些数学竞赛方面的书籍。

问，就是进“门”以后开“口”。建议大家经常到老师办公室开口说话，不懂就问，敢于质疑。当然，同学之间的互相讨论也是十分必要的，可以共同提高，取长补短。

思，就是用“心”去考虑自己的“一亩三分地”。要思考你的数学这块“田地”里要“种”些什么，要怎样“种”，“种”的兴趣有没有，没有怎么办，有怎样保持。

悟，就是用“自己”(吾)的“心”去体验，去体会，去琢磨和钻研。

五有——信心，决心，恒心，静心，细心。

信心。树立学习的信心对学生来说总是最重要的，要相信自己能学好数学。当然，要承认个人的天赋有差别，学习成绩总会有差别。建议大家多比学习的刻苦和勤奋程度，比谁的进步大，特别是与过去的自己比。如果在自己原有的基础上得到了最大限度的提高，学习就是成功的，就可以增强信心。

决心。要有学好数学的决心，这是一个人意志力高低的一个重要方面。有了信心，还必须下决心学好，坚决完成好每一天和每一阶段的学习任务。对每一个章节和单元的基本概念、定理(包括原理、公式、性质、法则)和基本数学思想方法，都要坚决进行反复思考和运用，直到深刻理解，这样才可能在理解的基础上牢固记忆和融会贯通。

恒心。学习一定要有恒心。恒心对数学学习尤为重要。因为数学前后连贯性很强，前面的没有学好，后续内容就很难学好。所以，无论什么时候，都不能间断学习，否则只有进行补课，才不会掉队。学习上重要的一点，就是要不断积累和善于积累，只有持之以恒，才能做到这一点，才会有成效。

静心。提高学习效果，要提倡一个“静”字。学习一定要专心致志，不能浮躁。学就学好，玩就尽兴。心思要集中在学习上，在思考和感悟上，在反省和改进上。

细心。数学是精确的。数学抽象的概念、严密的思维、严谨的论证、精巧的运算，都需要细心。作业中哪怕错一个数字或一个符号，都不能放过，更不要说其他失误了。一旦有问题，一定要马上解决。经常出错的，要总结教训，掌握出错规律，今后细心处理，防止再次出错。

(3)作业要求

①作业做在课本的练习部分上，同时预备一个课堂练习本和课外作业本；

②一律用钢笔或蓝色、黑色圆珠笔书写，用铅笔、尺规作图，书写规范；

③墨迹、错误用橡皮擦干净，作业本整洁；

④批阅用“?”代表错误或不恰当的表述，这时要自觉订正(订正的解答单独用活页纸，要注明题号)；

⑤其余练习册同步完成，按进度交阅，自觉订正；

⑥当天布置，第二天早自修之前交，下午第8节课之前下发。

(4)独立练习(考试与测验)要求

①提前5分钟到教室，准备必要的文具(蓝色、黑色钢笔或圆珠笔、直尺、三角板、圆规、计算器、橡皮等)和草稿纸(最好是没有条纹的白纸)，桌面收拾干净，文具和草稿纸摆放整齐。

②接卷后浏览全卷，检查试卷是否有缺页、缺题和印刷模糊、错误等问题，有问题要及时举手询问。

③开始答题前写好班级、学号和姓名。

④认真审题，冷静作答。答题后若有多余时间，要认真检查，一般不提前交卷。

⑤遵守时间，不迟到，自觉独立完成，不作弊，不拖延交卷。

(三)我是学生的对手——交流

俗话说：亲其师信其道。学生只有佩服老师、信任老师，才能心悦诚服地接受老师。有时候老师需要与学生斗智斗勇，善意竞争。例如，有一次学生问我这样一道题：求 $x^2+\frac{1}{x}(x>0)$ 的最小值。学生的解法是：$x^2+\frac{1}{x}\geqslant 2\sqrt{x^2\cdot\frac{1}{x}}=2\sqrt{x}$，当且仅当 $x^2=\frac{1}{x}$ 即 $x=1$ 时，取最小值，等于2。结果他发现自己的计算结果和答案不一样，问我错在哪儿。这个解法的迷惑性在于前半部分的不等关系是正确的，并且确实当且仅当 $x^2=\frac{1}{x}$ 即 $x=1$ 时不等式等号成立，问题出在 $2\sqrt{x}$ 并不是在 $x=1$ 时取最小值而是在 $x=0$ 时取最小值，所以原式取不到真正的最小值。这道题的正确解法应该是：

$x^2+\frac{1}{x}=x^2+\frac{1}{2x}+\frac{1}{2x}\geqslant 3\sqrt[3]{x^2\cdot\frac{1}{2x}\cdot\frac{1}{2x}}=3\sqrt[3]{\frac{1}{4}}=\frac{3}{2}\sqrt[3]{2}$，当且仅当 $x^2=\frac{1}{2x}$ 即当 $x=\sqrt[3]{2}$ 时取得最小值 $\frac{3}{2}\sqrt[3]{2}$。

这个问题弄懂后，我又给学生出了一道题：已知直角三角形的面积为定值 2，求该三角形周长的最小值。学生很快构建出数学模型，设直角三角形的两直角边长分别为 a、b，则原题转化为：已知 $ab=4$，求 $a+b+\sqrt{a^2+b^2}$ 的最小值。但解题过程出了问题，学生有疑问：由均值定理可得 $a+b+\sqrt{a^2+b^2}\geqslant 2\sqrt{ab}+\sqrt{2ab}=2\sqrt{4}+\sqrt{2\times 4}=4+2\sqrt{2}$。这个题目也两次用到不等式，学生有些疑惑，不太敢用。这时我就带学生再回到不等式的推导过程中，进一步探讨不等式的等号成立的条件。对比两道题的异同，学生就会发现：前一题等号成立的条件不同，而后一题等号成立的条件是一致的，因此第二题的解法是正确的。我再因势利导，给出第三题：求 $x+x^2+\sqrt{\frac{1}{x}+\frac{1}{x^5}}\,(x>0)$ 的最小值。

$$x+x^2+\sqrt{\frac{2}{x}+\frac{2}{x^5}}\geqslant 2\sqrt{x^3}+\sqrt{2\sqrt{\frac{4}{x^6}}}=2\sqrt{x^3}+\sqrt{\frac{4}{x^3}}\geqslant 2\sqrt{2\sqrt{x^3}\cdot\sqrt{\frac{4}{x^3}}}=4$$

这道题虽然三次用到均值不等式，但等号成立的条件都是 $x=1$，所以不等式可以取等号，故最小值为 4。至此学生清楚地掌握了知识点，并对均值定理有了更深入的理解，同时对教师也推崇备至，更有利于教师教学工作的开展。因此数学交流在数学教学中是非常重要的。

数学交流能力就是学生将自己在学习基础知识、掌握技能技巧过程中“想到的”“说”给别人“听”，对问题发表看法，讲道理，相互促进，相互提高的能力。这种能力并不是学生与生俱来的，教师应当逐步引导学生学会如何谈论数学，如何在数学学习中学会数学交流。数学大多数是用符号表达的，所以在数学教学中许多教师都忽视了数学思想口头和书面交流的重要性。在应试教育的指导下，教师把数学课堂当成了灌输数学概念、定理、解题方法的舞台，学生在教师的指导下只会一味地机械模仿、记忆数学概念、定理和解题方法；教学基本上忽视了学生的参与，更难以进行数学交流。建构主义认为，在数学教学中应当充分发挥学生学习的自主性，学习者要在一定情境下，借助与他人的交流和协作，通过意义建构获得知识。加强学生在课堂中的交流和会话，对于推进每个学习者的学习进程是至关重要的。由此可见，数学交流在数学教学中的作用是不容忽视的。下面谈一下数学交流在数学教学中的重要性以及教师在教学中应当如何提高学生的数学交流能力。

1. 用数学交流进行教学的必要性

当前对工作环境的创设，越来越要求团队协作、合作及交流。同样，为了为将来做准备，中小学生也必须能有效地和他人交流数学思想。教学过程需要数学交流，交流是学生参与教学活动的一种很重要的途径，在不同的教学中教师应学会灵活运用不同的交流形式。教育部编写的《全日制义务教育数学课程标准(实验稿)》中指出："有效的数学学习活动不能单纯地依赖模仿与记忆，动手实践，自主探索与合作交流是学生学习数学的重要方式。"除此之外，《普通高中数学课程标准(实验)》也指出："学生的数学活动不应只限于接受、记忆、模仿和练习，高中数学课程还应倡导学生自主探索、动手实践、合作交流、阅读自学等学习数学的方式。"由此可见，数学交流已经成为数学教学中一个必不可少的环节。

2. 数学交流在问题解决中的重要性

数学问题解决是数学知识和技能学习的延伸，是一种高级的学习活动，它影响着学生学习数学的效果。数学问题的教学是数学教学的重要组成部分，数学交流在问题解决方面起着举足轻重的作用。俗话说得好："三个臭皮匠胜过一个诸葛亮。"也就是说，一个人完成一项任务也许会遇到很多困难和挫折，但如果几个人一起完成，也许不费吹灰之力就可以完成了。解决数学问题也是这个道理，学生通过数学交流可以使问题一步步简化，解决起来也就容易多了。

3. 数学交流在开放性教学中的显著作用

开放性教学是"双基＋创新"教育的载体，开放性教学起源于20世纪70年代的日本，渐渐扩大到美国和欧洲各国，1980年传入我国。日本学者能田伸彦博士提出开放性教学的基本理念是：学生的思维活动是开放的；数学思维进程是多种多样的。在数学教学过程中，学生的开放性和数学思维的多样性是混在一起的，这样在设计数学教学时，就必须让学生充分参与，同样也必须让学生学会交流。在开放性教学中，数学交流有着多种形式，其中除了师生交流、生生交流以外，还包括组际交流以及全班交流。师生交流主要是通过教师讲解、学生发言以及师生对话进行的，这时教师不再被当作绝对的权威，他走下讲台来到学生中间，以师生平等为前提与学生进行交流，这种方式的交流将对学生将来的发展产生深刻的影响。生生交流，顾名思义，即学生与学生之间的交流，这种交流主要是通过合作学习的方式进行的，合作学习有助于学生改变自己的学习态度和方式，培养学生的学习兴趣；使学生取长补短，优化认知结构；培养学生的人际交往能力；通过报告、互查或辩论等方式进行的组际交流，则可将各个小组的共同认识成果转化为全班的成果，这种交流不仅纠正了小组的局部性错误，而且为学生创造了“代表集体”的机会。最后一种交流即班级讨论，它主要是为了总结和归纳问题的研究情况，规范学生的学习行为，完善学生的认知结构而进行的一种更有价值的探索。当然在具体的课堂教学中不一定要涉及所有的交流方式，可根据具体情况选择某几种进行有机结合。这就要求教师在具备必要的专业文化知识的基础上还必须拥有完善的组织调控能力。

4. 建构主义观下的数学交流

建构主义认为，教学不是教师把知识简单地传递给学生，而是学习者在一定的情境即社会文化背景下，借助其他人(包括教师和学习伙伴)的帮助，通过人际间的协作活动，利用必要的学习资料，经过意义建构的方式而获取知识的过程。建构主义学习理论认为理想的学习环境应该包括“情境”“协作”“会话”“意义建构”四方面的因素，而学生之间的协作主要是通过交流和会话两个主要环节完成的，每个学生的想法都是整个学习群体的财富，这样才能最终达到意义建构的目标。

因此，教师必须成为学生建构知识的忠实支持者、积极帮助者和引导者。通过创设符合教学内容要求的情境和提示新旧知识之间联系的线索，引导学生进行探索发现学习，即主动发现问题，主动收集、分析有关信息和资料；教师还应对协作学习过程进行指导，鼓励学生通过数学交流和会话把讨论的问题逐步引向深处。这样做不仅能促使学生形成良好的认知结构，而且对开发学生潜能，培养学生的创新能力都有十分重要的作用。

(四)我是学生的严父——管理

我的教育理念是注重养成教育，坚持无为而治，同时注意多方面培养学生自主学习的能力。

我们常讲“播种行为，收获习惯；播种习惯，收获性格；播种性格，收获命运”。我很注重学生行为习惯的培养。我们班的班训是“入室即静，入座即学”，为的就是让学生能逐步创建一个良好的学习环境，并让学生感受到在这样的环境下学习效率会更高。

无为而治的思想是老子提出来的，说的是不以有为去影响事物的自然进程，使事物能够正常存在，健康成长。无为是不妄为，不随意而为，绝不是一无所为。体现在班级建设方面，就是化学生的被动行为为主动行为。一次在操场做操，男生队比女生队少了六人，看着很不协调。我故意没说话，等了一会儿，有三个女生主动补到了男生队伍的后面。针对这件小事，我在班会上提出了重点表扬，目的是希望我的学生不仅仅是按着制度约束去做事，还要会自己判断哪些事该做，哪些事不该做。

另外，我非常注意多方面培养学生自主学习的能力，“教是为了不教”是叶圣陶先生教育思想的精髓。早在1922年，叶老就提出了“目的在使其自身需要，不待教师授予”的观点，指出“未来的文盲，不再是不识字的人，而是没有学会学习的人”。我国的江山野教授在《论教学过程与教学方式》中也指出：“整个教学过程就是不断地把教师的作用转化为学生的学习能力……随着学生学习能力的增长，教师的作用在量上也就从大变小，最后消失。”因此，教师应该把培养和发展学生独立学习能力当作教学的重要目标，培养学生做一个会学习的人。在开学初我明确地把这一宗旨告诉学生，并让学生明白，每一位同学自身都具有独立学习的巨大潜能，以此来求得学生的理解、支持和配合。在具体的教学中，教师应注意了解学生的学情，引导学生有目标、有选择地学习，不满足于获得答案和结果，而是创造性地运用学到的内容，把教学的重点放在过程的呈现、方法的引导和知识的形成规律上，从而潜移默化地引导学生进行自主学习。

1. 数学学科中的德育管理

作为数学老师和班主任，我常常有这样的困惑：德育教育并不只是在一节班会课就能完成的，但学生却已习惯了这种教育方式，那是否有更好、更新颖的方法呢？我注意到中学生具有很强的求知欲，学生和家长更多关注的是知识的学习，若能在平时的课堂教学过程中适当、适时、自然地渗透德育会起到事半功倍的效果。课程标准指出：数学是人类的一种文化，它的内容、思想、方法和语言是现代文明的重要组成部分。在数学的教学中蕴含着丰富的德育素材，所以我们要善于把握时机，吃透教材，挖掘到掩藏在知识下的哲理，在课堂中有意识地渗透，这样会收到良好的效果。

我收集与挖掘了学科知识中蕴含的德育因素，概括出数学学科中的德育因素所包含的爱国主义、意志品格、辩证唯物主义思想、集体主义、审美观培养。

(1)爱国主义教育

爱国主义指热爱祖国，具有报效祖国的精神。在数学教学中可利用数学史激发学生的爱国主义情怀，从而进行思想教育。在课堂教学中紧扣教学内容向学生介绍我国数学发展的悠久历史，正确评价我国优秀数学家的伟大成就，体会数学家追求真理的精神。通过研究发掘数学史的教育功能，实现新课程标准所倡导的培养学生数学文化素养的独特的教育价值。例如，学习圆周率时，向学生介绍这是我国古代著名数学家祖冲之计算出来的，他是世界上第一个把圆周率精确到小数点后6位的人。其儿子祖暅、孙子祖皓都继承了祖冲之的事业，刻苦研究数学和历法，并取得了很大的成就。这能激发学生的民族自豪感，增强民族自信心。又如，在学习椭圆时，可以提到我国发射的人造地球卫星的轨迹方程，并且提到发射卫星需要先进的计算技术，我国能发射，也能回收，还能替其他国家发射卫星，至今成功率还是100%，使学生为此感到骄傲，加深了对祖国的热爱。从这些例子中鼓励学生学好本领，为社会、为国家服务。

(2)意志品格的教育

现在的学生中很多是独生子女，优越的生活条件使他们缺乏独立自主能力和顽强的毅力，意志脆弱，经不起打击。所以我们要培养学生良好的意志品格，使他们学会学习，学会生存。在教学中，可以实施循序渐进的教学方式，让学生“跳一跳，能够着”，给学生鼓劲打气。正如美国心理学家戴克斯所说：“孩子需要鼓励，如同植物需要水一般。”让他们在不断解决问题的过程中得到支持和鼓励，体会成功的喜悦从而获得自信。多介绍中外数学家刻苦研究数学的事例，引导教育学生只有拥有顽强的意志，坚持不懈的精神与奋发图强的学习态度，才能取得成功。在学生遇到困难时，多给学生鼓励，使他们不轻易放弃，而在学生取得好成绩时，指导他们要戒骄戒躁，谦虚谨慎。

(3)辩证唯物主义教育

数学本身充满唯物辩证法。如正与负，连续与离散，有穷与无穷，已知与未知，实数与虚数，它们之间互相矛盾却又对立统一，在转化中促进数学的不断发展。数学史上三次危机的出现，角的概念的发展等都反映了事物是不断变化、不断发展的。例如，在函数的教学中，应让学生理解：天地之间的万物都在时间长河中流淌着，变化着；从过去变化到现在，又从现在变化到将来；静止是相对的，运动却是永恒的！天空中星星的移动，地面上大地的震动，火山的喷发，人类的变化……由此可见，这个世界的一切，都随着时间的变化而变化。如果说时间是最原始的自变量，其他量则是因变量。据此，我们有了函数的概念：如果在某一变化过程中有两个变量 x，y，对于变量 x 在研究范围内的每一个确定的值，变量 y 都有唯一确定的值和它对应，那么变量 x 就称为自变量，而变量 y 则称为因变量，或变量 x 的函数，记为 $y=f(x)$。通过数学教学不但可以培养学生科学的思维方法和创新意识，而且可以使学生意识到在无限的时空中，人的生命是有限的，因此必须善待人生，通过努力来实现自己生命的价值，树立正确的人生观和世界观。

(4)集体主义教育

人不能脱离集体，小到班级、小组，大到社会，我们要正确对待个人与集体的关系，增强集体观念。数学有时是枯燥的，很多规律、定律、公式等如果仅靠教师口头传授效果不好。在新课程改革的今天，我们提倡合作学习时，应引导学生相互尊重与帮助，尊重别人的意见和劳动，培养学生相互协作、共同探究的集体精神。例如，我在讲三角形全等时，引导学生探究两个三角形全等的条件，采用了小组合作学习方法：四个人共同操作，利用教具三根小木棒拼成一个三角形后与同伴比较，得出了三边相等的三角形全等的结论。学生在小组全体成员的共同努力下，取得了学习上的成功，学生从成功中意识到个人目标与小组目标之间是相互依赖的。让学生懂得在往后的学习中，同学之间要团结协作，要懂得自主学习，还要懂得尊重他人，学会与他人合作。

(5)培养学生高尚情操的教育

古代哲学家、数学家普洛克拉斯断言："哪里有数，哪里就有美。"张奠宙与木振武两位先生在《数学美与课堂教学》中把数学美分成了四个层次：美观、美好、美妙、完美。其中，美观是指数学对象以形式上的对称、和谐、简洁，给人的观感带来美丽、漂亮的感受。在学习正弦、余弦定理时，我们感叹三角形的边角关系可以用如此简单对称的式子来表达，也惊叹千千万万的凸多边形的外角和总等于360°。美好是指数学上的许多东西，只有认识到它的正确性，才能感觉到它的"美好"，从而培养学生对美好事物的追求，培养正义感和是非感。美妙是指美妙的感觉需要培养，美妙的感觉往往来自"意料之外""情理之中"的事物，如数学中亚里士多德利用反证法证明了素数有无穷个，这个证明被欧拉称为"直接来自上帝的证明"，让人沉醉于数学方法的美妙之中。完美是数学总是尽量做到完美无缺，培养学生认真负责的做事态度，追求尽善尽美。所以在数学教学中我们可以使学生感受美，发现美，培养他们的审美造美能力，提高学生素质，也使学生做事尽力而为，争取做到自己能力以内的完美。

2. 数学教学中对学生进行德育教育的方法

学生对说教式德育教育很反感，怎样在数学教学中对学生进行德育教育？什么样的方法更为有效？

(1)直接的德育教育。比如，针对数学的学习，教育学生一分耕耘，一分收获，只有踏踏实实才能有好成绩。掌握扎实的知识基本功，是成功的先决条件。

(2)以启发式教学为手段，进行德育教育。新课程倡导学生是学习的主人，在教学过程中可以创造条件让学生参与到教学过程中，使学生体会到获取成功的快乐，培养学习的兴趣。在课堂教学时，提倡学生做生活的有心人，去发现问题，并且要开动脑筋，多思考问题，寻找解决问题的方法，最后做到解决问题。领悟到数学来源于实践，又反过来作用于实践。

(3)在课后练习题中渗透德育思想。严格要求，严格训练，要求学生认真完成作业，解完题要进行检查，从而培养学生良好的学习习惯。数学有很多一题多解、一题多证的题目，这些题目可以培养学生的思维能力和创新精神。此外，有些实际问题需要学生自己动手调查研究，这一点在新教材中尤为突出。比如，学习正弦、余弦定理后的实习作业要求学生自己动手解决测量问题，需要学生自己找工具、选择测量目标、寻找计算方法。这能培养学生实事求是的科学态度和理论联系实际的观点，让学生在动手探究中掌握知识，同时也明白实践过程的重要性。

(4)教师的道德表率作用。身教重于言传，教师自身的行为示范对学生最具感染力。比如，在教学过程中，我时刻提醒自己做到勤奋刻苦，认真备课，及时批改作业，向学生展现我强烈的时间观念，用自己的示范作用提醒学生把握现在，珍惜时间。在越来越强调学生发展为本的今天，以教材为载体，在教学活动中渗透和示范也更显重要。

总之，在数学教学中渗透德育教育是很有必要的。但是我们也要注意德育是伴随知识而来的，但不能代替知识的学习。所以在渗透德育思想的同时要注意可行性，不能喧宾夺主。相信只要结合学生思想实际和对知识的接受能力，逐渐地、自然地渗透德育教育，使学生的情操受到熏陶，思想受到教育，心灵受到启迪，就可以达到德育和智育的双重教育目的，这样才能培养出品学兼优的栋梁之材。

二、在教学上的换位思考

(一)知其然更要知其所以然——知识上的换位思考

对一个知识点的学习要让学生了解知识的来龙去脉，了解知识的发生发展过程，知其然更要知其所以然。站在数学家的角度想问题，可能对知识的理解就会更深刻。以下是我的一些做法。

1. 导数的故事

在讲导数以前我首先给学生介绍了微积分产生的历史背景。微积分的思想萌芽，特别是积分学，部分可以追溯到古代。我们知道，面积和体积的计算自古以来一直是数学家们感兴趣的课题，中国古代数学家刘徽的体积理论以及后来的祖冲之父子的祖氏原理及球体积计算在公元200～500年就有了积分的影子。与积分学相比，微分学的起源则要晚得多。刺激微分学发展的主要科学问题是求曲线的切线，求瞬时变化率以及求函数的极大值、极小值问题。17世纪上半叶，自然科学的一般形式和天文、力学等领域发生的种种事件使得确定非匀速运动物体的速度与加速度等瞬时变化率问题的研究成为当务之急；望远镜的光程设计需要确定透镜曲面上任一点的法线，这又使求任意曲线的切线问题变得不可回避，确定炮弹的最大射程及寻求行星轨道的近日点与远日点等涉及的函数极大值、极小值问题也亟待解决。

我也给同学们介绍了微积分的创始人牛顿和莱布尼茨，以及数学史上令人遗憾的微积分创始人之争的故事。莱布尼茨出生于德国，父亲是一名大学教授。1667年，莱布尼茨获阿尔特多夫大学法学博士学位，曾任驻法大使。莱布尼茨在巴黎居住了4年，这4年对他整个科学生涯的意义可以与牛顿在家乡躲避瘟疫的两年相比。莱布尼茨的许多重大成就，包括创立微积分，都是在这一时期完成或奠定基础的。莱布尼茨的博学多才在科学史上罕有所比，其著作涉及数学、力学、机械、地质、逻辑、哲学、法律、外交、神学和语音学等。在数学上他的贡献也远不止微积分。莱布尼茨在巴黎经历了繁忙的外交生活和丰硕的科学探索之后，回到德国，在汉诺威不伦瑞克公爵府任顾问和图书馆馆长，从此定居汉诺威。莱布尼茨是一位科学活动家，他的一些创举使科学受益匪浅，他是柏林科学院的创建者和首任院长，彼得堡科学院、维也纳科学院也是在他的倡议下成立的。莱布尼茨甚至曾写信给康熙皇帝，建议成立北京科学院。

1661年，牛顿进入剑桥大学三一学院，受教于巴罗。1665年8月，剑桥大学因瘟疫流行而关闭，牛顿离校返乡。随后在家乡躲避瘟疫的两年，竟成为牛顿科学生涯中的黄金岁月。牛顿发现了广义二项式定理，并开始发展一套新的数学理论，即微积分，发现了万有引力和颜色理论等。可以说牛顿一生中大多数科学创造的蓝图都是这两年描绘的。巴罗是牛顿的老师，是英国剑桥大学第一任“卢卡斯数学教授”，也是英国皇家学会的首批会员。当巴罗发现和认识到牛顿的杰出才能时，便于1669年辞去了卢卡斯教授的职位，举荐自己的学生——当时才27岁的牛顿担任。巴罗让贤，已成为科学史上的佳话。

在牛顿以前，面积总是被看作无限小不可分量之和，牛顿则从确定面积的变化率入手，通过反微分计算面积，面积计算与求切线问题的互逆关系以往虽然也曾被少数人在特殊场合模糊地指出，但牛顿却能以足够的敏锐与能力将这种互逆关系明确地作为一种规律揭示出来(正反流数术)，并证明了二者的互逆关系，将这两种运算进一步统一成整体。这是他超越前人的功绩，正是在这个意义上，我们说牛顿发明了微积分。作为例子，牛顿算出纵坐标为$y=x^n$的曲线下的面积是$\frac{x^{n+1}}{n+1}$；反之，纵坐标为$\frac{x^{n+1}}{n+1}$的曲线其切线的斜率为x^n。

牛顿对于发表自己的科学著作态度谨慎，除了两篇光学著作，他的大多数著作都是经朋友再三催促才拿出来发表的。牛顿微积分学说最早的公开表述出现在1687年出版的力学名著《自然科学的数学原理》之中。而莱布尼茨则在1684年和1686年分别发表了微分学和积分学的论文。正是由于这个原因，才造成了牛顿与莱布尼茨的微积分优先权的争论。为此，1712年英国皇家学会专门成立了一个委员会进行调查，直到莱布尼茨和牛顿都去世后争论才逐渐得到平息和解决。经过调查，特别是对莱布尼茨手稿的分析，证实两人确实是相互独立地完成了微积分的发明，就发明时间而言，牛顿早于莱布尼茨，就发表时间而言，莱布尼茨则早于牛顿。

尽管产生了纠纷，两位学者却从未怀疑过对方的才能。1701年，在柏林王宫的一次宴会上，当普鲁士国王问起莱布尼茨对牛顿的评价时，莱布尼茨回答道："纵观有史以来的全部数学，牛顿做了一多半的工作。"而牛顿在他发表的著作的前言中称莱布尼茨为学问渊博的数学家。

2. 函数的由来

在讲高中函数的概念时，带领学生回顾一下函数概念的发展史，无疑有益于学生加深理解课堂知识，激发学习兴趣。

最早提出函数概念的，是17世纪德国数学家莱布尼茨。最初莱布尼茨用"函数"一词表示幂。之后，他又用函数表示在直角坐标系中曲线上一点的横坐标、纵坐标。

1718年，莱布尼茨的学生、瑞士数学家伯努利把函数定义为："由某个变量及任意的一个常数结合而成的数量。"意思是凡变量和常量构成的式子都叫作函数。伯努利所强调的是函数要用公式来表示。后来数学家觉得不应该把函数概念局限在只能用公式来表达上，只要一些变量变化，另一些变量能随之变化就可以。至于这两个变量的关系是否要用公式来表示，不作为判别函数的标准。

1755年，瑞士数学家欧拉把函数定义为："如果某些变量以某一种方式依赖于另一些变量，即当后面这些变量变化时，前面这些变量也随着变化，我们把前面的变量称为后面变量的函数。"在欧拉的定义中，不强调函数要用公式表示。由于函数不一定要用公式来表示，欧拉曾把画在坐标系中的曲线也叫函数，他认为："函数是随意画出的一条曲线。"

当时有些数学家对于不用公式来表示函数感到很不习惯，有的数学家甚至抱怀疑态度。他们把能用公式表示的函数叫"真函数"，把不能用公式表示的函数叫"假函数"。

1821年，法国数学家柯西给出了类似现在中学课本的函数定义："在某些变数间存在着一定的关系，当给定其中某一变数的值，其他变数的值可随之而确定时，则将最初的变数叫自变量，其他各变数叫作函数。"在柯西的定义中，首先出现了"自变量"一词。

1834年，俄国数学家罗巴切夫斯基进一步提出函数的定义："函数是这样的一个数，它对于每一个数都有确定的值，并且随着一起变化。函数值可以由解析式给出，也可以由一个条件给出，这个条件提供了一种寻求全部对应值的方法。函数的这种依赖关系可以存在，但仍然是未知的。"这个定义指出了对应关系(条件)的必要性，利用这个关系，可以求出每一个数的对应值。

1837年，德国数学家狄里克雷认为怎样去建立与 x 之间的对应关系是无关紧要的，所以他的定义是："如果对于 x 的每一个值，总有一个完全确定的 y 值与之对应，则 y 是 x 的函数。"这个定义抓住了概念的本质属性，变量 y 称为 x 的函数，只需有一个法则存在，使得这个函数取值范围中的每一个值，有一个确定的值和它对应就行了，不管这个法则是公式、图象、表格还是其他形式。这个定义比前面的定义更有普遍性，为理论研究和实际应用提供了方便。因此，这个定义曾被长期使用。

自从德国数学家康托尔的集合论被大家接受后，用集合对应关系来定义函数概念就是现在高中课本里用的了。

中文数学书上使用的“函数”一词是转译词。是我国清代数学家李善兰在翻译《代数学》(1895)一书时，把“function”译成“函数”。中国古代“函”字与“含”字通用，都有着“包含”的意思。李善兰给出的定义是：“凡式中含天，为天之函数。”中国古代用天、地、人、物4个字来表示4个不同的未知数或变量。这个定义的含义是：“凡是公式中含有变量 x，则该式子叫作 x 的函数。”所以“函数”是指公式里含有变量的意思。我们可以预计，关于函数的争论、研究、发展、拓展将不会完结，它们影响着数学及其相邻学科的发展。

3. 将科学史融入教学

将科学史渗透到数学教学中，可以拓宽学生的视野，进行爱国主义教育，对于增强民族自信心，提高学生素质，激励学生奋发向上，形成爱科学、学科学的良好风气有着重要作用。对此数学教学是有许多工作可做的。下面以“圆”为例，就如何将科学史融入课堂教学谈谈我的做法与体会。

(1)结合教材内容，“见缝插针”，使科学史自然融入课堂教学

“圆”是一个古老的课题，人类的生活与生产活动和它密切相关。有关圆的知识在战国时期的《墨经》《考工记》等书中都有记载，授课中将有关史料穿插进去，作为课本知识的补充和延伸。例如讲解圆的定义与性质时，我向学生介绍，约在公元前2500年，我国已有了圆的概念，考古说明我国夏代奴隶社会以前的原始部落时期就有圆形的建筑。至于圆的定义和性质在《墨经》中已有记载，其中，“圆，一中同长也”，即圆周上各点到中心的长度均相等；此外，还进一步说明“圆，规写交也”，即圆是用圆规画出来的终点与始点相交的线。这与欧几里得的定义相似，而《墨经》成书于公元前4世纪至公元前3世纪，是在欧几里得诞生之前问世的。圆心角、弓形、圆环形、圆内接正六边形、直角三角形的内切圆、圆锥等一系列概念与性质，在《墨经》《考工记》《九章算术》等书中都有记载。在讲到这些内容时，我便用几句话向同学们做简要介绍。这样，随着这一章内容的不断展开，同学们对我国古代在相关领域的发展概貌有了初步的了解，知道我国古代就对这些内容有了比较全面、系统的认识。特别是早在战国时期就有了论证几何学的萌芽，几乎与古希腊的几何学同时产生。

(2)根据教材特点，适当选择科学史资料，有针对性地进行教学

圆周率 π 是数学中的一个重要常数，是圆的周长与其直径之比。为了回答这个比值等于多少，一代代中外数学家锲而不舍，不断探索，付出了艰辛的劳动，其中我国的数学家做出过卓越贡献，取得了“当时世界上最先进的成

就”。为了让同学们了解这一成就的意义，从中得到启迪，我学习了有关的史料，做了简单总结。先简单介绍发展过程：最初一些文明古国均取 $\pi=3$，如我国《周髀算经》就说“径一周三”，后人称之为“古率”。人们通过实践逐步认识到用古率计算圆周长和圆面积时，所得到的值均小于实际值，于是不断利用经验数据修正 π 值，例如古埃及人和巴比伦人分别得到 $\pi=3.1605$ 和 $\pi=3.125$。后来古希腊数学家阿基米德(公元前287—前212年)利用圆内接和外切正多边形来求圆周率的近似值，得到当时关于 π 的最好估值约为 $3.1409<\pi<3.1429$；此后古希腊的托勒密约在公元150年又进一步求出 $\pi=3.141666$。我国魏晋时代数学家刘徽(约3—4世纪)用圆的内接正多边形的“弧矢割圆术”计算 π 值。当边数为192时，得到 $3.141024<\pi<3.142704$。后来把边数增加到3072边时，进一步得到 $\pi=3.14159$，这比托勒密的结果又有了进步。到南北朝时，祖冲之(429～500年)更上一层楼，计算出 π 的值在3.1415926与3.1415927之间，求出了准确到7位小数的 π 值。我国以这一精度，在长达1000年的时间中，一直处于世界领先地位，这一纪录直到1429年左右才被中亚细亚的数学家阿尔·卡西打破，他准确地计算到小数点后第16位。这样的总结可使同学们明白，人类对圆周率认识的逐步深入，是中外一代代数学家不断努力的结果。我国不仅以古代的四大发明——火药、指南针、造纸、印刷术——对世界文明的进步起了巨大的作用，而且在数学方面也曾在一些领域内取得过遥遥领先的地位，创造过多项“世界纪录”，祖冲之计算出的圆周率就是其中一项。接着再说明，我国的科学技术只是近几百年来，由于封建社会的日趋没落，才逐渐落伍。如今，赶超世界先进水平的历史重任就责无旁贷地落在同学们的肩上。我们要下定决心，努力学习，奋发图强。

为了使同学们认识到科学研究的艰辛以及人类锲而不舍的探索精神，我还进一步介绍：同学们都知道 π 是无理数，可是在18世纪以前，“π 是有理数还是无理数?”一直是许多数学家研究的课题之一。直到1767年，兰伯脱才证明了 π 是无理数，圆满地回答了这个问题。然而人类对 π 值的进一步计算并没有终止，例如1610年德国人路多夫根据古典方法，用262边形，计算 π 到小数点后第35位。他把自己一生的大部分时间花在这项工作上。后人为了纪念他，就把这个数刻在他的墓碑上，至今圆周率被德国人称为“路多夫数”。1873年，英国的向克斯计算 π 到707位小数。1944年，英国曼彻斯特大学的弗格森分析了向克斯计算的结果后，产生了怀疑并决定重算一次。从1944年5月到1945年5月他用了一整年的时间来做此项工作，结果发现向克斯的707位小数只有前面527位是正确的。后来有了电子计算机，有人已经算到第10亿位。计算如此高精度的 π 值究竟有什么意义？专家们认为，至少可以由此来研究 π 的小数出现的规律。更重要的是，对 π 认识的新突破进一步说明了人类对自然的认识是无穷无尽的。几千年来，没有哪一个数比圆周率 π 更吸引人了。根据这一段教材的特点，适当选配数学史料，采用读后小结的方式，不仅可以使学生加深对课文的理解，而且人类对圆周率认识不断深入的过程也使学生受到感染，兴趣盎然，这对培养学生献身科学的探索精神有着积极的意义。

(3)吃透教材精神，采取多种形式，增强教学效果

把科学史融入日常教学，进行思想教育，教师不仅要吃透教材的知识内容，还要努力挖掘教材的思想性，并采取多种形式，形象生动地进行教学。讲圆的方程时，有一道题是计算赵州桥桥拱的半径，这也是进行爱国主义教育、激励学生努力学习科学知识的好材料。为了增强教学效果，上课前我准备好赵州桥的彩色图画，将它在课堂上展示时，同学们被这造型奇特、气势雄伟的赵州桥画面吸引住了，等待教师的讲解。我指着画面向同学们介绍道："这是河北省赵县的赵州桥，又名安济桥，建于 1300 多年前的隋代大业年间(605～618 年)，是一座世界闻名的石拱桥。整个桥身是圆弧的一段，长 50 多米，宽 9 米多。这么长的桥，全部用石头砌成，没有桥墩，只有一个拱形的大桥洞，横跨在 37 米宽的河面上。这样巨型的跨度，在当时是首屈一指的。而更显示其先进技术的，是大拱圈上的两肩各有两个拱形的小桥洞，既减轻了桥身的重量，节省了石料，还增加了洪水季节桥下的过水面积，四个小孔可以辅助泄洪，减轻了洪水对桥身的冲击力，桥不但坚固而且美观。这种设计是建桥史上的一个创举，创造了敞肩拱的新式桥型，使拱桥的建造技术达到了一个新水平，比欧洲 19 世纪建造的同类拱桥早 1200 多年。赵州桥经历了洪水、地震等自然界的袭击和 1000 多年使用的考验，依然巍然挺立，雄姿焕发，是我国宝贵的历史遗产。它体现了中国劳动人民的智慧和才干，是综合运用包括数学在内的多种学科知识的典范。下面我们就来算一算桥拱的半径……"这样的引导，使同学们情绪高涨，课堂气氛活跃。

(二)精确制导，事半功倍——学情上的换位思考

学情分析是教学准备工作中不可或缺的一部分，有些老师认为学情分析就是看学生学过了哪些知识，事实上学过是一回事，掌握又是另外一回事，曾经学过的知识并不能作为学生的基础，只有真正理解和掌握的才可以作为基础。我首先就初中数学和高中数学的衔接问题谈一下我的看法。

有些学生一旦进入高中后数学成绩会一落千丈，出现这样的情况多数是由于学生对高中数学内容和初中数学内容的区别不清楚，自身学习方法也有问题。那么高中数学究竟要怎么学?

1. 引导学生注意初、高中数学体系的变化

(1)数学语言在抽象程度上突变

初、高中的数学语言有显著的区别。初中的数学主要是以形象、通俗的语言方式进行表达。而高一数学一下子就触及非常抽象的集合语言、逻辑运算语言、函数语言、图象语言等。

(2)思维方法向理性层次跃迁

高一学生产生数学学习障碍的另一个原因是高中数学思维方法与初中阶段大不相同。初中阶段，很多老师将各种题型建立了统一的思维模式，如解分式方程分几步，因式分解先看什么、再看什么等。因此，学生在初中学习中习惯于这种机械的、便于操作的定式方式，而高中数学在思维形式上产生了很大的变化，数学语言的抽象化对思维能力提出了高要求。这种能力要求的突变使很多高一新生感到不适应，因而导致成绩下降。

(3)知识内容的整体数量剧增

高中数学与初中数学另一个明显的不同是知识内容的“量”急剧增加了，学生单位时间内接受知识信息的量与初中相比增加了许多，辅助练习、消化的课时相应地减少了。

(4)知识的独立性大

初中知识的系统性是较严谨的，给我们学习带来了很大的方便。因为它便于记忆，又适于知识的提取和使用。但高中的数学却不同，它是由几块相对独立的知识拼合而成的(如高一有集合、命题、不等式、函数的性质、指数和对数函数、指数和对数方程、三角比、三角函数、数列等知识)，经常是一个知识点刚学得有点入门，马上又有新的知识出现。因此，注意它们内部的小系统和各系统之间的联系成了学习时必须花力气的着力点。

2. 指导学生注意初、高中数学学习方法的变化

(1)养成良好的数学学习习惯

养成良好的数学学习习惯，会使自己在学习中感到有序而轻松。高中数学学习的良好习惯是：多质疑、勤思考、好动手、重归纳、注意应用。学生在学习数学的过程中，要把教师所传授的知识翻译成自己的特殊语言，并永久记忆在自己的脑海中。良好的数学学习习惯包括课前自学、专心上课、及时复习、独立完成作业、解决疑难、系统小结和课外学习几个方面。

(2)及时了解、掌握常用的数学思想和方法

学好高中数学，需要我们从数学思想与方法高度来掌握它。中学数学学习要重点掌握的数学思想有以下几个：集合与对应思想、分类讨论思想、数形结合思想、运动思想、转化思想、变换思想、模型思想。有了数学思想以后，还要掌握具体的方法，比如：换元法、待定系数法、数学归纳法、分析法、综合法、反证法，等等。在具体的方法中，常用的有观察与实验、联想与类比、比较与分类、分析与综合、归纳与演绎、一般与特殊、有限与无限、抽象与概括等。

解数学题时，也要注意解题思维策略问题，经常要思考：选择什么角度进入，应遵循哪些原则性的东西。高中数学中经常用到的数学思维策略有：以简驭繁、数形结合、进退互用、化生为熟、正难则反、动静转换、分合相辅等。

(3)逐步形成“以我为主”的学习模式

数学不是靠老师教会的，而是在老师的引导下，靠自己主动的思维活动去领悟的。学习数学就要积极主动地参与学习过程，养成实事求是的科学态度，独立思考、勇于探索的创新精神；正确对待学习中的困难和挫折，胜不骄，败不馁，养成积极进取、不屈不挠、耐挫折的优良心理品质；在学习过程中，要遵循认识规律，善于开动脑筋，积极主动地发现问题，注重新旧知识间的内在联系，不满足于现成的思路和结论，经常进行一题多解、一题多变，从多侧面、多角度思考问题，挖掘问题的实质。学习数学一定要讲究“活”，只看书不做题不行，只埋头做题不总结积累也不行。对课本知识既要能钻进去，又要能跳出来，结合自身特点，寻找最佳学习方法。

(4)针对自己的学习情况，采取一些具体的措施

记数学笔记，特别是对概念理解的不同侧面和数学规律、教师在课堂中拓展的课外知识。记录下来本章你觉得最有价值的思想方法或例题，以及你还存在的未解决的问题，以便今后将其补上。

建立数学纠错本。把平时容易出现错误的知识或推导过程记载下来，以防再犯。争取做到找错、析错、改错、防错。能从反面入手深入理解正确知识；能由果溯因把错误原因弄个水落石出，以便对症下药；解答问题完整、推理严密。

熟记一些数学规律和数学小结论，使自己平时的运算技能达到自动化或半自动化的熟练程度。经常对知识结构进行梳理，形成板块结构，实行“整体集装”，使知识结构一目了然；经常对习题进行类化，由一例到一类，由一类到多类，由多类到统一；将几类问题归纳为同一知识方法。

阅读数学课外书籍与报刊，参加数学学科课外活动与讲座，多做数学课外题，加大自学力度，拓展自己的知识面。及时复习，强化对基本概念知识体系的理解与记忆，进行适当的反复巩固，避免前学后忘。

学会从多角度、多层次进行总结归类。如从数学思想分类，从解题方法归类，从知识应用上分类等，使所学的知识系统化、条理化、专题化、网络化。

经常在做题后进行一定的“反思”：思考本题所用的基础知识、数学思想方法是什么；为什么要这样想；是否还有别的想法和解法；本题的分析方法与解法，在解其他问题时，是否也用到过。无论是作业还是测验，都应把准确性放在第一位，而不是一味地追求速度或技巧，这是学好数学的重要思想。

3. 注重学情分析，循序渐进(以函数为例)

函数概念是一个学生比较难理解的概念，学生掌握的情况参差不齐，高中讲授函数时就要考虑初中的基础。

初中教材中函数是这样定义的：“设在某变化过程中有两个变量 x 和 y，如果对于 x 在某一范围内的每一个确定的值，y 都有唯一确定的值与它对应，那么就说 y 是 x 的函数，x 叫作自变量。”说到底，函数是什么呢？粗略地说，函数就是两个变量之间的对应关系，即：如果对于 x 在某一范围内的每一个确定的值，y 都有唯一确定的值与它相对应，只要 x、y 满足这种对应关系，y 就叫 x 的函数。我用以下几例对初中函数概念进行复习：

【例 1】 两个变量 x、y 满足 $y=2x+1$，y 是 x 的函数吗？

分析：x 的取值范围是全体实数。当 x 取一个确定的值时，y 就有一个唯一确定的值与 x 相对应。这种对应关系满足函数定义中所规定的对应关系，所以，y 就是 x 的函数。

【例 2】 在 $s=t^2$ 中，s 是 t 的函数吗？

分析：要回答这个问题，我们仍然看它们是否满足函数定义中所要求的那种对应关系：当 t 取每一个确定的值时，s 是否都有一个唯一确定的值与之对应。如：当 $t=3$ 时，s 只有一个唯一确定的值 9 与之对应。所以 s 是 t 的函数。在此例中，自变量 t 的值由 3 变为 -3，与之对应的函数 s 的值都是 9，并没有发生变化，这并不影响 s 是 t 的函数这一事实，因为函数定义中并没有要求自变量的值变化时，函数值也一定要随之改变，定义中只规定了它们之间的那种特定的对应关系。

【例 3】 $y^2=x$ 也反映了两个变量 x 与 Y 的一种对应关系，y 是 x 的函数吗？

分析：y 是否是 x 的函数，关键是要看它们是否符合函数定义中所规定的那种对应关系。如：当 $x=4$ 时，y 有两个值 $+2$ 和 -2 与之对应，而不是一个唯一确定的值，所以 y 不是 x 的函数。

【例 4】 人的身高是他自己年龄的函数吗？

分析：这里的年龄即时间，它是一个变量，身高也是一个变量，身高是否是时间的函数呢？我们就看它们之间是否存在函数定义中所规定的条件。如：当你刚满 10 岁的那一时刻，你的身高是一个唯一确定的值与这一时刻相对应。总之，不管到哪一时刻，你的身高都会有一个唯一确定的值和这个时刻相对应，这种对应关系符合函数定义中所规定的条件，所以说人的身高确实是他自己年龄的函数。

【例 5】 $y=1$ 是函数吗？

分析：因为 y 不是变量，所以 $y=1$ 不是函数。

综上所述，我们要判断一个变量是否是另一个变量的函数，就是要看它们之间的对应关系是否符合函数定义中所规定的条件，符合条件的就是函数，不符合条件的就不是函数。

高中函数定义：一般地，设 A、B 是两个非空数集，如果按照某一对应法则 f，对于 A 中的每一个元素 x，在 B 中有唯一的元素 y 与它对应，这样的对应叫作 A 到 B 的一个函数，通常记为 $y=f(x)$，$x\in A$，所有的输入值 x 组成的集合 A 叫作函数 $y=f(x)$的定义域。

刚接触这个概念就要让学生搞清楚高中函数的定义和初中函数的定义的联系和区别是什么，怎样才能理解好这个概念？我常采用以下措施。

从概念的关键词出发："A、B 是两个非空数集"这句话告诉学生 A、B 不仅是集合，还是数集，且为非空数集，其他的任何集合都不行。举例说明：平面直角坐标系上的点，与点的坐标是一一对应的，它是不是函数？回答：不是函数。因为平面直角坐标系上的点是点集，不是数集。平面上直线 $y=x$ 上的点的横坐标与纵坐标的关系是函数，因为横坐标与纵坐标是定义在数集上的数。再如：电影院的位置与电影票的票号是一一对应的，位置是一种事物，不是数集，所以它不是函数；电影票上的号码与座位上的号码是定义在数集上的，所以它是函数。

"对于 A 中的每一个元素 x，在 B 中有唯一的元素 y 与它对应。"这句话可用 5 个图来表示。

如图 1 所示，只要 a、b、c 表示的是数，那么这个图反映的是一一对应，当然是函数。因为它符合 A 中的每一个元素 a、b、c，在 B 中有唯一的元素 1、2、3 与它对应，是函数。

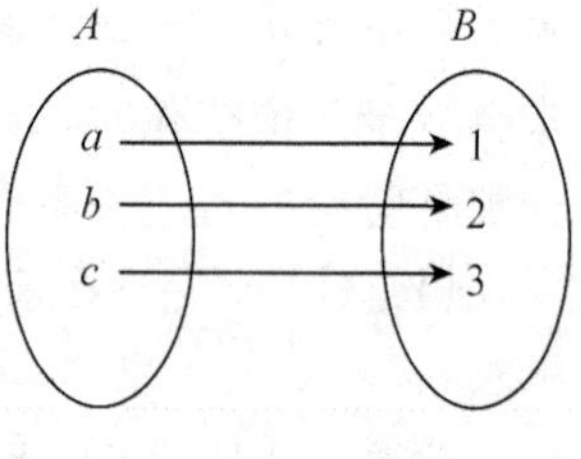

图 1

图 2 反映的是在集合 A 中有两个或两个以上的元素对应集合 B 中唯一的元素。符合定义中的"A 中的每一个元素 x，在 B 中有唯一的元素 y 与它对应"。这是多对一的一种关系，是函数。

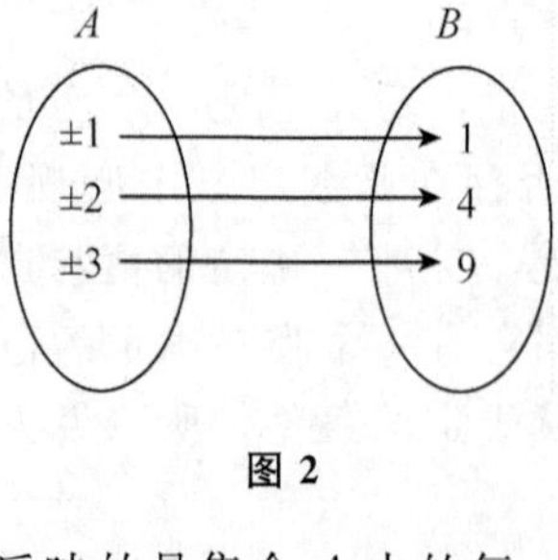

图 2

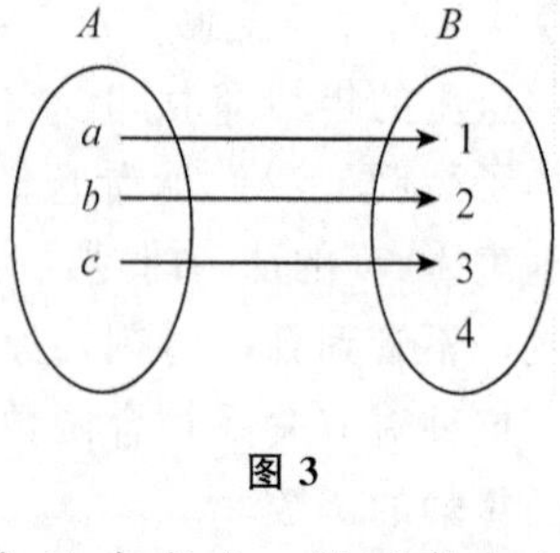

图 3

图 3 反映的是集合 A 中的每一个元素在 B 中有唯一的元素和它对应，在集合 B 中可以有多余的元素，也符合"A 中的每一个元素在 B 中有唯一的元素 y 与它对应"这一定义，也是函数。

图 4 违背了函数定义中的“A 中的每一个元素 x，在 B 中有唯一的元素 y 与它对应”，因为在 B 中有两个 y 值和它对应。这是一对多的对应关系，所以它不是函数。

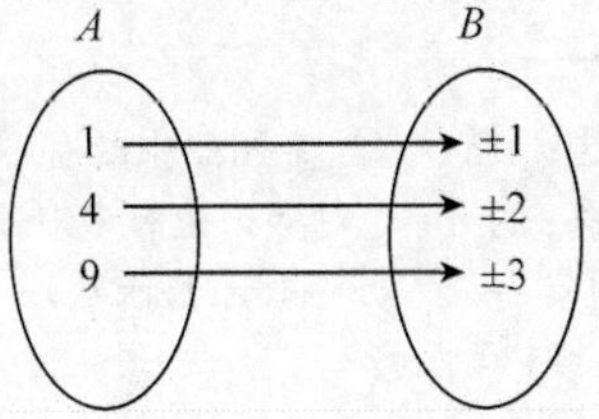

图 4

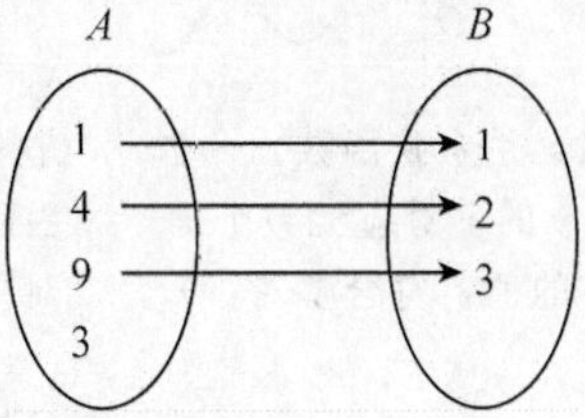

图 5

图 5 也违背了函数定义中的“A 中的每一个元素 x，在 B 中有唯一的元素 y 与它对应”，因为在集合 A 中元素 3 找不到 y 值和它对应，所以它不是函数。例如 $y=\frac{1}{x-3}(x\in\mathbf{R})$。当 $x=3$ 时找不到函数值和它对应，所以 $y=\frac{1}{x-3}$ 在实数范围内不是函数。

练习：下列图象中哪些是函数？哪些不是函数？

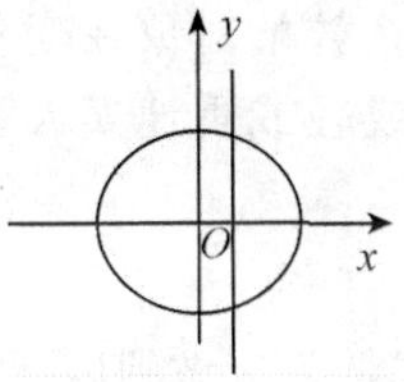

（这不是函数，因为一个 x 的值对应两个 y 的值）

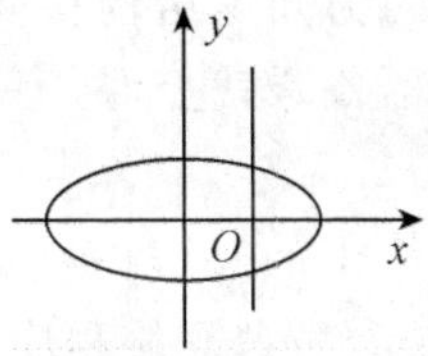

（这不是函数，因为一个 x 的值对应两个 y 的值）

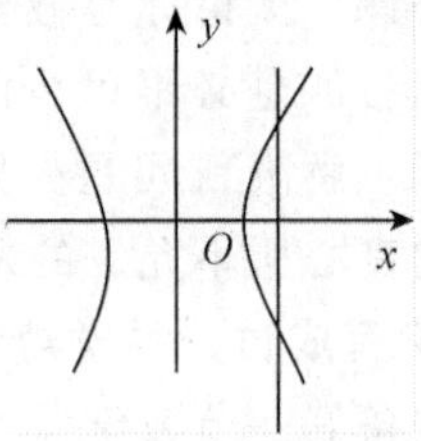

（这不是函数，因为一个 x 的值对应两个 y 的值）

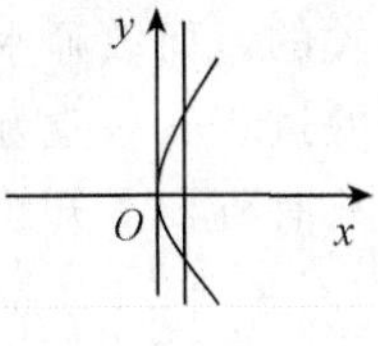

（这不是函数，因为一个 x 的值对应两个 y 的值）

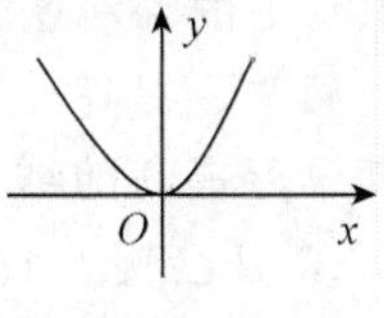

（这是函数，因为一个 y 的值对应两个 x 的值，这是二次函数）

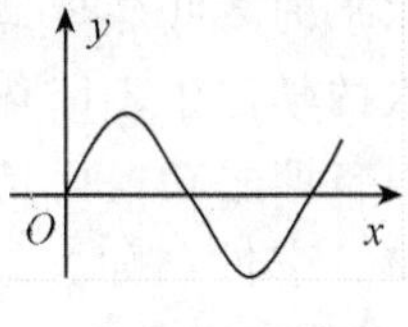

（这是函数，因为一个 y 的值对应无数个 x 的值，这是正弦函数）

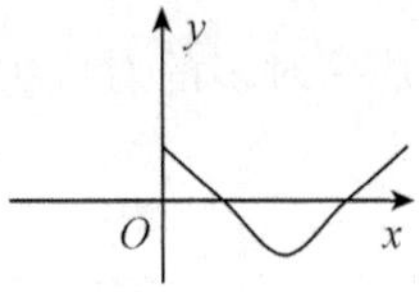

（这是余弦函数，一个 y 的值对应无数个 x 的值，符合多对一）

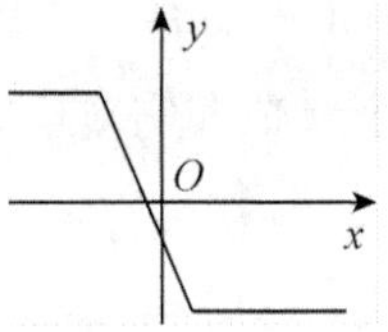

（这是函数，这个函数图象有多对一的对应关系，也有一一对应的关系）

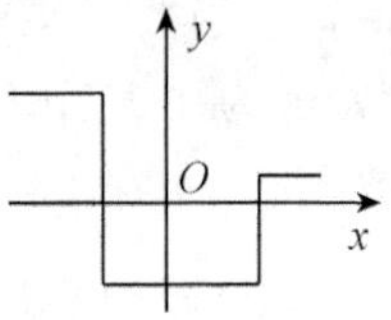

（这个图象中既有一对多，也有多对一，不是函数）

（三）知己知彼，百战不殆——备课时的换位思考

备课是教学工作的基本环节，提高教学质量，首先要从备课入手。常言道："不打无准备之仗。"教学也不应上无准备之课。关于备课与上课的关系，有很多生动形象的比喻：有人把它比喻为指挥员在组织一场战役之前的运筹帷幄，只有通过备课做到教学中的知己知彼，才能百战不殆；也有人把它比喻为一项工程，必须先搞好设计，才能搞好施工，亦即必须先备好课，才有可能上好课。无论你是教学多年的老教师，还是初登讲坛的新秀，要把一节课上好，备课是必不可少的。因为知识结构在变化，教学对象在变化，要适应新情况，解决新问题。如果不备课就上课，只能或轻或重地误人子弟，这是教师的良心所不允许的。

1. 胸有成竹，科学规划

如何备好一节数学课？应进行哪些思维程序？我认为应做到以下几点。

(1)驾驭知识

东北师范大学高夯院长曾经讲过这样一个观点：怎样才能当好一个数学老师？需具备两点，一点是真会，一点是要有教的意识。从某种意义上说，教师教学水平的高低是与其知识水平的深浅密切相关的，而教师水平的深浅是在一次次的学习中不断体验、感受、提高、完善的过程。一堂好课，绝非仅课前一时备课之功，而是长期学习提高的结果。只有驾驭了知识，才能做到成竹在胸、应付自如。怎样才算真会呢？我认为对所教知识需做到"懂、透、化"三个基本层次。

所谓"懂"是教师通过对教材、教学参考资料等的阅读，达到逐字逐句弄通弄懂、准确理解，搞清基本思想、基本概念、解决问题的基本方法，这是备课的第一步。"透"是"懂"的继续，是对知识的进一步掌握，不但要知其然，而且要知其所以然，掌握概念的实质，并会有效地利用概念、结论分析问题和解决问题。比如，等差数列的定义是：如果一个数列从第二项起，每一项与其前一项的差是一个常数，那么这个数列叫作等差数列。概念是判断一个数列是否是等差数列的重要工具，但是对一个无穷数列来说，怎么去完成计算从第二项起，每一项与其前一项的差这一无止境的工作呢？这就需要挖掘概念的实质。实际上，等差数列定义的实质是 $a_{n+1}-a_n=$ 常数($n\in\mathbf{N}^*$)，这就是说，要判断一个数列是否是等差数列，只需要先找 a_n，再求出 a_{n+1}，作差后看结果是否为常数，因为通项可以代表任意项。否则会造成部分学生在判断一个无穷数列为等差数列时，只作几次差就盲目下结论的严重后果。“化”即将知识“消化、溶化”，清楚知识的来龙去脉：知识点为什么产生？它能解决什么问题？了解该知识在高中数学教学中的位置和作用，以及它在高考中的出题方式，真正站在一定的高度去认识知识。达到熟练掌握、出口成章、深入浅出、应用自如、举一反三，使教师的思想感情与知识的思想性、科学性融在一起，把知识的思想观点内化为自己的思想观点、信念，引导学生去发现、去探索，强有力地激发学生的进取精神、开拓精神、创新精神。

(2)课时规划

在把握知识结构的基础上，需要具体地对课时进行规划，确定先做什么、再做什么、按什么顺序备课，教师应整体把握、心中有数。一般来说，课时常分为下面几个环节。

①确定教学目的。教学目的包括教的目的和学的目的，是教和学活动的根本方向和奋斗目标，是衡量教学质量的规格和标准，也是教学活动的核心、出发点和归宿。教学目的具有很强的教学指导性：为什么而教？为什么而学？培养什么能力？陶冶什么情操？达到什么效果？应该根据知识的特点、学生的特点认真斟酌。不考虑教学目的，随便讲几道题就了事的做法是不负责任的。

②新课的导入。无论什么课型都应该有导入新课这一环节，它是新旧知识连接的桥梁，是发现新问题、解决新问题的纽带，是激发学生学习兴趣和求知欲的重要措施和手段，是值得教师认真设计的课题。

③新课的展开。这是备课的中心环节，需要条理清楚、层次分明。常见的步骤有概念的探索、形成、注意、巩固、应用、推广，等等。

④小结和布置作业。学生将新知识纳入自己的知识结构，形成知识板块是通过教师的课堂小结和作业的练习实现的，这是不可缺少的一个环节。

(3)实施方法

备课不是简单地抄袭教材，也不是仅下载别人的课件就去上课，它必须加入教师自己的东西才能充实，才能用起来得心应手。这需要把课前导入的方法、知识衔接的方法、知识的重点和难点处理的方法及对知识记忆和巩固的方法作为备课的重要内容渗透到教案的各个环节中。

①课前导入方法。导入新课的方法很多，常用的有：故事导入法、开门见山法、问题悬念法、自学辅导法、操作实验法、游戏法，等等。故事导入法一般用在新一章的开头，利用故事的情节吸引学生的注意力，唤起学生学

习新内容的热情。如《集合》一章我是这样导入的：乾隆皇帝 17 岁那年来到河南少林寺。当时少林寺的老方丈很瞧不起这个年轻人，于是就向他发问："你知道我们这塔林里有多少塔吗?"乾隆灵机一动，命令他的士兵跑向塔林，一人抱一个塔，把塔全部抱完。然后让抱塔的士兵集合，点数后立即得到了答案。老方丈很佩服，转变了对乾隆态度。今天我们就学习高中数学第一章——集合。有关其他导入法，这里不再一一赘述。

②知识衔接方法。数学课的特点是知识的板块型，从一个知识点到另一个知识点之间必须有过渡语言，只有用过渡语言才能使知识点有效衔接，以便使学生的思维顺利转向，而这种过渡语言的选择即知识的衔接法。过渡语言的选择往往是根据知识间的关系来确定的，一般只有一句话或两句话就可以过渡。比如：前面我们讲了函数的图象，你能不能通过函数的图象发现函数的性质呢？这就是讲完函数图象将要讲函数性质的过渡语言。

③重点和难点知识的处理方法。用什么方法处理重点和难点知识，这是备课最关键的地方，需要根据知识的特点和学生的特点而定。找到学生知识的临界点，让学生自然获得知识是最可取的。我常用以下几种方法。

a. 化整为零，积零为整。即把难点问题分成一个个小问题，各个小问题都解决了，难点问题一攻就破。

【例 1】 求函数 $y=\sin^2 x+\sin x\cos x$ 的最大值和最小值。

为解此题，我把它分成下面几个小问题：

A. 求简单函数的最大值和最小值，如求函数 $y=\sin x$、$y=\cos x$ 的最大值和最小值。

B. 求变式函数的最大值和最小值，如求函数 $y=2\sin x$、$y=\sin x+1$、$y=2\cos x$、$y=3\sin(2x)$、$y=\frac{1}{2}\sin\left(2x+\frac{\pi}{3}\right)$的最大值和最小值。

C. 求引申函数的最大值和最小值，如求函数 $y=\sin x+\cos x$、$y=\sin x+\sqrt{3}\cos x$ 的最大值和最小值。

通过观察正弦函数、余弦函数的图象及利用三角函数公式，学生不难得到上面函数的最大值和最小值。由此再求所给函数的最大值和最小值就相当容易了。同时经过系统观察发现：要求含有正弦函数、余弦函数式子的最大值和最小值，一般情况下将式子化为次数为 1 的一个三角函数后，由三角函数的系数和常数项就可求出最值。

b. 温故探新，阶梯递进。求三角函数的定义域，教科书中讲得非常简单，实际上是很困难的，它不但涉及的问题多，而且一不小心就会出错。为突破这一难点，我首先让学生回忆函数的定义域的概念。当学生们都弄清这个概念后，就提出了如何求三角函数 $y=\sin x$、$y=\cos x$ 的定义域的问题。学生脱口而出：全体实数 **R**。我又让一个学生说说为什么，他答道："无论自变量 x

取什么值函数都有意义，所以函数的定义域是 **R**。”又问其他学生会不会时，大家齐声回答：“会。”

第一次递进：请学生们思考，如何求函数 $y=2\sin 2x$、$y=3\cos(5x+1)$的定义域？稍停片刻后，一部分学生看出了函数的定义域仍然是全体实数 **R**。为消除其他学生的疑虑，又让学生重新回忆函数的定义域的概念，然后得到了肯定的回答：两个函数的定义域都是全体实数 **R**。

第二次递进：三角函数是函数的特例，在函数的章节中，我们学过求函数定义域的三种情况，即分母、根号和对数的真数部分中含有变量 x。那么，如何求 $y=\sqrt{\sin x}$、$y=\dfrac{3}{\cos x}$、$y=\lg\sin x$ 的定义域？因为有原来求函数定义域的基础，再结合正弦函数、余弦函数的图象，问题很快得到了解决。

第三次递进：请学生们再思考，如何求函数 $y=\dfrac{\cos x}{\sqrt{\sin x-\dfrac{1}{2}}}+\sqrt{6+x-x^2}$ 的定义域？因为有前面的两次递进，所以遇到这么难的问题，学生并没有畏难的情绪，经过严密推理，求出了函数的定义域。学习理论指出，在学习过程中新知识的输入、同化和操作取决于原有的认知结构，因而原有的认知结构对新知识的学习具有制约作用。一般而言，当新、旧知识之间跨度较小、相互容纳时，学习就能顺利进行。反之，当新知识和学生的原认知结构脱节时，就必然形成学习的难点。通过层层递进，可提高学生学习的积极性，使难点在活跃的气氛中消逝。

c. 分析目的，执果索因。数学的中心问题是解题，而解题的方法正确与否是能否顺利解题的关键。如何找到恰到好处的解题思路呢？在长期的教学工作中，我发现摆摆条件、分析目的、找找联系、执果索因是突破这一难点的有效措施。

【例 2】 已知 $3\sin\beta=\sin(2\alpha+\beta)$，求证：$\tan(\alpha+\beta)=2\tan\alpha$。

从条件看，已知的是两正弦的关系。从结论看，要证的是两正切的关系。怎样将正弦化为正切呢？常见的思路有：直接利用三角函数公式或使等式的一端出现正弦，而另一端出现相应角的余弦，在一定的条件下，等式两端同除以相应角的余弦就可以达到目的。再看已知条件，两个角是 β 与 $2\alpha+\beta$，而要证的结论的角是 $\alpha+\beta$ 与 α，对于三角函数的问题，把角度化为相对一致往往是顺利解题的突破口。可将 β 化为$(\alpha+\beta)-\alpha$，将 $2\alpha+\beta$ 化为$(\alpha+\beta)+\alpha$，从而找到解决问题的方法。

关于难点问题的处理方法还有分析归纳、数形结合、形式转化、主元更换等，这里不再一一介绍。

(4)学法和识记法

教的目的是为了不教，引导学生学会学习和研究的方法是教师义不容辞的责任。学生怎么自学、老师怎么引导是在每节课的备课中都应该认真思考的问题。在学法方面，我习惯于引导学生探索、发现、归纳、总结，如针对“平面向量基本定理”，我是这样展开的：

师：已知两个向量，我们可以利用三角形法则、平行四边形法则作出这两个向量的和向量。反过来，若已知一个向量，它能够表示成哪两个向量之和呢？

生：有无穷多种表示方法。

师：显然这没有什么研究价值。请换个角度：若已知平面内两个不共线的向量，由这两个向量能表示平面内任一向量吗？画画看。

将三个向量移到共起点，以平面内任一向量 $\vec{a}$ 为对角线，结合两个不共线的向量 $\overrightarrow{e_1}$、$\overrightarrow{e_2}$ 作平行四边形，再利用向量平行定理就很容易得出平面向量基本定理。

数学学科概念多、公式多、数学思想方法多，只学不记的学生会学得一塌糊涂，教师不但要教给学生学的方法，还应该教给学生记的方法。我常把知识编成顺口溜，提高学生的识记能力。如《集合》一章：交是公共部分，并是放在一起，补是整体去掉，解题注意空集。

教学无定法，备课有深浅。学会备课是教师从事教学工作的基本功，不练好这个基本功，要搞好教学工作，只是一句空话。

2. 创设情境，提高效率

《数学课程标准》明确指出：新一轮的课程改革，要改善教与学的方式，教师在备课时要准备适当的问题情境，授课时让学生主动地学习，自主发现数学的规律和解决问题的途径，使他们经历知识形成的过程。由于高中学生具有一定的理解能力和逻辑思维能力，教师可以创设适当的问题情境，以便展开探究、讨论、理解等教学活动，促使学生在问题情境中进行科学严谨的探索，达到解决问题的目的，从而提高课堂教学效果。

(1)问题情境在数学课堂教学中的重要性

①创设问题情境，激发学生学习数学的兴趣。《数学课程标准》中指出：数学教学要真正实现以学生为主体，就应当把激发学生的数学兴趣作为导向，使数学学习活动成为一个生动活泼的、主动的和富有个性的过程。心理学家认为：兴趣是一个人探索知识和认识事物的意识倾向。学生在学习中带有兴趣，才能表现出主动性、积极性和创造性。在数学的课堂教学中，教师平铺直叙地讲解，一般是不会引起学生学习兴趣的，如果教师能够根据教学内容和学生的智力发展水平，创设趣味性、探究性的问题情境进行教学，常常能诱发学生的好奇心、注意力和求知欲，培育学生浓厚的学习兴趣，从而让学

生主动地学习，在轻松愉快的教学情境中发展学生的情感态度和一般能力。

②创设问题情境，培养学生的合作探究能力。皮亚杰的建构主义理论认为：教学活动不是一种“授予—吸收”的简单过程。在课堂教学中，教师应成为学生学习活动的促进者，而不是知识的授予者，这就要求教师创设合适的教学问题情境，切实为学生养成合作意识与发展能力搭建平台，让学生在“合作”中学习新知识，在“探究”中主动建构知识，从而培养学生的思维能力、合作探究能力。通过问题情境，切实让学生感到合作是一种学习的需要，探究学习是获取新知的有效途径，逐渐养成学生的合作探究意识。

③创设问题情境，培养学生的问题意识。所谓问题意识，是指学生在一定的情境下，提出问题、质疑问题、变换问题和发展问题的一种思维习惯或心理状态。新课标把“是否具有问题意识，是否善于发现和提出问题”作为评价学生能力的重要标准。心理学研究表明：学生思维活动是从问题开始的，在解决问题中得到发展。数学是一门思维的科学，在学生的思维活动中，发现问题和解决问题是学生思维活动的重要方面，所以培养学生的“问题意识”，对培养学生的思维能力，造就富有创新精神的数学人才，具有极为重要的意义，创设问题情境就是将学生置于研究问题的氛围中，使学生主动地发现问题、提出问题、分析问题和解决问题，以此来培养学生的问题意识。

④创设问题情境，培养学生的创新意识。随着新一轮课程改革的深入，提高学生的创新意识和创新能力是我们数学教师面临的重要课题。创新思维是人脑运用与众不同的本质和规律，找出事物之间的新联系，形成新结论，是对求知事物进行有创见的思索过程。教师在教学中，通过创设问题情境，调动每一位学生的参与意识，鼓励学生发表不同的见解，引导学生提出具有挑战性的新问题，为创新做铺垫，逐渐培养学生的创新能力。

(2)创设问题情境的原则

问题情境教学是培养学生的合作能力与创新思维能力的十分有效的教学方法，要成功地实施问题情境教学必须遵循一定的原则。以课堂教学的有效性为出发点，我认为创设问题情境应该遵循以下四个原则。

①针对性。教师在创设问题情境时，一定要紧扣课题，不要故弄玄虚、离题太远，要能揭示数学概念或规律，要直接有利于当堂所研究的课题的解决，要有利于激发学生思维的积极性，体现问题情境的典型性。

②适度性。问题情境的设计，要从实际出发，考虑到大多数学生的认知水平，应面向全体学生，切忌专为少数人设置。既要考虑教学内容又要考虑学生的差异，注意向学生提示设问的角度和方法，要让每位学生从教师的情境设计教学中得到发展。

③启发性。问题并不在于多少，而在于是否具有启发性，是否能够触及问题的本质，并引导学生深入思考。首先要给学生一定的思考时间和空间，

必要时可做适当的启发引导。教师的启发要遵循学生思维的规律，不可强制学生按照教师提出的方法和途径思考问题。

④互动性。教师设计的问题情境，要能让学生不断提出新的数学问题，提出带有研究价值的新问题，让学生不断建构新知识，保持思维的持续性，真正做到让学生一直参与课堂，而不是等待问题的出现。

(3)创设问题情境的策略和案例

①利用趣味游戏，创设问题情境

【案例1】 二分法求方程的近似解。

我们今天来玩个猜数字游戏。我手中这支钢笔的价格标签是10～30元中的某个整数，你们来猜它的准确价格。我将对你们的答案做“偏高”“偏低”或者“正确”的提示，谁能既准确又迅速地猜中这支钢笔的价格呢?

评注：利用生活中的趣味游戏创设问题情境，激发学生的学习兴趣，从而让学生主动地学习，在轻松愉快的教学情境中，发展学生的情感态度和一般能力。

②利用典故，创设问题情境

【案例2】 等比数列的前 n 项的和。

国际象棋起源于古代印度，相传国王要奖赏国际象棋的发明者，问他要什么。发明者说：“请在棋盘的第1格子里放上1颗麦粒，第2格子里放上2颗麦粒，第3格子里放上4颗麦粒，依此类推，每个格子里放的麦粒数都是前一个格子里放的麦粒数的2倍，直到第64个格子。”国王欣然同意。国王是否能实现他的诺言呢?

评注：此案例利用典故发问，引起学生的好奇心，驱动学生积极思考，产生探究的欲望。学生兴趣十分浓厚，很快就进入了主动学习的状态。

③利用认知冲突，创设问题情境

【案例3】 复数的概念。

已知 $a+\frac{1}{a}=1$，求 $a^2+\frac{1}{a^2}$ 的值。

学生很快算出 $a^2+\frac{1}{a^2}=\left(a+\frac{1}{a}\right)^2-2=-1$。

为什么两个正数之和为负数呢?

评注：通过学生的认识冲突，创设质疑情境，促使学生进一步思考问题，开阔了学生的思维空间，培养学生的数学实践能力。

④联系实际生活，创设问题情境

【案例4】 均值不等式。

某商场在节前进行商品降价酬宾销售活动，拟分两次降价，有三种方案：甲方案是第一次打 p 折销售，第二次打 q 折销售；乙方案是第一次打 q 折销售，第二次打 p 折销售；丙方案是两次都打 $\frac{p+q}{2}$ 折销售。请问：哪一种方案降价较多？

评注：此案例的问题情境贴近生活，给学生创设了一个观察、联想、抽象、概括、数学化的过程，在这样的实际问题情境下，学生一定会想学、乐学、主动学。

教学实践证明，问题情境教学是提高课堂教学质量的有效途径之一。在数学课堂教学中，教师灵活处理教学过程中出现的各种问题，精心创设各种教学问题情境，能够培养学生的学习兴趣，激发学生的求知欲望，调动学生学习的积极性和主动性，促使学生以探索者的身份发现问题，总结规律，提高学生运用知识解决实际问题的能力，同时又使课堂教学丰富多彩，生动活泼。

3. 渗透思想，机智灵活

下面以“转化思想”在解析几何中的应用为例说明什么是转化思想。

布卢姆在《教育目标分类学》中明确指出：数学转化思想是“把问题元素从一种形式向另一种形式转化的能力”。

数学解题的本质就是转化，即把生疏问题转化为熟悉问题，把抽象问题转化为具体问题，把复杂问题转化为简单问题，把一般问题转化为特殊问题，把高次问题转化为低次问题，把未知条件转化为已知条件，把一个综合问题转化为几个基本问题，等等。

什么是解析几何？

解析几何的基本思想是在平面上引入“坐标”的概念，解析几何方法是用代数的方法研究几何问题。

我们用图表示就是：

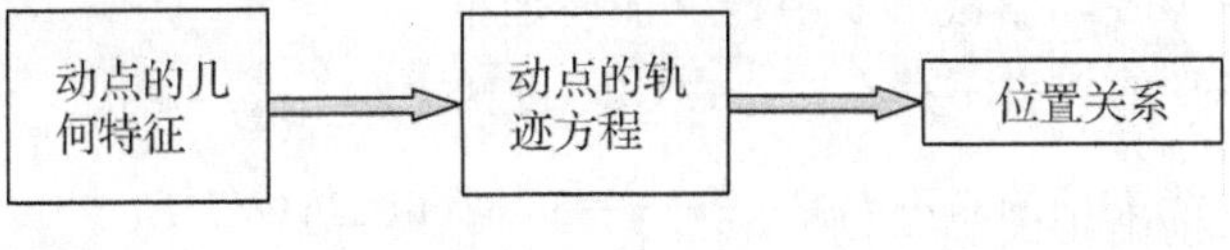

或者也可以表示为：

但很多较复杂的问题并非直来直去就能够解决，往往需要过渡转化一下，或做等价转换或做演绎推理，使此问题转化为彼问题，然后进行解决。解析几何归根结底还是研究图形问题，图形问题有了平面几何的基础则变化更为灵活，学生更容易接受和应用，事实上所谓转化只需在上面的图中间插入一个图形问题，也就是说表面研究的是这个图形问题，其实等同于研究另一个

图形问题，如下图所示：

图形问题 → 解析式 → 图形问题 → 图形问题

图形问题 → 图形问题 → 解析式 → 图形问题

虽然只是添加了“图形问题”这一小步变化，但往往能起到事半功倍的作用。

【例 1】 (2015 北京·文，20)已知椭圆 C：$x^2+3y^2=3$，过点 $D(1,0)$且不过点 $E(2,1)$的直线与椭圆 C 交于 A，B 两点，直线 AE 与直线 $x=3$ 交于点 M。

(Ⅰ)求椭圆 C 的离心率；

(Ⅱ)若 AB 垂直于 x 轴，求直线 BM 的斜率；

(Ⅲ)试判断直线 BM 与直线 DE 的位置关系，并说明理由。

高考标准答案如下：(Ⅰ)椭圆 C 的标准方程为$\frac{x^2}{3}+y^2=1$。

所以 $a=\sqrt{3}$，$b=1$，$c=\sqrt{2}$。

所以椭圆 C 的离心率 $e=\frac{c}{a}=\frac{\sqrt{6}}{3}$。

(Ⅱ)因为 AB 过点 $D(1,0)$且垂直于 x 轴，所以可设 $A(1,y_1)$，$B(1,-y_1)$。

直线 AE 的方程为 $y-1=(1-y_1)(x-2)$。

令 $x=3$，得 $M(3,2-y_1)$。

所以直线 BM 的斜率 $k_{BM}=\frac{2-y_1+y_1}{3-1}=1$。

(Ⅲ)直线 BM 与直线 DE 平行。证明如下：

当直线 AB 的斜率不存在时，由(Ⅱ)可知 $k_{BM}=1$。

又因为直线 DE 的斜率 $k_{DE}=\frac{1-0}{2-1}=1$，所以 $BM/\!/DE$。

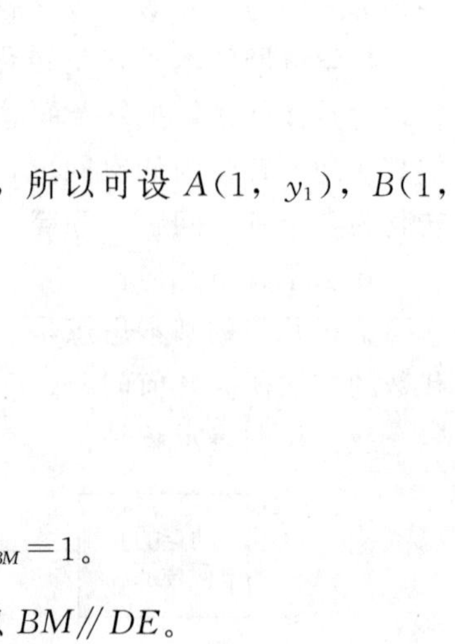

图 6

当直线 AB 的斜率存在时，设其方程为 $y=k(x-1)(k\neq1)$。

设 $A(x_1,y_1)$，$B(x_2,y_2)$，则直线 AE 的方程为 $y-1=\frac{y_1-1}{x_1-2}(x-2)$。

令 $x=3$，得点 $M\left(3,\frac{y_1+x_1-3}{x_1-2}\right)$。

由 $\begin{cases}x^2+3y^2=3,\\y=k(x-1),\end{cases}$ 得 $(1+3k^2)x^2-6k^2x+$

$3k^2-3=0$。

$\therefore x_1+x_2=\dfrac{6k^2}{1+3k^2}$，$x_1x_2=\dfrac{3k^2-3}{1+3k^2}$。

直线 BM 的斜率 $k_{BM}=\dfrac{\dfrac{y_1+x_1-3}{x_1-2}-y_2}{3-x_2}$。

$\because k_{BM}-1=\dfrac{k(x_1-1)+x_1-3-k(x_1-1)(x_1-2)-(3-x_2)(x_1-2)}{(3-x_2)(x_1-2)}$

$\therefore k_{BM}-1=\dfrac{(k-1)[-x_1x_2+2(x_1+x_2)-3]}{(3-x_2)(x_1-2)}$

$=\dfrac{(k-1)\left[\dfrac{-3k^2+3}{1+3k^2}+\dfrac{12k^2}{1+3k^2}-3\right]}{(3-x_2)(x_1-2)}=0$

所以 $k_{BM}=1=k_{DM}$，$BM /\!/ DM$。

综上可知，直线 BM 和直线 DE 平行。

此题第三问的难点在于证明直线 BM 的斜率等于 1，恒等变形技巧性极强，考生难以驾驭，转化成 $k_{BM}-1=0$ 则大大降低了计算难度，虽然只是一小步变化，但思维的转换并不容易。如果做一步图形转化则容易得多，略解如下：

欲证 $BM /\!/ DM$，由平行线截线段成比例定理只需证 $AD:DB=AE:EM$，

则只需$\dfrac{x_D-x_A}{x_B-x_D}=\dfrac{x_E-x_A}{x_M-x_E}$，只需$\dfrac{1-x_1}{x_2-1}=\dfrac{2-x_1}{3-2}$，即 $x_1x_2-2(x_1+x_2)+3=0$，

而 $x_1+x_2=\dfrac{6k^2}{1+3k^2}x_1x_2=\dfrac{3k^2-3}{1+3k^2}$，

$\therefore x_1x_2-2(x_1+x_2)+3=\dfrac{6k^2}{1+3k^2}-\dfrac{3k^2-3}{1+3k^2}+3=0$ 成立，

$\therefore BM /\!/ DM$。

【例 2】 (2015 北京·理，19)已知椭圆 C：$\dfrac{x^2}{a^2}+\dfrac{y^2}{b^2}=1(a>b>0)$的离心率为$\dfrac{\sqrt{2}}{2}$，点 $P(0,1)$和点 $A(m,n)(m\neq 0)$都在椭圆 C 上，直线 PA 交 x 轴于点 M。

(Ⅰ)求椭圆 C 的方程，并求点 M 的坐标(用 m，n 表示)。

(Ⅱ)设 O 为原点，点 B 与点 A 关于 x 轴对称，直线 PB 交 x 轴于点 N。问：y 轴上是否存在点 Q，使得$\angle OQM=\angle ONQ$? 若存在，求点 Q 的坐标；若不存在，说明理由。

高考标准答案如下：(Ⅰ)由于椭圆 C：$\dfrac{x^2}{a^2}+\dfrac{y^2}{b^2}=1(a>b>0)$过点 $P(0,$

1)且离心率为$\frac{\sqrt{2}}{2}$，$\frac{1}{b^2}=1$，$b^2=1$，$e^2=\frac{c^2}{a^2}=\frac{a^2-b^2}{a^2}=1-\frac{1}{a^2}=\frac{1}{2}$，$a^2=2$，椭圆$C$的方程为$\frac{x^2}{2}+y^2=1$。

∵$P(0,1)$，$A(m,n)$，直线PA的方程为$y=\frac{n-1}{m}x+1$，

令$y=0$，$x=\frac{m}{1-n}$，

∴$M\left(\frac{m}{1-n},0\right)$。

（Ⅱ）

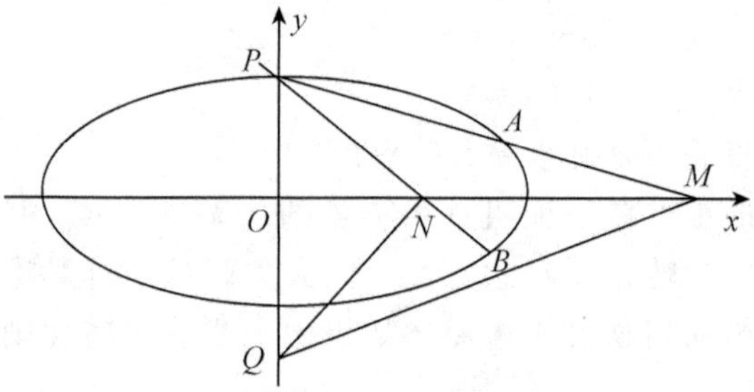

图 7

∵$P(0,1)$，$B(m,-n)$，直线PB的方程为$y=\frac{1+n}{m}x+1$，

直线PB与x轴交于点N，令$y=0$，$x=\frac{m}{1+n}$，则$N\left(\frac{m}{1+n},0\right)$。

设$Q(0,y_0)$，$\tan\angle OQM=\left|\frac{\frac{m}{1-n}}{y_0}\right|=\left|\frac{m}{y_0(1-n)}\right|$，$\tan\angle ONQ=\left|\frac{y_0}{\frac{m}{1+n}}\right|=\left|\frac{y_0(1+n)}{m}\right|$。

∵$\angle OQM=\angle ONQ$，∴$\tan\angle OQM=\tan\angle ONQ$

∴$\left|\frac{m}{y_0(1-n)}\right|=\left|\frac{y_0(1+n)}{m}\right|$，$y_0^2=\frac{m^2}{1-n^2}=2$，$y_0=\pm\sqrt{2}$。

则存在点$Q(0,\pm\sqrt{2})$，使得$\angle OQM=\angle ONQ$。

但如果把原题中的条件进行等价转化，那么OQ，OM，ON的比例关系显而易见，略解如下：∵$\angle OQM=\angle ONQ$，∴$\triangle OQM\backsim\triangle ONQ$，

∴$\frac{OQ}{ON}=\frac{OM}{OQ}$，∴$OQ^2=OM\cdot ON$，

∵$M\left(\frac{m}{1-n},0\right)$，$N\left(\frac{m}{n+1},0\right)$，∴$OQ^2=\left|\frac{m}{1-n}\right|\cdot\left|\frac{m}{n+1}\right|=\left|\frac{m^2}{1-n^2}\right|$，

$\therefore OQ^2=\frac{m^2}{1-n^2}=2$。设 Q 点的坐标为 $Q(0, y_0)$，$\therefore y_0=\pm\sqrt{2}$。

则存在点 $Q(0, \pm\sqrt{2})$，使得 $\angle OQM=\angle ONQ$。

转化思想方法的特点是具有灵活性和多样性，在应用等价转化的思想方法解决数学问题时，一般没有一个统一的模式，但在解析几何的解题应用中，如果能够很好地利用图形的几何特征，把条件或结论进行适当转化，则马上会有柳暗花明又一村的感觉，因此转化意识的培养非常重要。

(四)教师是纲，纲举目张——授课时的换位思考

教师要调动学生的积极性，对学生的思路要因势利导，和学生的思路既要有碰撞又要有引导。

1. 师生平等，和谐互动

数学教学是数学活动的教学，是师生之间、生生之间交往互动与共同发展的过程。课堂教学效益如何，直接关系到学生数学知识的掌握、能力的发展、兴趣的培养以及思想品德的形成等。这就要求我们逐步实现教学内容的呈现方式、学生的学习方式，以及教学过程中师生互动方式的变革。确定学生在课堂教学中的主体地位，正确把握主导性教师和发展性学生间的和谐互动关系，教师的主导活动才会服从于学生主体地位和主体性发展的教学思想和课堂教学方法，最终达成教与学的和谐统一。那么，如何提高数学课堂教学的和谐有效性，促进每一个学生能力的全面发展呢?

(1)营造和谐的课堂教学气氛

和谐的课堂教学气氛，能大大提高数学课堂教学质量。这就要求我们营造一种和谐的课堂教学氛围。要使学生在课堂上敢于发表自己的见解，教师须精心组织教学活动，与学生一起参与探讨问题、发表见解的学习过程，并相互交流获得成功的体验，创设民主、平等、和谐的学习氛围，缔结朋友式的情感纽带，促进学生身心的健康发展。教师温和的语调、亲切的微笑、鼓励的眼神、信任的点头，以及一个爱抚的动作、一句赞美的短语，是构成和谐氛围的要素，沟通情感的桥梁。它能带给学生欢愉和力量。课堂教学中，教师应丢弃权威、放下架子，深入到学生中，对学生倾注爱心。学生若在学习过程中出现一些意想不到的无知，甚至是愚蠢的行为或现象，教师应该耐心提示，逐步诱导，帮助他们解围。这样以慈爱宽容之心对待学生，可以让学生感受到教师的和蔼可亲，从而建立良好的师生关系。为学生创设一个轻松、愉快、和谐的学习情境，就会促使学生主动参与学习，从而大大提高课堂教学质量。

(2)营造和谐的课堂教学情绪

师生间有了和谐的课堂教学情绪，可以提高数学课堂教学质量。情绪可

以看作人的一面镜子，课堂教学要达到和谐，情绪和谐是很关键的。心理学研究表明，情绪常常笼罩着人的整个身心，影响人的当前行为。无论是个体还是整体，情绪过于紧张或过于松弛，都会降低人的活动效率。只有情绪适中、和谐，才能增强效果，提高效率。课堂情绪的和谐，主要表现为师生情绪稳定而活跃、张弛有度。对学生来说，体现在能以愉快的情绪适应不同教学风格的教师，根据课堂教学认知情境的变化相应地调整自己的情绪，该激昂时就激昂，该热烈时就热烈，该舒缓时就舒缓，该平静时就平静。对教师来说，教师不能把课外的一些不良情绪带进课堂，第一步踏进课堂时就应情绪饱满，带着符合教学内容的情绪面对全体学生。

师生的情绪和谐了，必定会带来课堂中教师的主导作用与学生主体地位间有效的互动。这一互动，从教师角度讲应该是教师围着学生活动转，主动地服务于学生的主体活动。这种主动的“服务”，是教师主动地“导”：一般问题让学生讲，较难的问题小组讨论。让学生发现问题，提出问题，铺设阶梯让学生学会解决问题。从学生角度讲，学生在教师有效“导”的基础上，主动地参与教学活动，在活动中展示自我，积极与同学合作，主动地参与讨论、演示或板演，认真思考。从参与到探究，体现主动的钻研精神和创新能力。

(3)营造和谐的课堂教学互动情境

课堂教学互动性表现为教师与学生之间、学生与学生之间在课堂内发生的各种形式、各种性质、各种程度的相互作用和影响。学生在教学的互动过程中发挥主体性作用，教师在教学的互动过程中发挥主导性作用，从而科学地完成教学任务，同时也使教学的互动性不断发展，达成和谐统一。

中学数学课堂教学和谐的互动性是多方面的。我们知道，提问是课堂教学互动的一种重要形式，数学课堂提问不是被动的、强制的，而应是双向互动的。数学课堂提问应成为一种和谐的互动过程，它有利于促进教学活动中两主体间互动；有利于克服数学课堂互动中易于出现的互动差异所产生的负面效应和单向互动的潜在性；有利于变差异为动力，变单向为双向。提问有助于营造一种自我发现的环境。提问可以采用问题串来展示教师对教学内容的设计过程，向学生明示教师的教学意图，使学生更好地理解教师。在互动中，学生只有在理解了教师的前提下，才能理解教学过程，从而达到教学活动中两主体目的的和谐一致。学生理解教师行为和教师充分让学生理解，是数学教学活动得以有效开展的前提。另外，课堂提问应面向全体学生，可从中等生开始，抓两头带中间。每个学生都有自己思考的结果，思考者一方面依赖自己已有的知识经验，另一方面依赖对当时情境的理解。当一个问题呈现给学生时，第一位学生会依赖自己的已有知识经验，依赖教师提出问题的出处、情境等做出自己的回答；第二位学生则会依赖教师的问题出处及第一位学生的应答进行思考，做出自己的理解，从而予以回答；第三位学生又在教师和前两位学生的基础上对其做自我理解，经过思考而作答……这样就形成了一个多向互动的良好环境。因此，提问加强了师生之间、生生之间、教与学之间的纵横联系，学生既能接受教师传递的信息，又能接受同学交流的信息。这种提问与作答的和谐，有利于调整学生的思维状态，更富有启发意义。

由此可知，和谐的师生互动关系在教学活动与教学效果之间起着一种潜在的中介作用，无论是知识传授、智能发展、美的熏陶还是创新意识的培养，都需要建立在师生间良好的人际互动关系和谐的基础上，在数学课堂教学中创设一种真诚、关心、理解的促进学生发展的氛围，从而构成真诚、接纳、同感的人际关系，达到师生关系的和谐。

(4)营造和谐的课堂情感氛围

课堂教学过程不仅是在特定情境下学生学得知识、形成能力的过程，也是一个师生进行情感交流、认知因素和情感因素交互作用的过程。创造良好的教学氛围是保证有效地进行教学的首要条件。第一，教师要乐教，保持精力充沛的教学热情，教师把高度的热情带进课堂，就是把勃勃的生机和无限的活力注入课堂，能够感染学生，使学生乐于接受及输出信息。第二，建立良好的师生关系，为教师和学生提供一种心情舒畅、气氛融洽的心理环境，只有师生感情产生共鸣，才能使学生对数学课产生浓厚的兴趣，点燃其心智火花，活跃课堂气氛，增强教学效果。因此，和谐的情感氛围具有特殊的教育功能，这又要求教师热爱、尊重、关心学生，让学生感到亲切、真诚、踏实，以情育情，在师生之间建立起和谐的关系，使学生“亲其师，信其道”。第三，教师善于多给学生积极的正面强化，尊重学生的人格。学生在大胆阐述自己的见解时，难免有幼稚的观点，教师不能急躁，不能摆架子，要耐心引导，发现学生的“闪光点”就要给予肯定和表扬。此外，在面向全体学生的同时，要注意给学困生以“偏爱”，让他们从教师的关心和鼓励中树立起学习的信心。

总之，在数学课堂教学中营造一种和谐的氛围，就会为学生创设一个轻松、愉快、和谐的学习情境，促进学生主动参与课堂教学，促使课堂教学效果大大提升。

2. 准确切入，引发共鸣

在中学数学教学中，我发现学生在学习数学概念、理论、方法时，并不是无动于衷，而是常常抱有各种不同的态度，会有各种复杂的内心体验。如果顺利完成学习任务会感到满意、愉快和欢乐；学习失败时，则会感到痛苦、恐惧和憎恨；遇到新奇的问题、结论和方法时，会产生惊讶和欣慰。每个人都有一颗进取的心，关键在于教师如何去挖掘，如何让他们心中的信念更坚定，如何让他们的信心更持久，如何让他们对数学课充满兴趣。

首先，教师需努力使师生间建立一种稳定和谐的“情感场”。古人云：“亲其师，信其道。”为此，教师必须树立威信，真正做到“学为人师，行为人范”。要在学生中树立威信，教师必须尊重、爱护、体贴学生，能够严于律己，以身作则，为人正直，诚实守信。如果教师受到学生的尊敬、爱戴与钦佩，学生将确信其教导的真实性和正确性。对于教师所传授的知识认真领会，对于其谆谆教导言听计从，师生的感情在教与学的过程中产生共鸣。此时，教师的赞扬会引起学生内心的愉快和深深的满足。教师的忠告和批评会激起学生改正错误的决心和信心，使他们真正感觉到老师不是有意刁难，而是一种善意的批评和忠告。期末复习的一天，天气炎热，学生们无精打采，我没有正面要求他们要克服炎热，克服困难，这样说教是起不到作用的。我给他们讲了鲁迅先生从小认真学习的故事。少年时，他在江南水师学堂读书，第一学期成绩优异，学校奖给他一枚金质奖章。他立即拿到南京鼓楼街头卖掉，然后买了几本书，又买了一串红辣椒。每当晚上寒冷时，夜读难耐，他便摘下一个辣椒，放在嘴里嚼，直辣得额头冒汗。他就用这种办法驱寒，坚持读书。由于刻苦读书，后来他终于成为我国著名的文学家。我接着讲课，四十几双求知的眼睛看向了我。

其次，在建立良好师生关系的基础上，课堂教学要充分发挥“情感场”的作用。正如德国教育学家第斯多惠所说：“教学的艺术不在于传授的本领，而在于激励、唤醒、鼓舞。”试想：没有生气勃勃的精神怎么能鼓舞人？没有兴奋的情绪怎么能激励人？没有清醒理智的头脑怎么能唤醒沉睡的人？陶醉观众首先得陶醉自己。学生的思维一旦和你协调，那么你讲上一句，他就知下一句。记得在一节新课讲解中，一个女生回答不出问题时，遭到了一些男生的嘲笑，急得要哭了。“我们在座的同学中，很多人都为大学而做着努力，也期待着那一天成为事实。”我在此时开了口，学生们的注意力集中到了我这里，“但大家也许不知道，我们学校在全市的高中中排名并不靠前，即使你在班级第一，那在全校呢？在全市呢？学习好就可以笑别人吗？要知道在这个世界上有太多的人比你还要强！但是不是我们不需要努力了呢？我们的努力是不是无望呢？让我再告诉你们一个事实：据调查，所有诺贝尔奖获得者中没有一个上学时是第一，倒数第一的倒是有几个。那是不是我们又不需要努力了呢？更不是。我想咱们应该记住一点：基础好的同学要戒骄戒躁，攀登属于自己的高峰，向更高的目标努力；基础差的同学要戒灰心戒懒惰，因为任何人在刻苦努力的基础上都可以有所作为，都可以取得属于自己的辉煌。”此时的学生，有低头的，有抬头的，有点头的，有为我这番话鼓掌的。以后的课堂中类似的事件没再发生过。他们未必可以将道理理解得有多深刻，但会记住做学生做人都应该不骄傲不灰心，我抓住了学生的心。面对优点缺点并存的所有学生，我给他们讲罗斯福、丘吉尔的习惯、嗜好和事迹，让他们知道面对自己的优点和缺点要保持清醒的头脑，树立正确的发展方向。

再次，数学课有时会很枯燥，适时地穿插一些小故事，既有教育意义，又活跃了课堂气氛。某天课上，我发现个别学生坐不住了，便话锋一转："你们听说过柏拉图这个人吗?"有人说他是古希腊著名的哲学家。"对，下面是发生在他学生时期的一个小故事。"学生立刻来了兴致。"同样是古希腊著名哲学家的苏格拉底在上学的第一天，对他的学生说：'今天我们只学一件最简单也最容易的事：两臂尽量前甩，再尽量后甩。'"我摆动双臂示范了一下，学生们的疲惫一扫而光，瞪大了眼睛看着我。"'三百下，从今天起，每天坚持做下去。'一个月后，坚持的人有百分之九十，两个月后坚持的人有百分之八十，随着时间的推进，坚持的人也越来越少，一年后，坚持下来的人……""就一个。"学生们兴奋地猜到了结果。"对，他就是柏拉图。"我补充道。故事讲完，没用我说，意思已经很明确了，课继续了。柏拉图的精神他们在以后的学习生活中体会得更深刻。期末考试，一些学生真的实践了自己的柏拉图精神，取得了属于自己的进步。

最后，课堂上难免有许多疑虑和困惑，这些难理解的概念、复杂的公式、抽象的符号以及难懂的逻辑推理，教师除了以口、手、耳、目来传递信息，还须根据学生在认知过程中的困难，审时度势，运用各种教学手段，充分发挥自己的教学艺术，调动学生的学习热情。几何图形的性质记起来枯燥且不易长久，所以我就把它和实际生活联系起来，多用一些模型来直观表示。比如，讲平面基本性质的"不共线三点有且只有一个平面"时，我就让他们举例子。众说纷纭，有的说门的锁和两个合页，有的说自行车的两轮和车架。我说："我们的录像师傅来给老师录像时拿什么来了?"他们恍然："三脚架。"在讲面分空间几部分时，我拿来了几个苹果和一把刀，问他们一个平面、两个平面、三个平面都能把空间分成几部分，通过切苹果来演示，极大地提高了他们的兴趣，也让他们有了一个深刻的记忆，后来几次考试中出现这样的题，全班几乎没有答错的。

数学课可以不枯燥，我的学生喜欢我，喜欢上数学课，深深印证了这一点。良好的师生关系，灵活的讲课方式，轻松的课堂氛围，缩短了师生间的距离，消除了学生的恐惧，增强了学习的乐趣。数学老师同样可以成为学生最喜爱的老师。

3. 挖掘潜力，提高能力

作为一名数学教师，每天要面对许多学生的作业，其中肯定有不少错误。如何对待学生作业中的错误，不仅关系到学生学习知识的准确性，更重要的是关系到学生学习数学的主动性、自觉性和深刻性，处理得好，可以提高学生学习数学的兴趣，提高学生的能力，说远一点儿，有利于提高学生的学习习惯和数学素质，有利于培养学生勇于探索、刻苦钻研的精神。

【例】 在许多资料上都有这样一道试题：

已知数列$\{a_n\}$与$\{b_n\}$是等差数列，S_n和S'_n分别是它们的前n项和，且$S_n:S'_n=(5n+3):(2n+7)$，求$a_{20}:b_{20}$。

我们都知道正确解法是：

$(a_1+a_{39})=2a_{20}$，$(b_1+b_{39})=2b_{20}$

$$\begin{aligned}a_{20}:b_{20}&=(a_1+a_{39}):(b_1+b_{39})\\&=[(a_1+a_{39})\times 39]:[(b_1+b_{39})\times 39]\\&=S_{39}:S'_{39}=(5\times 39+3):(2\times 39+7)\\&=198:85\end{aligned}$$

而在学生的作业中却出现了以下解法：

因为$S_n:S'_n=(5n+3):(2n+7)$

可设$S_n=k(5n+3)$且$S'_n=k(2n+7)$　$(k\neq 0)$

$a_{20}=S_{20}-S_{19}=k(5\times 20+3)-k(5\times 19+3)=5k$

$b_{20}=S'_{20}-S'19=k(2\times 20+7)-k(2\times 19+7)=2k$

$a_{20}:b_{20}=5:2$

答案错了！但上面的解题过程却似乎无懈可击。我没有简单地将其判错就完事，凭直觉，我感觉这是学生无意中出了一个“考验”老师的难题，如果简单从事，势必让学生失望，至少会让学生感到遗憾。我耐心地寻找其错误原因，通过反复推敲验证，终于发现问题出在“因为$S_n:S'_n=(5n+3):(2n+7)$，可设$S_n=k(5n+3)$且$S'_n=k(2n+7)$”这句话上。这种设法虽然可以保证“$S_n:S'_n=(5n+3):(2n+7)$”成立，但因等差数列的前n项和S_n不是n的一次函数，而是n的二次函数，即$S_n=na_1+n(n-1)d$，这样，由“$S_n:S'_n=(5n+3):(2n+7)$”就不能得到“$S_n=k(5n+3)$且$S'_n=k(2n+7)$”。

错误原因找到了，到此为止也可以向学生“交代”了，但我没有就此罢休，一个强烈的念头迫使我沿着学生的思路继续下去：既然S_n是n的二次函数，那么把上面的设改为“可设$S_n=k_n(5n+3)$且$S'_n=kn(2n+7)$”（让其满足二次关系），又会怎么样呢？算一算：

$a_{20}=S_{20}-S_{20}=20k(5\times 20+3)-19k(5\times 19+3)=198k$

$b_{20}=S'_{20}-S'_{20}=20k(2\times 20+7)-19k(2\times 19+7)=85k$

$a_{20}:b_{20}=198:85$

结论完全正确！是巧合吗？再对一般情况进行验证，证明这个方法是正确的。第二天，我先将错误的解法公布出来让学生思考，学生中一时还没有人能够指出错误原因，而且用这个解法解题的学生自以为“闯了祸”而不敢抬头。而当我指出错误原因，并公布由这种错误解法演变而得到的正确解法时，学生的情绪一下子高涨起来，很快，又有学生提出：“为什么不设为$S_n=(kn+c)(5n+3)$且$S'_n=(kn+c)(2n+7)$呢？”

其实，只要注意到S_n的表达式中没有常数项就行了，如果有常数项，则

需将比例系数设为 $kn+c$。在这里，关键是学生能够提出这个问题，说明教师的引导已激活了学生的思维，而且正在向更高的层次发展。

通过这个试题的解法由错误到正确并进一步深化，学生们的思维能力得到了很好的锻炼，学习积极性也得到了充分的发挥，我充分肯定了学生们的思想方法，而且表扬了那几位自以为"闯了祸"的学生及后来继续提问的学生，毫不讳言地说明正是他们的错误"引导"我找到了这种新颖的解法，并鼓励大家能接受老师的思想方法，继续发扬探索精神，为进一步提高自己的综合思维能力而努力。

4. 用好数学开放题，提高学生思维能力

相对于传统的封闭题严密完整，开放题在构成问题的要素——条件、策略、结论中有一些是不明确的(分别称为条件开放题、策略开放题、结论开放题)。当前数学开放题之所以引起我们中学数学教师的关注，主要原因有以下几点：一是以实践能力、创新意识的培养为核心的素质教育的深入推行的需要。数学开放题对培养学生思维的发散性(结论开放)、聚敛性(条件开放)、创造性(策略开放)来说，不失为好载体。二是高考命题的导向作用，数学开放题走进高考试卷的需要。三是数学走向应用的需要。我们的数学教育不仅要让学生学会继续深造所必需的数学基本知识、基本方法、基本技能，更重要的是让学生学会用数学的眼光看待世界，用数学的思维方式去观察分析现实社会，解决现实生活中的问题。

为了满足上述三方面的需要，必须将开放题引进课堂教学。

(1)砸破篱笆，让学生展开想象的翅膀

青少年时代是一生中最富有活力、充满想象的时代。开放题往往形式活泼，供学生思考的角度众多，思维活动的空间宽阔，正好给青少年学生提供了一个展示的舞台。而封闭题往往形式单一，要求学生在特定的范围内进行定向思维。长期做这类机械式的思维训练，学生的思维中将立起一道道难以逾越的篱笆。这样的教学活动，不仅没有促进学生进一步开放自己，反而束缚了他们的思想。通过开放式教学，可以让学生砸破这些禁锢思想的篱笆，展开想象的翅膀，自由地发挥自身才华。

【开放题1】 我校准备在长120米、宽100米的空地上建造操场，请同学们设计操场形状，思考能否造出满足以下条件的环形操场？

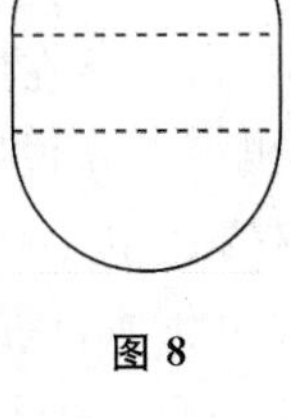

图 8

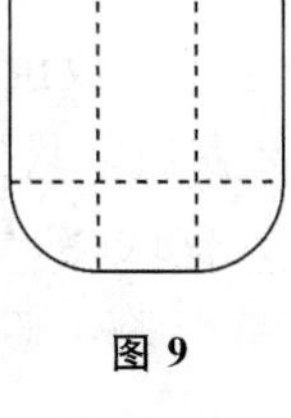

图 9

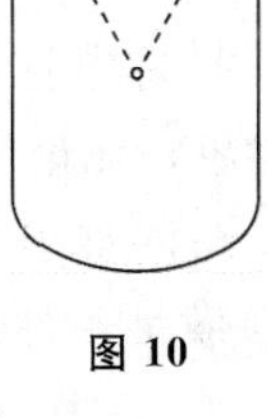

图 10

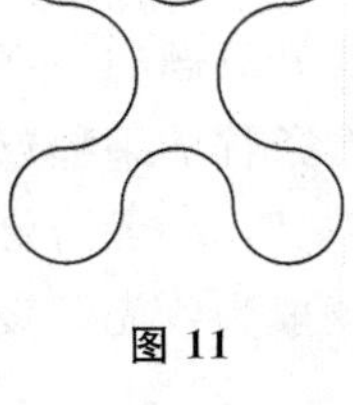

图 11

①每条跑道宽 1.22 米；②跑道用直线或圆弧吻接；③跑道共 8 条且内圈为 300 米。

本题有学生认为不能造出满足条件的操场，他认为操场应由两个半圆和一个矩形构成(如图 8)，经计算，跑道内圈无论如何达不到 300 米的要求。也有学生认为能造出满足要求的操场，可将操场设计成如图 9，由 4 个四分之一圆弧及 5 个矩形构成。还有学生将操场设计成如图 10，弯道部分由 3 段圆弧组成，他们认为这样才是操场。更有学生将操场设计成花园式(如图 11)，跑道全部由圆弧组成，他们认为这样的操场更美。

【开放题 2】 用一块长 2 米、宽 1.6 米的玻璃加工出椭圆形镜子(镜面为完整的一体)。要使镜面面积最大，该如何设计加工镜子(注：$S_{椭}=\pi ab$)?

本题主要考查学生如何画出椭圆形，培养学生的动手能力。可以用硬纸板代替玻璃，让学生亲手画一画，动手裁一下。学生至少可从以下几个角度去思考：①建立坐标系，写出方程描点；②确定焦点，长轴长，由第一定义得到；③用椭圆参数方程的定义；④用椭圆规工作原理。

(2)传授定式，帮学生克服畏惧的心理

开放题引入课堂教学之初，学生的表现往往一是觉得好奇，感到有趣；二是感到畏惧，不知从何处入手。这就要求教师介绍一些典型开放题的求解思路，帮学生建立科学的思维定式。

①寻找充分条件型开放题

【开放题 3】 在直四棱柱 $A_1B_1C_1D_1-ABCD$ 中(如图 12)，当底面四边形 $ABCD$ 满足条件______时，有 $A_1C\perp B_1D_1$(填上你认为正确的一种条件即可，不必考虑所有可能的情形)。

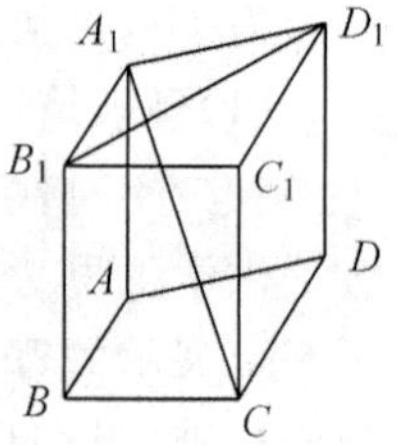

图 12

这类题型，只需找到能使结论成立的一个充分条件即可，而不必去寻找结论成立的充要条件。这类问题的要求并不高，可考虑特殊值或极端情形，从而找出充分条件。这一点，学生一开始往往不习惯。

②“是否存在”型开放题

【开放题 4】 设 $\{a_n\}$ 是由正数组成的等比数列，S_n 是其前 n 项和。是否存在常数 $C>0$，使得 $\dfrac{\lg(S_n-C)+\lg(S_{n+2}-C)}{2}=\lg(S_{n+1}-C)$ 成立？证明你的结论。

这类开放题的答案，不是肯定就是否定，开放度较小。若“存在”，就是具有适合条件的某种数学对象，无论用什么方法，只要找出一个就说明存在。若“不存在”，一般需要有严格的推理论证。故这类“是否存在”型开放题的解题思路一般为：先假设存在满足条件的数学对象，如果找出矛盾，说明假设不成立，进而否定假设；如果经过严格推理，没有找到矛盾，说明确实存在，找出满足条件的一个对象即可。

③猜想型开放题

【开放题 5】 已知数列$\{b_n\}$是等差数列，$b_1+b_2+\cdots+b_n=145$，$b_1=1$。①求数列$\{b_n\}$的通项b_n；②设数列$\{a_n\}$的通项$a_n=\log_a\left(1+\frac{1}{b_n}\right)$，其中$a>0$且$a\neq1$，$S_n$是数列$\{a_n\}$的前$n$项和，试比较$S_n$与$\frac{1}{3}\log_a b_{n+1}$的大小。

解答这类开放题，要求学生学会猜想。牛顿早就说过："没有大胆的猜想，就做不出伟大的发现。"美国数学教育家彼利亚在 1953 年也大声疾呼："让我们教猜测吧!"可我们在日常教学中，往往过分强调数学学科的严谨性和科学性，忽视实验猜想等合情推理能力的培养，让学生觉得数学枯燥、无趣、难学。

我们应该教会学生如何猜想。教学生通过实验、观察进行猜想，教学生通过对特例(特殊值)的分析、归纳，猜想一般的规律(共性)，教学生通过比较、概括得出猜想，教学生对具体问题的特殊解从宏观上做出估算。先有猜想，再做严密的数学证明。这样"既教猜想，又教证明"，让学生体会到数学也是生动活泼，充满激情，并富有哲理的一门学科。不至于让学生说"过了几十年，还做学习数学的噩梦"。

(3)开展实验，用计算机辅助开放式教学

利用计算机强大的计算功能和作图功能辅助开放式教学，有利于活跃课堂气氛，激发学生的学习兴趣；有利于"观察(实验)、猜想、证明(否定)"这一思想方法的运用，快捷方便地验证学生自己做出的猜想，从而充分利用课堂活动的时间。

【开放题 6】 (荒岛寻宝)从前，有个年轻人在曾祖父的遗物中发现一张破羊皮纸，上面指明了一处宝藏，内容是这样的：

"在北纬××，西经××，有一座荒岛，岛的北岸有一片草地，草地上有一棵橡树、一棵松树和一座绞架。从绞架走到橡树，并记住所走的步数，到了橡树向左拐一个直角，再走相同的步数并在那里打个桩。然后回到绞架再朝松树走去，同时记住所走的步数，到了松树向右拐一个直角，再走相同的步数并在那里也打个桩，在两桩连线的正中挖掘，就可获得宝藏。"

年轻人欣喜万分，租船来到海岛上，找到了那片草地，也找到了橡树和松树，但绞架却不见了。由于长期的日晒雨淋，一切痕迹也不复存在。年轻人无从下手，只好空手而返。同学们，你能用数学方法帮助这位年轻人吗?

本题学生往往不知从何处入手。我们可利用数学教学软件"几何画板"制作图 13(设 A，B 两点分别为橡树和松树所在地，假设 C 为绞架所在地。依题

意找到打桩处 D，E)。不妨先让我们做一个小实验。拖动点 C，我们将会发现，无论 C 在何处，DE 中点 H 是不动的。这说明什么？宝藏是否就在中点 H 处？

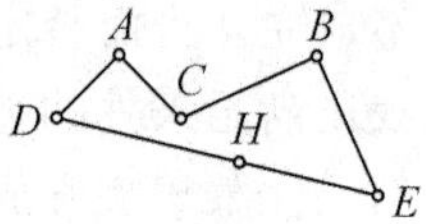

图 13

这样学生将会积极地思索，不难从解析几何、复数、向量、平面几何角度寻求具体的解决方法。

学习"过抛物线 $y^2=2px$ 的顶点 O 作两条互相垂直的弦 OA，OB ($\angle AOB=90°$)则弦 AB 恒过定点($2p$，O)"之后，引导学生探讨：

【开放题 7】 过抛物线 $y^2=2px$ 上任一点 $C(x_0, y_0)$ 作两条互相垂直的弦 CA、CB($\angle ACB=90°$)，则弦 AB 有什么特性？利用"几何画板"设计如图 14。

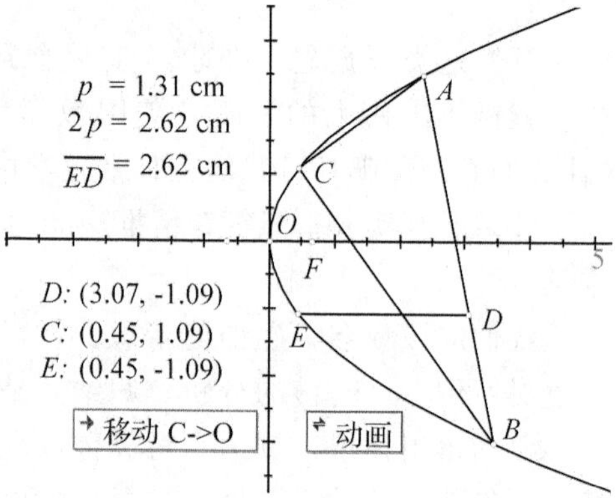

图 14

探讨过程为：

①双击移动按钮"移动 $C \to O$"显示直角顶点在原点时，弦 AB 恒过定点($2p$，0)。

②直角顶点移回 C 处，对 AB 作轨迹跟踪，发现弦 AB 过一定点。

③作出该定点 D 并显示该点坐标。

④寻找关系：a. 显示 C 及点 C 关于 X 轴对称点 E 的坐标，我们发现点 D 与点 E 的纵坐标相同。b. 作出线段 ED 并显示长度，发现 $ED=2p$。

⑤改变点 C 的位置，或拖拉焦点 F，变化 P 的长度再做上述观察。确认结论正确，从而猜想弦 AB 恒过定点 $D(x_0+2p, -y_0)$。

⑥用代数方法证明以上猜想。

5. 题组训练，层层递进

所谓数学习题题组是指围绕某一训练目标，精选一批有代表性的问题，将知识、方法与技巧融入其中，让学生在解题的过程中去感知题组内在的规律性，发现题组内蕴含的知识和方法。

数学的心脏是问题，因此数学教学必须以解决问题统揽和组织教学活动。而题组是问题的一种集中的、典型的表现形式。精心设计的题组在数学教学的各个阶段起着不可替代的作用，能够充分体现教师的主导和学生的主体作用。学生积极参与教学不仅有利于发展思维，促进知识的掌握，提高解题能力，而且有利于培养学生的学习兴趣、自信心等非智力因素，从而达到优化课堂教学，提高学生素质的目的。题组的形式是多种多样的，在教学中必须注重形式背后的内容实质，切忌重形式、忽略内容的实效性。教学中进行题组设计时不仅要有明确的目的性，做到与教学内容形成统一整体，还应注意设计的层次性，注重数学能力的培养和数学思想方法的渗透。题组在数学教学中应用要充分发挥其功能，切实提高教学的效果。

数学题组的形式主要有以下几种类型：

(1)“拆卸型”题组

“拆卸型”题组是将一个较复杂的题目或知识点支解成若干部分来设计题目的一种题组。这种题组是结合学生的认知水平和思维能力而设计的，使学生对知识比较容易接受，对基础一般的学生效果更突出。例如高一的反函数的概念比较复杂，为了进一步使学生更好地理解，我这样设计题组：

①函数 $y=\frac{2x+3}{x-1}$ 的定义域是________，值域是________。

②函数 $y=\frac{2x+3}{x-1}$ 中，若用 y 来表示 x，则 $x=$________，此时的 x，y 的取值范围与原来的函数定义域和值域有何关系？

③上题所求的 $x=\varphi(y)$ 表达式中，若调换 x，y 的位置，即 $y=\varphi(x)$，则此时的 x，y 与原函数的定义域和值域有何关系？$y=\varphi(x)$ 是函数吗？为什么？

④若原函数改为 $y=x^2$，按上面的步骤求得的 $y=\varphi(x)$ 是不是函数？为什么？

⑤若把原函数改为 $y=f(x)$，则反解 $x=\varphi(y)$，调换 x，y 的位置而得到的 $y=\varphi(x)$，原函数满足什么条件时，$y=\varphi(x)$ 才是函数？

通过上面的题组，最后提出反函数的定义。因为反函数的定义相当抽象，对于一般的学生来说在理解上比较难，因此设计上面的“拆卸型”题组时，把反函数的定义分解成几部分，对各个部分逐个解决，最后水到渠成，也让学生对函数概念有了更深刻的认识。

(2)“引入型”题组

新课的引入通常是通过复习旧知识而完成的，但是单从知识点引入往往会使学生停留在知识的表面，因此得不到应有的复习效果。“引入型”题组是通过一系列题目，让学生从动手、动脑的过程中复习与本节相关的原有知识要点，从而类比、归纳引出新课，例如在学习“双曲线及其标准方程”中，我设计如下题组：

①在 $\triangle ABC$ 中，已知其周长为 18，$B(-4,0)$，$C(4,0)$，则顶点 A 的轨迹方程是__________。

②在 $\triangle ABC$ 中，已知 $B(-4,0)$，$C(4,0)$，若 $||AB|-|AC||=8$，则顶点 A 的轨迹方程是__________；若 $||AB|-|AC||=6$ 时，则顶点 A 的轨迹方程是__________。

③在平面上，已知点 $P(x,y)$，点 $F_1(-c,0)$，$F_2(c,0)$，$||PF_1|-|PF_2||=2a$，若 $a=c$，则点 P 的轨迹方程是__________；若

$a<c$，则点 P 的轨迹方程是________________。

上面的题组中，从椭圆的定义引入，同时通过计算，让学生类比归纳出双曲线的定义，不仅加强了学生的计算能力，也进一步培养了学生的类比、归纳、抽象和概括能力。

(3)“复习型”题组

数学的知识本身具有系统性和层次性。“复习型”题组是在单元复习课或总复习课中，精心设计一些习题题组，把相关的内容有机联系起来，保持知识的连贯性，并且使知识的应用随着题目的连贯而逐步展开的题组。

例如圆锥曲线中椭圆这一部分内容，《考试说明》要求为：掌握椭圆标准方程及其几何性质，会根据所给条件画椭圆，了解椭圆的一些实际应用。我们设计题组的目标为：熟练掌握椭圆定义、标准方程，熟悉并会求几何性质中有关量，能根据所给条件运用待定系数法求椭圆标准方程，会应用椭圆定义解决有关问题。可设置如下题组：

题组1：①椭圆的 $\frac{x^2}{16}+\frac{y^2}{25}=1$ 中心坐标是______，长轴长是______，短轴长是______，坐标方程是______。

②椭圆 $\frac{x^2}{a^2}+\frac{y^2}{b^2}=1$ 上一点 $P(3,\ y_0)$ 到两焦点距离分别为 6.5 和 3.5，则椭圆方程为____________。

③若 $\triangle ABC$ 两顶点 A，B 坐标分别为 $(-3,\ 0)$，$(3,\ 0)$ 而周长为 20，则点 C 的轨迹是__________。

④方程 $\frac{x^2}{25-m}+\frac{y^2}{16+m}=1$ 表示焦点在 y 轴上的椭圆，则 m 的取值范围是__________。

让学生独立完成后，对其进行重点评讲，指出所应用的知识点、基本方法和基本数学思想，对学生存在问题进行评析，最后与学生一起归纳小结。然后再布置第二套题组，巩固消化前面内容，再加进适当的综合题进一步提高能力。如：

题组2：①求中心在原点，焦点在 y 轴上，离心率为 $\frac{\sqrt{6}}{3}$，长轴长等于6的椭圆方程。

②已知椭圆 $\frac{x^2}{24}+\frac{y^2}{49}=1$ 上一点与椭圆两焦点 F_1、F_2 连线互相垂直，求 $\triangle PF_1F_2$ 的面积。

③P 是椭圆上一点，F_1、F_2 是两焦点，求 $|PF_1||PF_2|$ 的最大值。

④在椭圆 $\frac{x^2}{a^2}+\frac{y^2}{b^2}=1$ 中，内接 $\triangle ABC$ 一边 BC 与长轴重合，求 $\triangle ABC$ 重

心的轨迹。

因此，“复习型”题组把复习中的“讲—练—讲”变为“练—讲—练”，使学生在主动探索中巩固消化了所学知识，更进一步达到了应有的教学目标。

(4)“变式型”题组

“变式型”题组是将教学中的定理和命题在不同角度、不同层次、不同情形、不同背景下设计出一系列变式习题，以暴露问题的本质，揭示不同知识点的内在联系。一题多用，多题重组，常给人以新鲜感，能够唤起学生的好奇心和求知欲，因而能够产生主动参与的动力，保持其参与学习活动的兴趣和热情。例如原题：求曲线 $y^2=-4-2x$ 上与原点距离最近的点的坐标。

①条件一般化。条件一般化是指将原题中的特殊条件，改为具有普遍性的条件，使题目具有一般性。将课本习题条件一般化，引导学生挖掘条件，是设计变式题首先考虑的一种方法。例如，将原题改为：

变式1：在曲线 $y^2=-4-2x$ 上求一点 $M(x, y)$，使它到点 $A(a, 0)$ 的距离最短。

将原式的特殊点(原点)改为一般的点 $A(a, 0)$，这符合由特殊到一般的认识规律，学生容易接受。

②改变背景。改变背景是指在某些条件不变的情况下，改变另一些条件的形式，使问题得到进一步深化。在教学过程中，变换习题的形式，可激发学生的探求欲望，从而提高学生的创新能力。例如，将原题改为：

变式2：已知抛物线 $y^2=-4-2x$ 与直线 $y=kx+3$ 没有公共点，求 k 的取值范围。

也可进一步改为：

变式3：已知抛物线 $y^2=-4-2x$ 与动圆 $(x-a)^2+y^2=2$ 没有公共点，求 a 的取值范围。

③联系实际。联系实际是将抽象的数学问题转化为日常生活中常见的问题。要求教师有丰富的生活经验和数学应用意识，教师在教习题变式的过程中，要创设情境，引起或指引学生进行联想，让学生知道“数学来源于生活”“生活中充满了数学”“数学就在你的身边”；通过联系实际的习题变式教学来提高学生应用数学的意识和学习数学的兴趣。例如，将原题改为：

变式4：一只高脚酒杯的轴截面是抛物线的一部分，它的函数解析式为 $y=\frac{x^2}{4}(0\leqslant y\leqslant 30)$，在杯内放一个玻璃小球，问多大的玻璃小球才能触及酒杯的底部？

这样的变式练习，学生可以由实验得出，也可以通过数学方法得出，通过这样的练习一定能提高学生学习数学的兴趣，从而达到教学目的。

④变换条件和结论。变换条件和结论是将原题的条件和结论都进行变动

和加深，但所用的知识不离开原题的范围。这种变式习题要根据学生的实际情况和授课类型而定。例如，在高三复习时，可将原题变为：

变式 5：是否存在同时满足下列条件的抛物线？a. 准线是 $y=\frac{5}{2}$；b. 顶点在 y 轴上；c. 原点 O 到此抛物线上的动点 P 的距离的最小值为 $\sqrt{3}$。若存在，有几条？若不存在，请说明理由。

将常规题变为探索题是设计变式题的又一途径。由常规题变出来的探索题，对学生来说更具创造性和挑战性。

总之，教师在习题的设计过程中要充分考虑题组的自身特点，从学生的角度去思考问题，习题设计要由浅入深，由易到难，由具体到抽象，由特殊到一般，层层深入，步步启发，既要注意题与题之间的连贯性，连接的趣味性，题目的针对性和开放性，又要保持知识的网络性和整体性。不同的题组有不同的功能，精心而准确设计的题组在教学中发挥着不可替代的作用，对于提高教学效率，培养学生能力，提高学生的数学素养起着重要作用，也是优化课堂教学的一种途径。

6. 系统训练，融会贯通

导数是高等数学的基础，是对函数图象和性质的总结和拓展，是研究函数的单调性、极值、最值，讨论函数图象变化趋势的主要工具。下面以导数法应用为例谈谈如何利用题组搞好复习。

(1)用导数法解决函数的单调性问题的训练

注意着重抓住 $f'(x)>0$(或 <0) $\Rightarrow y=f(x)$ 为增函数(或减函数)。函数 $y=f(x)$ 在某个区间上是增函数(或减函数) $\Rightarrow f'(x)\geqslant 0$(或 $\leqslant 0$)的训练。如：

【例 1】 ①若函数 $f(x)=kx^3+3(k-1)x^2-k^2+1(k>0)$ 的单调递减区间是(0, 4)，则 k 的值是__________。

分析：由 $f'(x)=3kx^2+6(k-1)x\leqslant 0$ 解集是 $x\in[0, 4]$，已知方程 $f'(x)=3kx^2+6(k-1)x=0$ 的解为 $x_1=0$，$x_2=4$，从而可求得 $k=\frac{1}{3}$。

②若函数 $f(x)=kx^3+3(k-1)x^2-k^2+1(k>0)$ 在区间(0, 4)上是减函数，求 k 的取值范围。

分析：由题意知 $f'(x)=3kx^2+6(k-1)x\leqslant 0(k>0)$ 在(0, 4)上恒成立，又由 $f'(0)=0$，则 $f'(4)\leqslant 0$，从而可求出 k 的取值范围为 $\left(0, \frac{2}{3}\right)$。

【例 2】 若函数 $f(x)=x^3+x^2+mx+1$ 是 $\mathbf{R}$ 上的单调函数，求实数 m 的取值范围。

分析：由题意知 $f'(x)=3x^2+2x+m\geqslant 0$ 在 $\mathbf{R}$ 上恒成立，由二次函数 $f'(x)=3x^2+2x+m$ 的图象知抛物线开口向上，与 x 轴至多仅有一个交点，

则 $\Delta \leqslant 0$，可求得 m 的取值范围为 $\left[\frac{1}{3},+\infty\right)$。

小结：例 1 是在学生的易误点上设置问题，让学生辨别单调区间和减函数的区别，理解特殊与一般的关系，并掌握恒成立问题的转化方法。例题 2 可作为反馈训练，了解学生的掌握情况。

(2)利用导数法解决函数的极值问题的训练

注意着重抓住函数存在极值的充要条件：一般地，函数 $y=f(x)$ 在 x_0 处连续，如果在 x_0 附近左侧 $f(x)>0$(或 <0)，右侧 $f(x)<0$(或 >0)，那么 $f(x_0)$ 是极大值(或极小值)。特别地，$f'(x)=0$ 是函数在 x_0 存在极值的必要不充分条件。如：

【例 3】 已知函数 $f(x)=ax^3-15x^2+36x-24$ 在 $x=3$ 处有极值，则函数的单调减区间是____________。

分析：由题意知 $f'(3)=0$，可求出 $a=2$，从而由 $f(x)<0$ 可求出单调减区间为 $(2,3)$。

【例 4】 若函数 $f(x)=x^3+ax$ 在 $\mathbf{R}$ 上有两个极值点，求实数 a 的取值范围。

分析：由已知得 $f'(x)=3x^2+a$，由极值存在的充分条件可得 $\Delta>0$，从而可求得 $a<0$。

【例 5】 已知函数 $f(x)=x^3+3ax^2+3(a+2)x+1$ 既有极大值又有极小值，则实数 a 的取值范围是____________。

分析：类比例 4 可求得 $a\in(-\infty,-1)\cup(2,+\infty)$。

(3)利用导数的几何意义解决曲线的切线问题的训练

抓住函数 $y=f(x)$ 在点 $(x_0,f(x_0))$ 处的导数的几何意义是曲线上过点 $(x_0,f(x_0))$ 处切线的斜率。应特别注意已知点是否在曲线上。如：

【例 6】 曲线 $y=x^3+3x^2+6x-10$ 的切线中，斜率最小的切线方程是______________。

分析：由 $y=3x^2+6x+6=3(x+1)^2+3$ 知当 $x=-1$ 时，$k_{\min}=3$，这时切点为 $(-1,-14)$，可求出切线方程为 $3x-y-11=0$。

【例 7】 过曲线 $y=f(x)=x^3+x-1$ 上一点 P 的切线与直线 $y=4x-7$ 平行，求切线方程。

分析：本题切点 P 的坐标未知，可先设切点 P 的坐标为 $P(x_0,y_0)$，由 $f'(x_0)=3x_0^2+1=4$，可求出切点为 $(1,1)$ 或 $(-1,-3)$，从而可求出切线方程为 $4x-y-3=0$ 或 $4x-y+1=0$。

(4)利用导数研究方程根的问题的训练

导数可以研究函数的性态，通过把方程根的问题转化为函数性质问题来解决。如：

【例 8】 方程 $x^3-6x^2+9x-10=0$ 的实根个数是________。

分析：构造函数 $f(x)=x^3-6x^2+9x-10$，把方程实根个数问题转化为函数的零点问题。通过导数法可求出 $y_{极大值}=f(1)=-6$，$y_{极小值}=f(3)=-10$，且在区间 $(-\infty, 1)$ 和 $(3, +\infty)$ 上是增函数，在区间 $(1, 3)$ 上是减函数。利用函数 $f(x)$ 的图象，可知函数仅有一个零点。从而方程实根的个数仅有一个。

【例 9】 已知 $a>5$，方程 $x^3-ax^2+1=0$ 在区间 $(0, 3)$ 内根的个数是________。

分析：类比例题 8 的方法可求出根的个数为 1。

(5)综合应用训练，综合提升对导数的熟练应用

【例 10】 已知函数 $f(x)=mx^3-3(m+1)x^2+3(m+2)x+1$，其中 $m\in\mathbf{R}$。

(Ⅰ)若 $m<0$，求 $f(x)$ 的单调区间。

(Ⅱ)在(Ⅰ)的条件下，当 $x\in[-1, 1]$ 时，函数 $y=f(x)$ 的图象上任意一点的切线斜率恒大于 $3m$，求 m 的取值范围。

(Ⅲ)设 $g(x)=mx^3-(3m+2)x^2+3mx+4\ln x+m+1$，问是否存在实数 m，使得 $y=f(x)$ 的图象与 $y=g(x)$ 的图象有且只有两个不同的交点？若存在，求出 m 的值；若不存在，说明理由。

解：(Ⅰ) $f'(x)=3mx^2-6(m+1)x+3m+6=3m(x-1)\left[x-\left(1+\frac{2}{m}\right)\right]$

当 $m<0$ 时，有 $1>1+\frac{2}{m}$，当 x 变化时，$f(x)$ 与 $f'(x)$ 的变化如下表：

x	$\left(-\infty, 1+\frac{2}{m}\right)$	$1+\frac{2}{m}$	$\left(1+\frac{2}{m}, 1\right)$	1	$(1, +\infty)$
$f'(x)$	<0	0	>0	0	<0
$f(x)$	单调递减	极小值	单调递增	极大值	单调递减

故由上表知，当 $m<0$ 时，$f(x)$ 在 $\left(-\infty, 1+\frac{2}{m}\right)$ 上单调递减，在 $\left(1+\frac{2}{m}, 1\right)$ 上单调递增，在 $(1, +\infty)$ 上单调递减。

(Ⅱ)由已知得 $f'(x)>3m$，即 $mx^2-2(m+1)x+2>0$

又 $m<0$，所以 $x^2-\frac{2}{m}(m+1)x+\frac{2}{m}<0(x\in[-1, 1])$　　①

设 $g(x)=x^2-2\left(1+\frac{1}{m}\right)x+\frac{2}{m}$，其函数开口向上，由题意知①式恒成立，

$\therefore \begin{cases} g(-1)<0, \\ g(1)<0, \end{cases} \Rightarrow \begin{cases} 1+2+\dfrac{2}{m}+\dfrac{2}{m}<0, \\ -1<0, \end{cases}$ 解之得 $m>-\dfrac{4}{3}$

又 $m<0$，所以 m 的取值范围为$\left(-\dfrac{4}{3},\ 0\right)$。

(Ⅲ)令 $\varphi(x)=g(x)-f(x)$，则 $\varphi(x)=x^2-6x+4\ln x+m$

因为 $x>0$，要使函数 $f(x)$与函数 $g(x)$有且仅有两个不同的交点，则函数 $\varphi(x)=x^2-6x+4\ln x+m$ 的图象与 x 轴的正半轴有且只有两个不同的交点。

$\therefore \varphi'(x)=2x-6+\dfrac{4}{x}=\dfrac{2x^2-6x+4}{x}=\dfrac{2(x-1)(x-2)}{x}(x>0)$

当 $x\in(0,\ 1)$时，$\varphi'(x)>0$，$\varphi(x)$是增函数；当 $x\in(1,\ 2)$时，$\varphi'(x)<0$，$\varphi(x)$是减函数。

当 $x\in(2,\ +\infty)$时，$\varphi'(x)>0$，$\varphi(x)$是增函数。$\therefore \varphi(x)$有极大值 $\varphi(1)=m-5$；$\varphi(x)$有极小值 $\varphi(2)=m+4\ln 2-8$。

又因为当 x 充分接近 0 时，$\varphi(x)<0$；当 x 充分大时，$\varphi(x)>0$，所以要使 $\varphi(x)=0$ 有且仅有两个不同的正根，必须且只需 $\begin{cases} \varphi'(1)=0, \\ \varphi'(2)<0 \end{cases}$ 或 $\begin{cases} \varphi'(2)=0, \\ \varphi'(1)>0。 \end{cases}$

即 $\begin{cases} m-5=0, \\ m+4\ln 2-8<0 \end{cases}$ 或 $\begin{cases} m+4\ln 2-8=0, \\ m-5>0。 \end{cases}$

$\therefore m=5$ 或 $m=8-4\ln 2$。

$\therefore$ 当 $m=5$ 或 $m=8-4\ln 2$ 时，函数 $f(x)$与 $g(x)$的图象有且只有两个不同交点。

7. 教师搭台，学生唱戏

排列组合因为极具抽象性而成为“教”与“学”难点。有相当一部分题目老师很难用比较清晰简洁的语言讲给学生听，有的即使教师觉得讲清楚了，但是由于学生的认知水平、思维能力在一定程度上受到限制，还不太适应，从而导致学生对题目一知半解，甚至觉得“云里雾里”。

学生之所以“怕”学排列组合，主要还是因为排列组合有很强的抽象性。那么解决问题的关键就是将抽象问题具体化。我们不妨将原题进行转换，让学生走进题目当中，成为“演员”，成为解决问题的决策者。这样做不仅能激发学生的学习兴趣，活跃课堂气氛，还能充分发挥学生的主体意识和主观能动性，能让学生从具体问题的分析过程中得到启发，逐步适应排列组合题的解题规律，从而做到以不变应万变。当然，在具体的教学过程中一定要注意题目转换的等价性和可操作性。

下面我将就教学过程中的两个难点通过两个特例做进一步说明。

(1)占位子问题

【例1】 将编号为1、2、3、4、5的5个小球分别放进编号为1、2、3、4、5的5个盒子中，要求只有两个小球与其所在的盒子编号相同，问有多少种不同的放法?

a. 仔细审题：在转换题目之前先让学生仔细审题，从特殊字眼小球和盒子都已"编号"着手，清楚这是一个"排列问题"，然后对题目进行等价转换。

b. 转换题目：在审题的基础上，为了激发学生兴趣，让学生进入角色，我将题目转换为：让学号为1、2、3、4、5的学生分别坐到编号为1、2、3、4、5的5张凳子上(已准备好，放在讲台前)，要求只有两个学生与其所坐的凳子编号相同，问有多少种不同的坐法?

c. 解决问题：这时我再选另一名学生来安排这5位学生坐位子(学生争着上台，积极性已经得到了极大提高)，班上其他学生也都积极思考(充分发挥了学生的主体地位和主观能动性)，努力地"出谋划策"，不到两分钟的时间，学生们有了统一的看法：先选定符合题目特殊条件"两个学生与其所坐的凳子编号相同"的两位学生，有C_5^2种方法，让他们坐到与自己编号相同的凳子上，然后剩下的三位学生不坐编号相同的凳子有两种排法，最后根据乘法原理得到结果为$2\times C_5^2=20$(种)。这样原题也就得到了解决。

d. 学生小结：接着我让学生互相讨论，根据自己的分析方法对这一类问题提出一个好的解决方案。(课堂气氛又一次活跃起来)

e. 老师总结：对于这一类占位子问题，关键是抓住题目中的特殊条件，先从特殊对象或者特殊位子入手，再考虑一般对象，从而最终解决问题。

(2)分组问题

【例2】 从1、3、5、7、9和2、4、6、8两组数中分别选出3个和2个数组成五位数，问这样的五位数有几个?

(本题先让学生计算，有很多学生得出的结论是$A_5^3\times A_4^2$)

a. 仔细审题：先由学生审题，明确组成五位数是一个排列问题，但是由于这五个数来自两个不同的组，因此是一个"分组排列问题"，然后对题目进行等价转换。

b. 转换题目：在学生充分审题后，我让学生自己对题目进行等价转换，同学A将题目转换如下：从班级的第一组(12人)和第二组(10人)中分别选3位和2位同学分别去参加北京市举办的语文、数学、英语、物理、化学竞赛，问有多少种不同的选法?

c. 解决问题：接着我就让同学A提出选人的方案。同学A说：先从第一组的12个人中选出3人参加其中的3科竞赛，有$C_{12}^3\times A_3^3$种选法；再从第二组的10人中选出2人参加其中2科竞赛，有$C_{10}^2\times A_2^2$种选法；最后由乘法原理得出结论为$(C_{12}^3\times A_5^3)\times(C_{10}^2\times A_5^2)$(种)。(这时同学B表示反对)

同学B说：如果第一组的3个人先选了3门科目，那么第二组的2人就没有选择的余地。所以第二步应该是 $C_{10}^2 \times A_2^2$。(同学们都表示同意，但是同学C说太烦琐)

同学C说：可以先分别从两组中把5个人选出来，然后将这5个人在5门学科中排列，他列出的计算式是 $C_{12}^3 \times C_{10}^2 \times A_5^5$(种)。(再次通过互相讨论，同学们都表示赞同)

这样原题的解答结果就"浮现"出来：$C_{12}^3 \times C_{10}^2 \times A_5^5$(种)。

d. 教师总结：针对这样的"分组排列"题，我们多采用"先选后排"的方法：先将需要排列的对象选定，再对它们进行排列。

以上是一节课两个例题的分析过程，旨在通过这种方法的尝试(教学效果比较明显)，进一步活跃课堂气氛，更全面地调动学生的学习积极性，发挥教师的主导作用和学生的主体作用，让学生在互相讨论的过程中学会自己分析转换问题，解决问题。

8. 科学掌控课堂，提高课堂有效性

素质教育的实施、课堂改革的进行、教学模式的变化等工作的开展都是为了提高课堂的有效性。所谓课堂有效性就是指学生在单位课堂上所习得知识量的多少、质量的高低。课堂的生命线就在于它有效性的高低，这也是我们一线教师所要认真研究、积极探索并通过实践努力达到的目标。

(1)课前准备环节

①科学指导学生预习。"预习是展示之本，没有预习就没有发言权。"教师要指导学生在预习时细读课文，了解基本知识，理解基本概念，把本节课的概念、公式、定理等相关知识都理解记住；用特殊颜色的笔将在预习过程中遇到的难理解的知识、易混点等标注出来，以备在上课时做到重点问题重点听。良好的预习习惯的培养也是学生自学能力得以提高的重要保证。

②教师备课的"双备"策略。"双备"指的是：1)备教材：教师在备课时一方面要认真研究课本，吃透教材，挖掘课本内涵，结合课本与学生实际写好学案；另一方面要明确教法，厘清学法，分清重难点、易混点等。2)备学生：教师在备课时要学会换位思考，站在学生的角度去思考问题。教师要认识到：以学生现有的学习基础、认知能力、知识结构、思维方式，将会对本节内容通过预习掌握到什么程度。教师一定要清楚课堂上什么知识不用讲，什么知识简点评，哪些知识重点讲，哪些知识在讲解时要注重学生间的个性差异等。

③搞好学习任务的分配。一堂数学课的顺利进行是师生共同完成的。教师一定要在课前做好学习任务的分配。教师要避免代替学生完成他们应完成的任务：分清在课上哪些知识通过小组讨论自行解决；哪些知识需要教师引导，给学生做适当铺垫学生就能得出结论；哪些知识是学生通过预习无法掌握或体会不到的，需要教师进行讲解或知识拔高，这时教师就不能回避，一定得慢讲、细讲、精讲、专题讲。总之要减少课堂上的"无用功"，把时间用

到最恰当的知识讲解上，从而提高课堂的“有用功”，提高教学中授课时间的“性价比”。

(2)课上操作环节

①创造和谐、民主的课堂氛围。教师应努力创设良好、宽松、舒适、和谐的课堂气氛，在课堂上建立平等的师生关系，转变好教师的课堂角色，认清学生的主体地位，让学生在课堂上放下包袱，舒心大胆、轻松愉快地学习。

②重视课堂的趣味性。学生在课堂上是否积极参与学习，对数学的学习是否抱有积极的心态，上课时有没有睡觉现象，对数学的学习是不是出现了不会学—厌学—不学数学等问题都是素质教育下我们一线教师应该努力解决的问题。我个人认为提高学生的学习兴趣是第一位的。兴趣是学习的源动力，如何提高学生对数学学习的兴趣呢？我认为教师在授课时要理论联系实际，适当用生动有趣的故事，告诉学生数学在现实生活中不仅是有用的，而且是有趣味性的。

下面举几个提高学生对数学学习兴趣的小例子。

a. 我会在第一节数学课给学生讲解“黄金分割”问题：我给学生解释为什么穿上高跟鞋的女人会更加美丽动人，怎样画一个矩形看起来更美观等；我向学生介绍黄金分割在雕刻、绘画(《蒙娜丽莎》)、建筑(埃及金字塔)、音乐等方面都有重要的应用。

b. 讲指数函数时，我会给学生讲解澳大利亚兔子问题(指数爆炸)；国王与仆人下棋，仆人以自己的方式向国王要米，国王却给不起米的故事(指数爆炸)。

c. 学习等比数列时，我会问学生：一张纸连续折叠 64 次，它的厚度有多厚？(一个出乎学生想象的数字)。

d. 二分法求方程的近似根或求函数的近似零点时，我要学生把范围的缩小想象为“你的朋友从上海给你寄信，信的到达过程”(上海市→北京市→东城区→宝钞胡同→北京一中→所在年级→收信人)。

③重视学生的个性差异。教师在备课时已经注重了学生的个性差异，那么课堂上更要注重学生的个性差异，了解学生基础水平的差异、接受能力的高低、认知结构的不同、兴趣的不同，使学生在自己的个人能力范围内最大限度地学习。

④把时间和能力还给学生。“展示是预习之魂。”学生预习效果的好坏、课上接受与理解知识的程度，都能通过学生上黑板展示得以体现。学生展示既可以帮助自己加深对知识的理解，也可以通过展示暴露出自己的小问题，以免其他学生再犯，学生讲解更能激发其他人的学习热情。课堂上学生是学习的主体，教师是课堂的引路人，要使学生在教师的指导下，都能积极地参与课堂，成为课堂的主人。该给学生的时间一定要给，把时间还给学生，学生

的能力自然就提高了

⑤小组赋分营造竞争的课堂。好学生是表扬出来的，教师要善于用鼓励性的语言激发学生的学习热情，因此，数学课上我借助小组赋分的形式激发学生的集体主义荣誉感。谁也不愿意成为小组的后腿，每个人都想为自己的小组贡献一份力量，每个小组都想成为优秀的小组，这样一来组内、组间就自然形成了一种“比、学、赶、帮、超”的竞争机制。

(3)课后巩固环节

①科学适度地留作业。为了使学生更好地消化和吸收课堂上所学习的知识，加深学生记忆和理解的程度，使师生在课堂上通过努力达到最好的效果，不至于使课上讲的知识成为过眼烟云，不至于使课上的“有用功”变为“无用功”，适当、科学地留作业就是辅助提高课堂有效性的一种有益的措施。

②教会学生记笔记。“好记性不如烂笔头”，科学地记笔记遵循了学习中的“反复”作用。有些知识学生在课堂上一时理解不好，消化吸收不了，需要课下再通过思考探究来消化吸收、理解记忆。所以记笔记是辅助提高课堂有效性的另一种有效措施。

我是这样引导学生记笔记的：每人准备 2 个笔记本。1 号笔记本：上课时把自己不会的，理解不透的，认为重要的内容先记下来，做到上课内容不丢失。2 号笔记本：课下把 1 号笔记本上的内容，经过自己的研究或与他人研究后弄明白，必须做到“步步清楚，题题明白，计算不回避”。在这种情况下，再把 1 号笔记本上的内容工工整整地写在 2 号笔记本上，在写的过程中，要用特殊颜色的笔把自己的体会与对知识的理解写在相应知识的旁边。我告诉学生要对 2 号笔记本倾注感情，把它当作自己整理的“知识集”“习题册”。在这里，知识从黑板→1 号笔记本→2 号笔记本→学生的心里，体现出了一个重要的过程——反复。

综上我们可以认识到，一堂数学课有效性的高低，需要我们一线教师关注的并不仅仅是课堂上的短短 45 分钟，45 分钟之外的东西更加重要，课外的诸多环节更是不可或缺。古人云：“辅车相依，唇亡齿寒。”我们要更多地关注课堂内外各环节的哲学联系。影响课堂有效性的环节和因素很多，我们教师要从更高的、科学的、联系的角度去认识各环节之间的关系。

总之，我们要从联系的角度去认识如何提高数学课堂的有效性，不能把眼光只停留在课堂上，要重视与课堂相关的多个环节。提高课堂的有效性是课堂的生命，上述三个环节相辅相成，互相弥补，取长补短，缺一不可。只要把这三个环节有机地结合起来，使每一个环节都达到最佳效果，使三个环节达到“共振”，数学课堂有效性的提高就水到渠成了。

三、在评价上的换位思考

(一)抽丝剥茧，追根溯源

看到考试试卷，思考命题人为什么这样出题，试题的出处在哪里，想考查的点是什么。

高考除了要考查学生的基础知识和常用的数学思想方法外，还要考查学生的逻辑思维能力、运算能力、空间想象能力和综合运用数学知识分析问题、解决问题的能力以及创新意识，特别是高考命题将"知识立意"变为"能力立意"以来，注重在知识的交汇处设计试题，这就要求高三数学老师深入钻研历年来的高考试题，这样才能有利于高三数学教学。事实上高考数学试题主要来源于以下五个方面：课本中的例题与习题，历年的高考试题，历年的初高中数学竞赛试题，高等数学试题的加工、改造、演变，个别创新试题。下面通过例题予以说明。

【例1】 (1)[人教版全日制高中数学课本第二册(上) P123 T6]过抛物线焦点的一条直线与它交于两点 P、Q，经过点 P 和抛物线顶点的直线交准线于点 M，求证：直线 PQ 平行于抛物线的对称轴。

(2)(2001 年全国高考试题)设抛物线 $y^2=2px(p>0)$ 的焦点为 F，经过点 F 的直线交抛物线于 A、B 两点，点 C 在抛物线的准线上，且 $BC/\!/x$ 轴。证明：直线 AC 经过原点 O。

【例2】 (1)[人教版全日制高中数学课本第三册(选修Ⅰ) P44 例 2 或(选修Ⅱ)P132 例 2]用铁皮做一个无盖水箱，先在四角分别截去一个小正方形，然后把四边翻转 90°角，再焊接而成(如图 15)，问水箱的长取多少时？水箱容积最大？最大容积是多少？

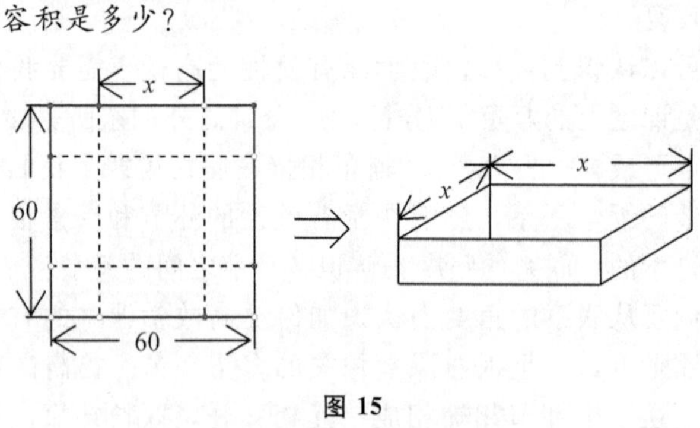

图 15

(2)[2005 年全国高考试题(全国卷Ⅲ)]用铁皮做一个无盖的容器，先在四角分别截去一个小正方形，然后把四边翻转 90°角，再焊接而成(如图 16)，问该容器的高为多少时，容器的容积最大？最大容积是多少？

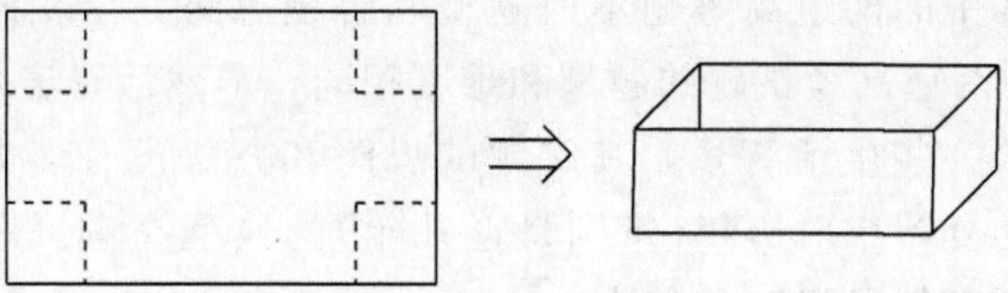

图 16

说明：例 1 中的课本习题与高考试题显然互为逆命题；例 2 中的高考题是将习题中的“边长为 60cm 的正方形”改为“长为 90cm、宽为 48cm 的长方形”，其他条件不变，其解题的思路与方法类似。高考试题中的容易题和中档题主要来源于课本的例题、习题或素材。这就要求我们在高三数学复习过程中充分发挥课本的作用。

【例 3】 (1)(1995 全国)已知 $y=\log_a(2-ax)$ 在 $[0, 1]$ 上是 x 的减函数，则 a 的取值范围是(　　)

A. $(0, 1)$　　B. $(1, 2)$　　C. $(0, 2)$　　D. $[2, +\infty)$

(2)(2003 山东)已知 $f(x)=\log_2(x^2-ax+3a)$ 在 $[2, +\infty)$ 上是增函数，则实数 a 的取值范围是(　　)

A. $(-\infty, 4)$　　B. $(-4, 4]$

C. $(-\infty, -4)\cup[2, +\infty)$　　D. $[-4, 2)$

【例 4】 (1)(1985 全国)如图 17，在平面直角坐标系中，在 y 轴的正半轴(坐标原点除外)上给定两点 A、B，试在 x 轴(坐标原点除外)上求点 C，使 $\angle ACB$ 取得最大值。

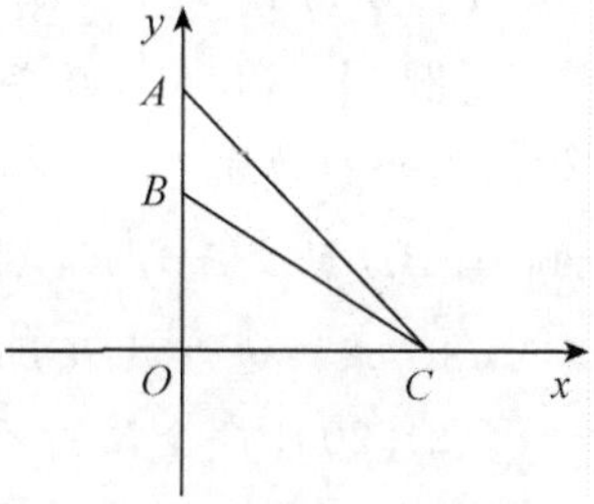

图 17

(2)(2005 天津)某人在一山坡 P 处观看对面山顶上的一座铁塔，如图 18 所示，铁塔 $BC=80$ 米，塔所在的山高 $OB=220$ 米，$OA=200$ 米，图中所示的山坡可视为直线 L 且点 P 在直线 L 上，L 与水平地面的夹角为 α，$\tan\alpha=\frac{1}{2}$。试问此人距水平地面多高时，观看铁塔的视角 $\angle BPC$ 最大？(不计此人的高度)

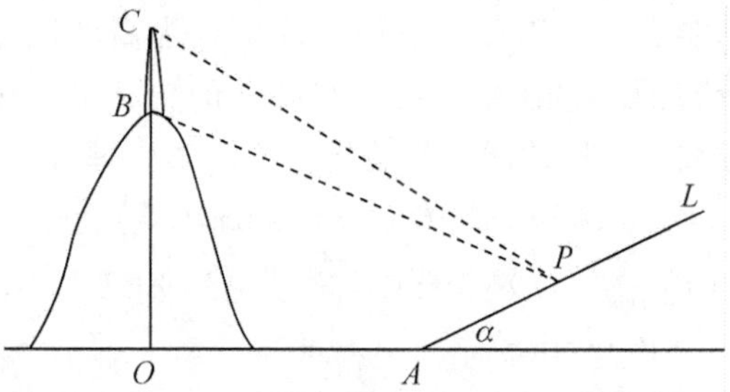

图 18

说明：例 3 中的两道高考题不但题型和解题思路完全相同，而且答案均为 B。例 4 中的两道高考试题的题型和难度相同，显然后一道是在前一道试题的基础上增加了一些生活背景，其解题的思路和方法没有多大变化。这就要求我们在高三的复习中对历年(特别是近几年)的典型高考试题进行认真的研究，让学生掌握其解题思路和方法。

【例 5】 (1)(2004 年全国高中数学联赛试题)如图 19，设点 O 在$\triangle ABC$ 内部，且$\overrightarrow{OA}+2\overrightarrow{OB}+3\overrightarrow{OC}=\vec{0}$，则$\triangle ABC$ 的面积与$\triangle AOC$ 的面积的比为(　　)

A. 2　　B. $\frac{3}{2}$

C. 3　　D. $\frac{5}{3}$

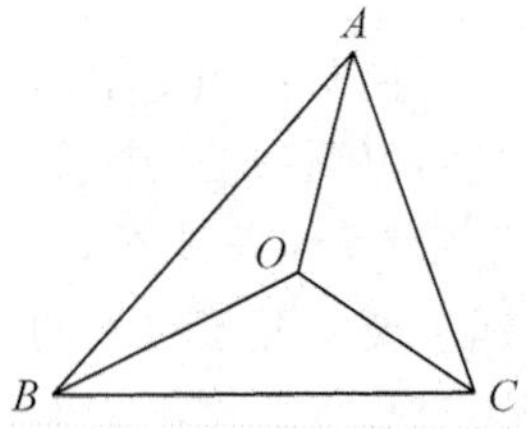

图 19

(2)(2005 湖南)设 P 是$\triangle ABC$ 内部任意一点，$S_{\triangle ABC}$表示$\triangle ABC$ 的面积，$\lambda_1=\frac{S_{\triangle PBC}}{S_{\triangle ABC}}$，$\lambda_2=\frac{S_{\triangle PCA}}{S_{\triangle ABC}}$，$\lambda_3=\frac{S_{\triangle PAB}}{S_{\triangle ABC}}$，定义 $f(P)=(\lambda_1，\lambda_2，\lambda_3)$。若 G 是$\triangle ABC$ 的重心，$f(Q)=\left(\frac{1}{2}，\frac{1}{3}，\frac{1}{6}\right)$，则(　　)

A. 点 Q 在$\triangle GAB$ 内　　B. 点 Q 在$\triangle GBC$ 内

C. 点 Q 在$\triangle GCA$ 内　　D. 点 Q 与点 G 重合

【例 6】 (1)(2000 年全国初中数学联赛试题)如图 20，已知四边形 $ABCD$ 的外接圆的半径为 2，对角线 AC 与 BD 的交点为 E，$AE=EC$，$AB=\sqrt{2}AE$，且 $BD=2\sqrt{3}$。求四边形 $ABCD$ 的面积。

(2)[2001 年全国高考试题(文)]已知圆内接四边形 $ABCD$ 的边长分别为 $AB=2$，$BC=6$，$CD=DA=4$。求四边形 $ABCD$ 的面积。

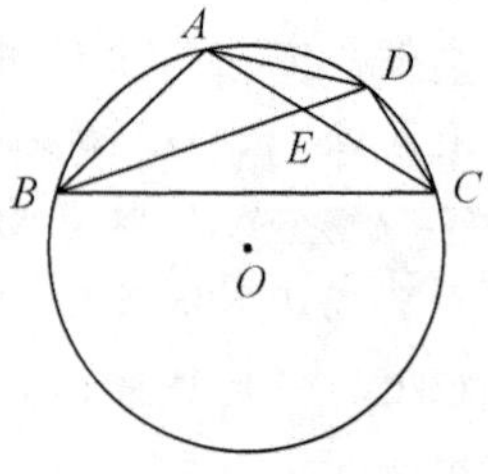

图 20

说明：例 5 中的两道试题都重点考查三角形重心的性质；例 6 中的两道试题都是考查圆内接四边形的性质，只是考查的角度与要求不同，竞赛试题主要考查学生的逻辑思维能力和逻辑推理能力，高考试题主要考查学生的逻辑思维能力和运算能力等。因此，我们有理由认为高考试题是将竞赛试题进行加工、改造而得到的。这就要求我们在高三的数学复习中，对历年的典型竞赛试题也有所研究，这样才能更好地指导高三学生进行考前综合训练。

【例 7】 (1)(2005 湖南)设 $f_0(x)=\sin x$，$f_1(x)=f'_0(x)$，$f_2(x)=f'_1(x)$，…，$f_{n+1}(x)=f'_n(x)$，$n\in\mathbf{N}$，则 $f_{2005}(x)=$(　　)

A. $\sin x$　　B. $-\sin x$　　C. $\cos x$　　D. $-\cos x$

(2)(2004 广东)设函数 $f(x)=x-\ln(x+m)$，其中常数 m 为整数。

① 当 m 为何值时，$f(x)\geqslant 0$？

② 定理：若函数 $g(x)$ 在 $[a, b]$ 上连续，且 $g(a)$ 与 $g(b)$ 异号，则至少存在一点 $x_0\in(a, b)$，使 $g(x_0)=0$。试用上述定理证明：当整数 $m>1$ 时，方程 $f(x)=0$ 在 $[e^{-m}-m, e^{2m}-m]$ 内有两个实根。

(3)［2004 年全国高考试题（全国卷Ⅲ）］已知函数 $f(x)=\ln(1+x)-x$，$g(x)=x\ln x$。

① 求函数 $f(x)$ 的最大值。

② 设 $0<a<b$，证明：$0<g(a)+g(b)-2g\left(\frac{a+b}{2}\right)<(b-a)\ln 2$。

说明：例 7(1)主要取材于高阶导数知识，(2)主要取材于高等数学知识中的微分中值定理，(3)主要取材于凸函数理论和函数建模的思想方法。这就要求我们高中数学老师对高等数学中的凸函数理论、微积分知识和函数建模的思想方法有较深入的研究，并能较好地掌握这些知识。

【例 8】 （2005 湖南·理）某城市有甲、乙、丙 3 个旅游景点，一位客人游览这 3 个景点的概率分别是 0.4、0.5、0.6，且客人是否游览哪个景点互不影响，设 ξ 表示客人离开该城市时游览的景点数与没有游览的景点数之差的绝对值。

(1)求 ξ 的分布列和数学期望。

(2)记“函数 $f(x)=x^2-3\xi x+1$ 在区间 $[2, +\infty)$ 上单调递增”为事件 A，求事件 A 的概率。

这是一道将概率知识和二次函数知识有机结合的创新试题，这类试题难度一般不会太大，深受广大中学数学教师和学生欢迎。

北京卷做到了对学生六大思维能力的考查，即空间想象能力（立体几何）、抽象概括能力（创新题型）、推理论证能力（创新题型）、运算求解能力（导数）、数据处理能力（概率统计）、分析问题和解决问题的能力（压轴题）。

如 2012 年北京卷第 8 题考查数列前 n 项和与平均值关系的问题，只要细读一下、图象分析一下就没有问题了，此题主要考查数列与函数本质的理解。

2012 年北京卷第 14 题是一个二次函数根分布的问题，其中两个条件给得也很简单：对任意 x 在实数上，$f(x)<0$ 或 $g(x)<0$，由于 $g(x)$ 已经给出，马上就能分析出 $f(x)$ 的一个根的分布，同时根据第二个条件得出第二个根的分布，这样答案就出来了。

上面两道创新题反映出新课标创新题型更趋近与知识点相结合去考查知识思维体系，同时都是以函数为载体的考查，反映出函数体系在高中知识体系中依然是最重要的部分之一，考生需要深入理解函数思想。总之，我们通过对历年高考试题的深入研究，弄清楚这些试题的来源和命题者的考查意图，这样有助于把握高考的复习方向和有针对性地进行综合训练，帮助学生在高考中取得优异成绩。

（二）细究错因，科学讲评

看到考试试卷，应思考学生会怎么做题，老师怎么讲解。书面考试作为一种常用的评价方式，试卷评讲就是教学中的一个重要环节。每当一个章节或一个单元学完之后，就要进行目标达成的检测或诊断性的测试，特别是在期中、期末或中考复习阶段，做试卷、讲评试卷几乎成了课堂的主要内容。试卷讲评的根本目的是纠正错误，分析得失，巩固知识，查漏补缺，并让学生学会分析和解决问题的方法，规范解题，熟练技巧，开阔思路，培养学生的解题能力。那么考试结束后应如何进行试卷讲评呢？

1. 对试卷讲评课的认识

试卷需要讲评，“讲什么”“怎样讲”能够反映出一个教师教学理念的优劣、教学技能的高低。一般来说，有下列几种情形：讲答案、讲题意、讲思路、讲方法、讲错因、讲联系、讲创新。

讲答案是最省力、最省时的讲法。教师抄上试题的答案，让学生在课后自我消化。如果学生有良好的学习习惯和较强的自学能力，用这个方法自然不错。而事实上，这是在教师认为题目比较简单，或者时间少的情况下采用的，其最大的弊端是忽略了对学生学习方法、学习技能的培养。因此，应该说只讲答案的试卷讲评是最差的讲评。如果学生有答案在手，他可能认为自己都会了，从而不去听课。

讲题意、讲思路、讲方法比讲答案自然高出一筹，这些方法的最大好处就是让学生了解解题的过程，学会审题、解题、辨题的技能。要学会解题首先要学审题，而学会审题就必须明白题意，甚至明白出题者深层次的用意。善于审题的人也善于辨题，所谓辨题指的是分辨题目的优劣，好的试卷表现在科学性、启发性、灵活性都不差。因此，要上好试卷讲评课，讲题意、讲思路、讲方法是必需的。

讲联系、讲创新应该说讲评课的最高境界。一般教师只能围绕一道题讲好题意、讲清思路、讲明方法，但要从一道题中跳出去讲联系、讲创新并非易事，因为它要求教师心中装的不是一道题，而是许多题，而且是同类的题，教师通过讲一道题而让学生掌握一类题，从一个知识点，联系到整个知识网。创新地讲要求在这个基础上，通过教师启发式的讲评，激发学生的创新思维，促使学生讲出教师讲不出的思路与方法，做到解题有创新。

2. 抓准最佳时机，讲评要有针对性

有些教师为了反馈及时，往往是批阅完试卷后发下就立即讲评，认为学生刚做完还没忘，效果要好一些。其实不然，因为你这时去讲，往往是讲学生做错的一些题目，而事实上学生做错的题目并不一定不会，很可能学生看后很快就能自己解决，有的甚至在刚交上试卷时就明白是怎么回事了。像这样学生通过自己的思考、领悟就能弄明白的题目，无须教师去讲。教师应在发下试卷后留给学生一定的时间，让他们自己去思考、去更正，确实解决不了的再由教师去讲。如果教师在讲评试卷时面面俱到，逐题讲评，这样既造成时间上的浪费，又会使课堂平淡乏味。因此，教师在试卷分析的基础上，应对学生的普遍性错误及原因做到心中有数，选取有代表性、普遍性的问题，进行重点备课和讲评，并以此为突破口，举一反三，从多个侧面、多个角度进行合理发散，这样才能有的放矢，对症下药，收到事半功倍的效果。对错误率较低的题则只需蜻蜓点水或课后个别指导，真正体现"因材施教，因人而异"的教学原则，这样讲评的时间可得到保证，效果也更明显。

3. 试卷讲评课的几点做法

(1)查。在试卷讲评前教师要做好测试情况的统计与分析，提高针对性和实效性，学生要做到自查存在的问题及原因。

试卷讲评课教师首先得对试卷进行认真的分析，明确学生在哪些方面学习基础好，哪些方面知识有缺陷，从客观上分析试卷，研究学生基础知识与学习能力情况，明确当前的教学基本情况及改正的意见。要么不考，要考就得评，要评就得评好，在学生的试卷批好后，要做大量的统计工作。比如选择题，每一小题的错误率是多少，哪些学生的错误较多；再如，对于主观性题目，分别统计出每一小题的得分量，然后分析学生错误的原因，以便了解学生知识和能力的缺陷及教师在教学中存在的问题。只有在教学双方彼此了解的前提下，试卷讲评课才会更具针对性和实效性。试卷发下去后，要给学生一定的时间订正，自查存在的问题及原因。要求学生做到在教师讲评试卷之前，明确自己出错的原因及对应哪个知识点。

(2)评。学生自评和教师总评。

学生在教师讲评试卷前通过自评的方法先对试卷进行订正，对于一些问题要在教师讲评之前自己弄懂。教师在讲评试卷时可以针对试卷的整体难度和学生的总体考试情况向学生说明，让学生知道自己的学习掌握情况。教师在试卷讲评时要照顾一般，突出重点。

(3)讲。试卷讲评要重视方法，发展学生的思维，并且分析典型错例，找到解决问题的办法。

数学解题渗透了不同的思维方法，培养学生思维能力是贯穿数学教学全过程的首要任务，因此方法是关键，发展学生思维是核心。讲评试卷的最终目的是让学生的思维能力得到发展，使他们分析与解决问题的能力也得到提高。讲评的过程要突出数学方法，寓方法于具体讲评中，依据题目类型的不同，恰如其分地渗入科学的数学思想方法。

一些试题有多种解法，对于这类题，应通过讲评展示不同的解法。现代教学理论认为，学生是教学过程的主体，要想方设法调动其主观能动性，把蕴藏于学生身上的巨大学习潜力挖掘出来。教学实践表明让学生上讲台说出自己正确的解法，让其体验“小老师”的成功感，既能激发“尖子生”探索的兴趣和思维的欲望，又加深了学生对知识的理解。除了要发现学生不同的解法外，教师自身还应寻找多种解法。必须指出的是，这并不是简单地罗列解法，而是重在思路的分析和解法的对比，总结其不同的特点，从中揭示最简或最佳的解法。

一般说来，统计中错误最多的应是试卷讲评的重点，我们要对典型错例进行分析、讲评。当然有的题虽是少数学生出错，但对其他学生有所启发，这类题也要重点讲评。在讲评试卷时，不应该也不必平均使用力量，有些可以“点到即止”，有些则要“仔细分析”。对涉及重难点知识及能力要求较高的试题要适当“照顾”；对学生出错率较高的要“对症下药”。因此，为了在讲评中实现上述目标，教师在讲评之前除了要做好统计分析，还要精心设计讲评思路。

事实上，很多试题都能在课本中找到影子，因此在讲评的过程中常回课本看看特别重要。

(4)练。试卷讲评要多导精讲，激发学生的创新意识。

联系地讲、创新地讲是我们教师的追求与目标，而这个目标的实现与怎样讲有密切的关联。评析试卷是在学生已有知识基础上进行的教学活动，教师要用启发性的语言和问题，引导学生展开联想，积极思考，探求创新的解法，以培养学生举一反三的能力。同时针对错题要有意识地再做一些相同类型的题目。要做到在教师的启发诱导下，学生的创新意识得到发展。这就是试卷讲评课所要达到的效果。

(5)思。试卷讲评要引导学生评后反思，扩大讲评的成果。同时教师也要不断总结，不断反思。

教师要注意帮助学生做好试卷的自我分析、自我反思。教师的试卷讲评是针对全体同学的，而每个学生的情况各不相同。因此，在试卷讲评后，一定要引导学生及时进行试卷自我分析、自我反思，借此让学生再次反思自己做错某些题目的原因，并采取相应的改进措施，以免类似错误一犯再犯。

试卷讲评课不能以试卷上的题目讲评完为结束，教师应利用学生的思维惯性，引导学生做进一步的反思和探索，以便获得更好的效果。可以从以下方面入手：

① 要求学生回顾某些试题的分析过程，从解题方法中再思考。

通过回顾，使学生体会某些分析方法的普遍应用性，促使学生对这些思想方法进行再认识，并将对其的认识上升到一个新的高度。

② 要求学生回顾某些试题的最后结果，从最后结果的适用范围进行再思考。

③ 对某些试题进行数学情境和数量的改造，要求学生再思考。

在原题的基础上进行多角度的改造，使旧题适当换上“新衣”，是培养学生思维发散能力的常用途径。将试卷上的某些试题改造后留给学生再思考，可进一步扩大讲评的效果。

总之，教师在讲评过程中要力求精讲精析，抓住典型的错例，择其要点加以点拨，充分启发学生思考，对重要的解题思维和方法进行有效的归纳与训练。还要做到学生练后再讲，至少要思考后再讲。对错题的讲解也要表扬后再讲，方能取得意想不到的效果。

4. 试卷讲评讲究激励性原则

考试以后，学生的情感经常表现出强烈的两极性，一场考试常会引出一些意想不到的结果。在试卷讲评时，不可忽视各类学生的心理状态，要用好激励手段。对各种优点的表扬要因人而异，让受表扬者既有动力又有压力，对存在的问题提出善意批评的同时，应包含殷切的期望，使学生都能面对现实，找到自己努力的目标，振作精神，积极地投入到下一阶段的复习中。我认为在讲评课开始时应对成绩好、进步快的学生提出表扬，鼓励其再接再厉，再创佳绩。讲评过程中，对学生的答卷优点应大加推崇。如卷面整洁、解题规范；思路清晰、思维敏捷；解法有独到之外、有创造性等。讲解时可将试卷中出现的好的解题思路、方法用投影展示于课堂，也可由学生讲解。讲评后可将特别优秀的答卷加上点评张贴在“学习园地”，供全班学生效仿、借鉴。

5. 提倡试卷讲评主体多元化

讲评课应体现“教师为主导，学生为主体”的教学原则。在讲评过程中教师应以灵活多样的形式调节课堂气氛，调动学生积极参与。试题讲评课务必要给学生创设表述思维过程的机会，教师切忌读题、分析、解答一人包办，目中无人，一讲到底。

(1)学生自纠，突自我发现

对一些学生因粗心大意造成的或由老师批阅“×”的提醒能自己明白改正的，教师可充分利用主导地位调动学生积极参与发现问题，纠正错误，促进学生自我评价和独立纠正失误能力的提高。

(2)同伴互助，展学生风采

对于一部分学生的疑点、难点问题，可采用生生互动的方式，让优秀生解疑、释难，教师归纳总结。采用学生展示的方法，可提高学生的积极性。一方面学生听同伴讲，听得认真；另一方面学生讲，讲得带劲。事先要求讲解学生做好准备，明天(或下节课)讲，讲的学生激动不已，期待中带有紧张。听的学生也激动和期待，营造了一种认真、宽松的课堂氛围。这样每位学生根据自己的基础、水平，各有所获。但这对教师的课堂驾驭能力要求较高，要对学生的讲解评价拿捏得准，讲解问题要简洁、正确、思路清晰。这既锻炼了学生的胆量，同时又培养了学生的表达能力。

数学试卷讲评课的有效教学必须做到准备要充分，教法要灵活，反思要落实，渠道要多样，要通过变换不同的教学方式、评价形式，使得数学试卷讲评课常评常新，充分调动学生参与的积极性，使学生学会自主学习，养成良好的反思习惯，发展能力，树立信心。

（三）作业批改，高效合理

作业批改是对课堂教学的补充与提高，对于数学老师指导学生学习、检查教学效果、调整教学方案，发挥着至关重要的作用。对数学作业的批改，许多老师习惯于“全批全改”，用“√”“×”来评判正误，采用百分制量分或打等级。但这样做弊端多多，一是教师花费在评改作业上的时间过多，二是学生完全处于被动地位，三是师生双方获得的信息失真度很大……如何更好地通过有效的批改发挥师生双主体作用，是一个至关重要的问题。下面以作业批改为例谈一谈我的看法。

1. 批改方式多样

(1)全批全改。数学课堂作业本要求全批全改，这是老师对待学生最具责任心的体现，在全面了解每位学生作业的情况下，十分利于对作业进行针对性的讲评。

(2)学生互批。有些课堂作业，教师必须在第一时间了解学生的掌握情况，以利于下一教学环节的展开，此时就可以发动学生互批。把不同水平的学生安排成前后桌，每四人组成一个小组。课前几分钟由教师提供参考答案，小组内互相批改，并把批改的情况向老师汇报。老师对批改后的作业要进行抽查，了解作业和批改的情况，对作业中存在的明显问题要复批或面批。

(3)当堂面批。除了课后作业需收上来以后批，其他能当堂批的就应该当堂面批，便于指出学生个性化的错误。简单的作业可当堂集中批改。

(4)交叉批改。有些综合性的练习卷也可以学生交叉批改，既是教师讲评卷子，又是学生批改卷子，一举两得。但如果是同桌互批学生往往过多地关心自己的卷子，不能全心全意批改好同学的卷子，因此可采用跨大组的交叉批改。

(5)教师抽批。每天随机地在班里抽取某几列或某几大组，外加一些不太自觉的同学的作业仔细批改，指出错误所在，及时地发现问题、纠正问题，使学生明白作业的错误所在。

(6)师生“会诊”。对作业中出现的典型错题进行师生联合“会诊”，分析错误原因，提出正确答案供学生参阅。对做题方法新颖巧妙、思路简捷、一题多解等典型范例，及时进行全班交流。

2. 加上恰当评语

加上评语便于学生更清楚地了解自己作业中的优缺点，还可加强师生间的交流，促进学生各方面和谐统一地进步。

(1)方法指导

当学生作业中出现审题、计算、观察、分析、判断等方面的错误时，教师可在错误的地方做上某种提示符号，让学生自己思考、改正，也可用评语指导学生对自己的解答过程进行自查，写上“运算顺序对吗”“把定义搞清楚再做”等。

有的题目可用多种解法而学生只采用了一种，教师就可在旁边写上“爱动脑筋的你肯定还有高招!”等。这样的评语利于激发学生的创新意识，让学生大胆地想和做。

(2)激励学生

对于作业做得又对又好的学生，除了打上分数或等级外，还可写上各种鼓励性评语。对这类评语，学生充满了兴趣，学习数学的优势得到了顺势迁移。

有的学生经常由于粗心而出错，教师应肯定其长处，增强其自信，再提出希望，如“和细心交朋友!”等。这样，既不打击其自信，又利于学生纠正不良倾向，逐步养成严谨的治学态度。

教师更要善于挖掘作业质量特别差的学生的闪光点，以鼓励性言语调动他们的积极性。如：“你一定能行!”“再细心一些，准行!”

3. 革新作业评价

(1)多元主体

批改课堂作业能及时反馈教学质量，便于老师有效了解学生掌握知识与技能的情况。对课堂作业进行多元化的评价，可以调动学生主动解决问题、主动探讨解题方法的积极性。

①教师评价。教师的评价直接影响学生学习的情绪和学习的兴趣。对学生有独特解法的地方，应多用激励性语言评价。如“你的思维真灵活”等。对学生不足的地方，则要用发展性语言评价。如“我相信你再想一会儿，一定会想出正确答案”等。

②学生自评，同桌互评。一些比较基础的课堂练习，可以放手让学生先自我评价，再同桌互评。内省与反思，有利于调动学生的内动力，让学生养成练习后能自我反思的好习惯；同桌互评，有利于学生与学生之间的交流，使学生在交流中悟出真理。

③小组互评。对于课堂上一些拓展性的练习，可先让学生独立思考完成后，再小组讨论，互相评价学习结果，最后再由教师进一步评价。这样的评

价方式，给学生营造了一个和谐团结的学习氛围。在相互交流中，以优带差，达到互相促进、互相激励的目的。

(2)分项评价

一篇好的作业是多种指标的综合体现。原有的优、良、及格等级制或百分制千篇一律，教师可以在原有的基础上加以分级。例如，可用“A”“B”“C”等来表示。“A”主要看解题过程依据是否合理，步骤是否完整，结果是否正确；“B”主要看所用文字、符号、图形是否正确，书写是否整洁，作业格式是否规范；“C”主要看是否具有创新精神，是否有自己独到的见解。

(3)延迟评价

学生的知识基础、智力水平和学习态度是不平衡的，即使是优生也可能有失误的时候。当学生的作业错误过多时，为了避免学生作业等级太低，心理压力太大，以及产生知识上的脱节和恶性循环，可以采取延迟评价等级的批改策略。等学生弄清了错误原因，补充了欠缺的知识，将作业重做之后，再进行评判。

(4)一题多评

认知是一个循序渐进的过程。许多学生难以通过一次作业就达到较高水平，得到自己满意的等级。为了调动学生进一步提高作业质量的积极性，我们可以采取一题多评，逐次提高等级的批改策略。当作业发给学生后，如果他们能够纠正错误，弥补不足，或者补充更好的解题方法，就可以视情况提高等级，调动其积极性。

总之，批改数学作业作为数学课堂教学的延伸，我们不应继续迷恋于传统的批改方式，而应顺应课程改革的潮流，巧妙革新作业的批改方式，加上人性化的评语，及时改变作业的评价方法。

(四)问题意识，悉心培养

社会需要具有探求精神、创新思想、创造与实践能力的人才。传统教育难以培养出适应21世纪知识经济时代的人才，面对这种要求，国家已经开始全面贯彻素质教育改革。随着这种改革的深入，教师在课堂上要做一个组织者，有效地创造情境，调动学生学习的积极性，引导学生去发现问题，提出问题。提出问题是开启学生心智的大门，是培养学生自主探究的起点。但学生提出问题的能力，不是自然而然地形成的，其形成及提高在很大程度上取决于教师的培养与引导。那么应该如何培养学生提出问题的能力呢？

1. 建立民主平等的师生关系，让学生解放思想，敢于“提出问题”

传统师生关系是一种“我讲你听”的专制型关系，教师对学生来说有着无可辩驳的真理和权威性，学生服从教师是天经地义的。这种不平等的师生关系必然导致学生的被动性和消极态度。学生不愿意向教师提出问题，也不敢提。怕在课堂上提出问题会影响教师的教学程序，而挨教师的批评；怕提出的问题不成问题而成为同学们的笑料；怕提出的问题毫无价值而被人瞧不起。现代的师生关系要求教师要尊重学生的人格、平等地对待学生、热爱学生。这就要求教师在教学中要建立民主、平等、亲切、和谐的师生关系，营造一个良好的质疑氛围，激发学生"提出问题"的兴趣和勇气。教师要鼓励学生大胆地猜想，大胆地怀疑，提出自己的问题。对待学生提出的问题，只要是有思考价值的问题，无论是教师能回答的，还是不能回答的，教师都应该积极地引导学生共同解决问题。对于好问但总是抓不住要点的学生，不嘲笑、不讽刺，而应耐心引导。教师只有放下身段和学生做朋友，才能创造一个民主、平等的学习空间，给学生勇气提出问题、探讨问题。

2. 营造发现问题的氛围，鼓励学生主动大胆"提出问题"

"学贵有疑，小疑则小进，大疑则大进。"课堂上教师要给学生解惑，首先要让学生乐于提问，要为学生创设提问题的情境，营造发现问题的氛围，激发学生的好奇心，使学生产生提问题的欲望。但是有些教师自己备课不充分，害怕学生提问，唯恐回答不出学生的问题，丧失了自己的威信。对于这一点我个人认为，教师答不出学生的问题并不是丢脸的事情。孔子有云"三人行，必有我师"，在课堂上面对众多学生的问题，我们不可能全部回答上来。

我在教学中也会遇到这种情况，每当这个时候，我不是胡乱搪塞过去，而是很友好地告诉学生："这个问题我下课后和其他老师商量一下再给你答案，顺便你自己也继续思考，看谁先找到答案，好吗?"这样一来学生不但不会瞧不起老师，而且会更加积极探究问题的答案，和老师比赛。

其次，教师在备课中要善于分析高中学生的心理活动。高中生往往不像小学生、初中生那样思想单纯、课堂气氛活跃。高中生的课堂气氛往往死气沉沉，学生都不太愿意回答问题，更谈不上提出问题。因此，教师要故意设置一些问题情境，让学生自主地发现问题、探究问题。数学枯燥无味的学科特点也决定了它不像其他学科那么形象、生动，在创设问题情境时，教师可充分利用现代化的教学手段(例如幻灯片、多媒体或直观教具等)，使枯燥问题趣味化、静态问题动态化、抽象问题具体化、形象问题直观化等，应用这些方法不断激发学生的学习动机，使学生能够发自内心地想提问，大胆地质疑，发表自己的见解，主动提出自己的问题。

3. 改进教学方式，培养顽强的质疑精神，让学生会"提出问题"

不可否认，部分教师在更多的时候采用的是注入式教学，教师习惯于讲解或注入现成结论，不习惯让学生通过自己的实践和探索，总结出新的原理和方法，使学生丧失了发现问题、提出问题的机会，阻碍了学生知识网络和认知结构的形成，容易造成学生的惰性心理和依赖思想。要培养学生提出问题的能力，除了要让学生想问、敢问外，还要让学生知道从何而问、如何问。

首先，要确立一个可以探究的问题。教师根据教学要求、教学内容以及学生的知识和能力水平的实际选择要探究的问题。问题应有一定的难度和探究价值，需要学生运用已学的多方面的知识，提出多方面的假设，并多方思考才能解决。

其次，教师还可以借助课本这一重要资源，让学生善于从中挖掘问题。另外，教师还要善于引导学生从日常生活中提出问题，引导学生从知识与经验的矛盾中提出问题，引导学生从“追因求果”中提出问题，教学中教会学生自己平时多问“为什么”“这个题目还有更好的解决方案吗”“从中能归纳出一般的规律吗”等，这样不仅能培养学生提出问题的勇气和能力，还能让学生养成爱提问题的良好习惯。平时教师坚持这样做，学生自然潜移默化，学会向教师或同学发问。

总之，“提出问题”是创造的前提，是激发创造性思维的最好途径。教师要善于培养学生“提出问题”的能力，帮助学生克服学习中的困难，提高学生挖掘问题的能力，这样既有利于增强学生主体参与意识，激发学生兴趣，又有利于教师及时了解学生的思维状态。在问题交流的过程中，师生的思维相互碰撞、相互启发，最终达到教与学的和谐统一。

换位思考之反馈篇

——学生、教师眼中的王志伟老师

2014年1月17日，《新东城报》对我做了专题报道：

王志伟，北京市第一中学数学教师，1982年走上教师岗位，1983年担任班主任至今。2003年王志伟被评为特级教师，2010年10月荣获紫禁杯优秀班主任特等奖，2012年和2013年先后被评为东城区人民教师和北京市优秀教师，王志伟成为东城教育系统内为数不多的“双特教师”。

“无为而治”的教育智慧

均衡优质教育资源，让更多孩子平等地享有好的师资和环境……当前，关于教育公平的讨论不绝于耳。然而，抛开大环境，在校园内，教育公平也每时每刻在以极其细微的方式体现着。

老师面对学困生提问的语气、对待问题生的态度、对待听话学生和淘气学生不同的表现……课堂里，教育公平细微地体现在老师的语气、表情甚至一个眼神中。作为有着31年一线教学经验的班主任，北京一中教师王志伟用“无为而治”的理念秉承着自己对教育公平的理解。“无为而治”即尊重学生的发展规律，无差别地对待每一个孩子。因为无差别对待、不妄为，教育的阳光温暖地照亮了每一个孩子的成长之路。

顺应规律即“无为”

“无为而治”出自老子，是道家的基本思想。“无为而治”有多层意思，其中第一层意思即遵循事物的自然趋势而为，不妄为。教师不妄为、尊重每个学生的成长规律和个性特点，这也正是王志伟对教育公平的理解。

“老师要做到真正公平、公正地对待每一个学生，放下个人的喜好是很难的事情。因为学生都来自不同的家庭，成长环境不一样，个性特点就会不一样。又比如，男班主任可能对女学生会相对宽容一些，对男孩子会严厉一些；同样犯了错，成绩好的学生也许更容易得到老师的谅解。这些都是影响公平的因素。”王志伟说，从上课的第一天开始，他就开始思考，老师怎样才能真正公平地对待每一个孩子？正是因为知道影响公平的因素太多，所以无论在教学还是和孩子的日常接触中，他都会更加小心地注意自己对待每一个孩子的言行、表情甚至是语气。

有一个教育案例给王志伟留下了深刻印象。一次，一位学生家长特意到学校向他表示感谢。那位家长告诉王志伟，自己的孩子比较淘气，因为以前的班主任对待孩子不公平，孩子的性格慢慢变得抑郁了。孩子上高中进入王志伟的班级后，不到一年的时间，性格又渐渐开朗了，家长很感动。

“说实话，刚听到家长说这事的时候我还有些吃惊，原来这个孩子之前是这样的，我竟然没有发现。”王志伟说，他其实对那个孩子并没有过分地关注，更没有特意做过些什么，而是对他就像对其他孩子一样，正常地交流、正常地关注，但或许正是因为没有特意做过什么，反而让孩子的心态慢慢放轻松、放平了。

“我相信每一个老师都是爱学生的，比如有些老师发现了孩子的毛病就容易揪着学生的问题不放手，或者过分关注，这时候产生的不公平现象或许连老师自己都没有意识到，而老师的这种过分关注往往容易造成学生过重的心理负担。”王志伟说，这件事也让他再次思考了公平的含义，公平不仅需要老师爱学生，更需要老师有包容的胸襟。

小洁变了

青春期的孩子容易出现叛逆心理，老师强势的打压和过分关注往往会让孩子的叛逆心理愈演愈烈。在王志伟“无为而治”的教育理念下，学生们没有被贴上“三六九等”的标签。更可贵的是，无论是“放手”还是“出手”，王志伟都让孩子感受到了老师温和、一视同仁的关爱。

聪明的小洁是一个为人仗义的女孩。因为父母工作都在外地，小洁的性格渐渐叛逆起来，跟父母的关系也渐行渐远。一次，和父亲走过一条街道时，小洁不经意地和父亲说了一句话：“你知道吗？这条街归我管。”小洁这句不太经意的话却让父亲感到了深深的震动甚至害怕，还是高中生的女儿怎么会说出这种话？虽然父母操碎了心，但小洁仍然没有回到“正轨”上来，心急如焚的父母也渐渐灰心了。

或许是看到了父母因为自己日渐憔悴的面庞，或许是受到了班集体积极向上氛围的影响，或许是因为年龄的增长，升入高二的小洁突然懂事了。这样的变化最先出现在王志伟所教的数学课上。

“小洁很聪明，但过去她几乎不怎么用心学习，那段时间在数学课上她突然变得积极主动了。”王志伟说，这个变化让他看到了希望。在王志伟的引导和鼓励下，小洁成了数学学科上的优等生，她看到了自己的闪光点。随后，在一次班会课上，王志伟又主动提出让小洁代表全班同学发言。当天小洁的发言特别感人，在发言中小洁特别提到了自己的父母，她为过去的不懂事向父母表达了深深的歉意。登上了“先进”讲台的小洁在高考中也取得了优异成绩。

“无为而治就是尽量包容学生的一切缺点，在小洁最叛逆的时候我没有把她当成问题生重点盯防，在她主动转变的时候我迅速地抓住了教育契机，扶了她一把。”王志伟说，促使小洁变化的一个重要原因就是老师和同学从来没有把她当成问题生来评价和看待，相反，在一个充满正能量、没有差异眼光的班级里，她越来越多地感受到来自同伴们青春向上的力量。

原来班主任可以这样当

王志伟的“无为而治”不仅让学生获得了宽松、平等的成长环境，也让他自己从班主任琐碎的工作中解脱出来，这也让担任了30多年班主任的王志伟始终处于一种充满幸福感的职业状态中。

在很多班主任看来，班主任工作劳累的原因之一就是要时刻盯着学生，但王志伟当班主任却几乎很少盯孩子。不用盯孩子，班主任相对轻松了，而王志伟所教班级的各项评比却还都是学校第一名，同事们都很好奇，王志伟是怎样做到的？

王志伟的管理诀窍就是先紧后松。“在孩子入学之初我会推行严格的养成教育。如果学生们一入学就养成了良好习惯，他们就会形成自己的判断力，体会到班集体的荣誉感，那么很多事情，学生完全有能力自我管理，他们不仅会管理得很好，还会非常珍惜老师给予的这种信任。”王志伟说。

为了让刚进入高一的学生体会到安静学习的力量，王志伟在班上制定了一个近乎苛刻的规定：自习课上不准学生问问题。“教室可以安静到什么程度？很多学生其实从来没有体验过，我就是希望学生们可以体会到安静的力量。”王志伟说，虽然一开始很多同学不适应，但是渐渐地，学生们体会到安静的时候学习效率是最高的，尝到“甜头”后，学生们开始自觉、自发地来维护这种安静。在这种非常安静的环境下，个别喜欢“违规”的学生也不好意思“违规”了。因为高一打下了基础，从此，高中的所有自习时间都成为学生们自我管理的阵地。

“其实我的这个做法并不是所有老师都会认同，因为孩子在自习时间问问题或者互相讨论其实也是正当的，只是我希望学生们能在安静的自习时间中体会到安静学习的力量，同时也学会自我约束。”王志伟说。

有着31年班主任工作经验，已经年过半百的王志伟说，老师的幸福其实很简单，因为孩子的一点儿进步就足以让你高兴得手舞足蹈。“没有一个父母会放弃自己的孩子，老师就是这样。”怀着一颗平常心在教育之路前行的王志伟不仅收获了自己的职业幸福，也让每个孩子得以在老师平等的关爱中成长。

（记者　张慧）

双特教师

——记我的师父王志伟老师

我的师父王志伟老师，被我们尊称为“双特”教师——北京市数学特级教师，紫禁杯优秀班主任特等奖。他是一名年轻的老特级教师，40 岁就被授予了特级教师的荣誉称号。一晃 15 年过去了，早已桃李满天下的他，挂在嘴边的却依然是那句“雄关漫道真如铁，而今迈步从头越。”

在日常的教学工作中，王老师总是紧跟数学课程标准改革的步伐，认真钻研数学教学新理念，备好、上好每一节数学课。听他的课就像品一杯清茶，百年佳酿，品味悠长，总有一种淡到极致的美，不急不躁，不温不火，款步有声，舒缓有序。几个小徒弟跟着他听课，搬着小凳子，扎进教室就是三年，一晃一轮，个个出来都响当当，独挑大梁。这几年北京一中数学组成长得特别快，市区教师基本功大赛获奖，市区骨干、教育新秀不断产生，这些成绩都离不开王老师的帮助。

2012 年，我代表东城区参加北京市高中数学教师基本功大赛，赛前准备《随机事件的概率》一课。这节概念课不好讲，特别是如何引出“随机性与规律性”的关系。正在困惑时，王老师给我讲了一个《上帝不掷骰子》的故事。“这个故事源于一段量子物理学史话。爱因斯坦认为粒子运动应该是确定的，不会像掷骰子那样不确定。爱因斯坦提出这个观点是针对玻尔的，玻尔关于量子力学的概率论解释不论是在理论上还是实践上都取得了相当大的成功。更重要的一点是，玻尔是以频率为基础来理解概率的。”听王老师娓娓道来这些故事，就像如数家珍，让我不禁由衷地钦佩。“上帝不掷骰子”这句话本身即有深层次的数学意义与哲学思考。回想当年的争论，爱因斯坦作为 20 世纪最伟大的物理学家，为什么会被这种问题困扰呢？偶然与必然、随机与确定又有怎样的规律与联系？上帝掷不掷骰子给我们留下更多的思考！正是在王老师的启发下，我以“上帝掷硬币吗?”为出发点，引发学生讨论，取得了超出数学教学本身的教学收获。

2014 年，我代表学校去内蒙古自治区进行教学交流，活动主题是“‘同课异构’理论下新课导入方式研究”。双方商量以“均值不等式”为题同课异构。这下难住我了，北京市使用的是人民教育出版社 A 版教材，内蒙古自治区使用的是人民教育出版社 B 版教材，两版教材的引例都不能用。“有困难找师父。”这次王老师让我自己构造一个图形：已知一个长为 a、宽为 b 的长方形，现提出三个不同的条件，请分别构造边长为 x 的正方形，求 x 的值。①正方形和长方形的周长相等；②正方形和长方形的面积相等；③正方形和长方形的对角线相等。这种数形结合的引入方法让我眼前一亮。匠心独运的引入设计，也成为我教学设计的关键。

我常常感叹自己是何等幸运，刚一从事教学工作，就能遇到王老师。教学中的每一次迷惘与焦躁、不安与困惑，都能在师父那儿得到化解。而他对青年教师的要求也总是精益求精，并深刻地感染着我们。他给我们的不仅是教学上的经验，更多的是一种“学高为师，身正为范”的精神传承。

（作者：艾英　北京一中副校长）

是你，曾点起一盏烛火

1995 年秋天，我开始读高中二年级。和班里几位同学一起，因为分文理班的缘故，从原来的高一(5)班转到高二(8)班。原高一的班号因为有两个班被拆开而与从前不同，高一(5)班在我们选择文科出来之后变成了高二(3)班，这时的高二(8)班与原来的班号完全没有关系，是一个全新的集体，聚集了喜欢文科和不得不上文科的部分同学，任教各科的老师也都是重新架构起来的。同样的新集体还有隔壁教室的高二(7)班。

我这么不厌其烦地陈述这些其实司空见惯的变化，不完全是成年之后沉醉于回忆的絮叨，而是分班对我的影响实在很大，不夸张地说，这是我人生一次重要的转折点。大约是从这个时候起，我越来越多地思考自己的未来，尽量做出适宜的生涯规划，文、理科是必须面对的第一个重要选择。我还记得中考结束之后在中专与高中之间的取舍，但那是顺序进行可以兼顾的，而如今是要强迫自己确定将来要走的道路，至少是方向，毕竟从文科再转到理科的难度不是我能突破得了的。我选择了文科，也没有辜负自己的选择。

文科生想必是有些文科生的特点，于我自身来看，文科的几个学科学得略好些，而理科差些绝对不可否认。文科生的理科其实就是数学(那时候是分几何与代数的)。我还记得自己的数学成绩可以把平均分(自己的各科平均，那时候用这个分数来确定学习最差的学科应该达到的最低分数，这是我们的发明，其实也没想过什么道理，只要能给自己一个切实的目标，看起来又不那么遥不可及就行了)往下拉很多，经常是数学之外成绩最低的学科分数也不会低于平均分。

我很庆幸，遇到了我的班主任王志伟老师，他是数学老师，教我们几何。我的庆幸其实也是班里很多同学的庆幸，我们都发现在王老师的课上，我们都可以找到自己能够接受的方法。我到现在还记得那时候上课的情形，常常是这样：上课铃响前几分钟，王老师带一块木质的大三角板，上面托着一盒粉笔，不记得带什么教案或者教材。到上课的时候，他先画一幅图在黑板的最左侧，比如立方体 $ABCD-A'B'C'D'$，然后缓缓地说出一组组数据，边说边在图中做出标记，最后提出要求。经过短暂的沉默，他会开始要求同学说出自己的想法。这时候往往是数学成绩突出的那些同学大显身手的时候，我只有默默地听着，他们的方法对我来说太过简单直接，我几乎从来不会那么顺利地想到，也不会很快地理解。但是我却并不着急，就算那些奇思妙想再精彩绝伦，也不是我的，我会耐心地等着，就算没有任何人提起，王老师也会把最基础、最容易理解的解题思路展示出来。这种思路在我看来才最亲切，因为我能理解，能真正听得懂，就像熟识的朋友。那些世家子弟的绫罗绸缎自然潇洒飘逸，却不是我们平民小户所能欣赏的，人家也许看不上我们，不过有什么关系呢？我们粗陋的葛衣布袍更加闲适自在。我知道真到比较的时候，比的是暖和，而不是华丽。这样的第一道题往往只是初阶，接下来我们还会面对几次“变式”的考验，就像那个立方体一样，它有不同的点线面，也有观察的不同角度，它会在我们的课堂上旋转起来，不遗漏任何“死角”，直到我们的思考也“八面玲珑”起来，它才完成自己的任务，躲到笔记本的角落里去休息。而那样轻松地驱策它，就是王老师教给我们的拿手好戏。

当然，我们还会生出很多新问题，在自习课上向老师请教，多数是几何，有时候也会问代数。《学记》说：“善待问者如撞钟，叩之以小者则小鸣，叩之以大者则大鸣，待其从容，然后尽其声”，我想这就是我们在提问后得到解答时最真切的感受。

我得承认，这些回忆恐怕免不了有些是回忆过程中“丰富”进去的。我大学时候读的是师范，而且学了教育学，在涉及教育的回忆中难免用专业的眼光重新去审视一番，并且强化了其中符合理论的部分，无论是因材施教还是分层指导，或者那几句绫罗绸缎与葛衣布袍的玩笑所暗指的最近发展区理论，都有后来我的学术道路的影子，不见得是王老师有意为之。但是我敢保证的是那些具体的教学过程是丝毫无误的，所以应该完全经受得住我的解释。

如果单纯是这样，王老师怕还只能被理解为一位“经师”，我想再举出一个实例来说王老师的另一面。这件事我一直念念不忘。大约是高三的时候(我已经从宿舍楼搬出来，住在宿舍楼前面的平房里)，具体的时间和因由我都记不清楚了，只知道那时候心情差到极点(小时候总喜欢用极端的说法)，完全没有心情上课，也不想去自习。一个人偷偷地跑出来，在小卖部买了一包花生米和一杯高粱酒，回到宿舍“独酌无相亲”。就在酒酣耳热，沉沉欲睡的时候，王老师推门进来，我记得那时的尴尬。王老师问：“没事儿吧?”我说：“没事儿。”“那好好休息吧!”王老师转身离开，我没有跟出去，留在宿舍里继续又躺了一阵子，直到晚自习的时候才回到教室。这件事再没有被提起，直到现在我也不知道王老师是无意中路过，还是本就是到宿舍里找我。我从这段回忆中读到了信任。糟糕的起因烟消云散，无论是什么都不要紧了，温暖的结局总是令人难忘。我把这种温暖也复制到我的工作中。在唐山一中做教师的那几年，我也会从学生的角度去理解他们的处境、心思与行为，不轻易责备，我知道我曾经也是一个少年，被无缘无故地信任过。

王老师曾经评价我“心清如水”。大多数时候，我觉得自己当得起这样的评价。我知道自己的目标，知道自己达到目标之前有什么样的基础，也知道还要做怎样的准备。我对自己有计划，尽管也不那么坚如磐石，好在能时时反省，自我警惕。高中毕业后，我以为自己发生了很大的变化，看待这个世界的方式都几乎重新建立，这就是我为什么那么感念四年的大学生活，我在那段时间重新发现自我，从各种束缚中挣脱出来，追求心灵世界的自由，其实这些都是从中学的点点滴滴渐次累积。

今年，高中的老同学们突然兴起玩微信朋友圈，短短的个把月就重新聚起来四十多人，大家约定国庆节假期回乐亭老家聚会，回顾分享高中毕业后的 18 年。王志伟老师也来参加晚宴，致辞的时候提到孟子的君子三乐：“君子有三乐，而王天下不与存焉。父母俱存，兄弟无故，一乐也；仰不愧于天，俯不怍于人，二乐也；得天下英才而教育之，三乐也。君子有三乐，而王天下者不与存焉。”如今我毕业多年，做了唐山市初中历史教研员。而王老师也在数年前获评为河北省特级教师，后来到北京任教。其间曾有几次见面的机会，却总来不及深谈。聚会中匆忙，也不曾详细了解，而王老师的这句感慨，我最心有戚戚焉，想来也是做教师的人的共鸣吧！

前几天王老师打来电话，嘱我写一篇文章回忆往事，放在王老师即将出版的一本专著里，我自然乐于应命。不过我们都平凡，所有的事迹都谈不上轰轰烈烈，却最不乏直达人心的温度。《礼记》中说：“师也者，教之以事而喻诸德者也。”这是王老师做到的，也是我希望能够做到的。

（作者：葛明　唐山市教育局教研室教研员）

大鱼前导，小鱼从游

——记我的高中班主任王志伟老师

学校犹水也，师生犹鱼也，其行动犹游泳也，大鱼前导，小鱼尾随，是从游也。从游既久，其濡染观摩之效自不求而至，不为而成。

——著名教育家梅贻琦

我高中的班主任王志伟老师要出书了，得知喜讯，真心为老师高兴。老师嘱我写篇文字，虽然作为一名编辑终日与文字打交道，但还是犹如高中时老师布置作业后一样，忐忑，紧张，也有一丝小兴奋。

思绪飘飞，脑海中涌现出的朵朵浪花，多为小事。正如前段时间中秋节高中同学聚会上大家海聊的一样，十几年沉淀在内心深处被翻出来多次咀嚼的，多为学习、生活中的细小琐事，但回忆起来却津津有味，感动满满。抑或是缅怀青春，但我想更是为了与那些影响了我们的青春和日后人生走向的师友一起走过的日子。

从高二开始，我分到了文科班，王老师是班主任，也是数学老师。那时候的王老师，三十几岁，虽有着青年英气的外貌，却又有几分老成之气势，沉稳、内敛，也不失严厉。在教学上，王老师业务精湛，驾轻就熟地教给我们数学知识。老师的课堂总是安排得科学合理、有条不紊，知识教授与训练有机地浑然天成，而且他的课程，总是像有一股魔力一样让学生的注意力集中，讨论与发言积极，教学的效果良好。另外，课堂不仅仅是传授知识的地方，更是一个教学生做人的地方。王老师总是从学生的个性角度和行为表现上，用发展的眼光挖掘孩子的潜质，不露痕迹地渗透人生理念。还记得高二时贪玩，依仗一点儿小聪明成绩还算不错，尤其是数学，一直觉得是自己比较擅长的学科，考试前很少复习。当时是一次期中考试，数学成绩很不理想，一连几天情绪不高。一次自习课后，王老师把我叫到教室外，依然是和颜悦色："你是个聪明学生，也很少让老师操心。学习是个马拉松，在每一段都善于总结反思，才能取得最终的胜利，但一直背着包袱，是跑不动的。"短短几句话，让我回味良久，为自己耍小聪明后悔，也为自己没能调整好心态惭愧。的确如老师所说，我是那种没怎么让老师操心的学生，所以受到老师格外"眷顾"的机会也不多，但是王老师对班里同学平日学习、生活中的关心和鼓励，我都看在眼里，记在心上，也影响着当时"三观"还远未成熟的我。

其实教育原本就不是大张旗鼓，而是平实细腻。这让我想到我们传统的教育理念，师者孔子带弟子，就是这样。《论语》中记载了多则关于"从游"的故事，"子路喜从游""樊迟从游于舞雩之下"等。著名教育家梅贻琦先生生动地论述了这种"从游"。他说："学校犹水也，师生犹鱼也，其行动犹游泳也，大鱼前导，小鱼尾随，是从游也。从游既久，其濡染观摩之效自不求而至，不为而成。反观今日师生关系，直一奏技者与看客之关系耳，去从游之义不綦远哉!"我们当时读高中住校，每个月回家一次，所以多数时间就是在老师的带领下过着这种"大鱼前导，小鱼从游"的日子。高中毕业后经历读大学、读研、读博以及工作若干年之后，对这段话体会尤甚，也越发感激高中那段青葱懵懂、紧张有序、收获多多的时光。

高中毕业多数同学都如愿考入大学，对新生活的向往与离别的愁绪混合成复杂的情绪，弥漫在7、8月的高中校园。但很快，我们又回来了。大二那年寒假同学相约回学校聚会，见到了踌躇满志正在带领下一届学生冲刺的王老师。当时聚会的细节已然模糊，但记得一件事。王老师说："年轻的时候不觉得时间飞快，也各自匆忙，但若干年后再聚，大家不见得都在，一定要珍惜同学之间的友情，无论以后谁有任何事情，同学之间都要挺身而出帮忙。"后来细聊，才得知当时王老师的一个同学刚去世，他与其他同学去看望了那个同学的家人，并相约以后都要尽一份绵薄之力资助年幼的孩子。现在都依然能回想起当时老师语重心长的话语以及脸上在当时的我们很难体会的凝重表情。业师易遇，人师难求。王老师对我们的影响远不仅仅是学业，更是将人生历程中的体验、感悟与年轻的我们分享，虽在当时不甚理解，但随着人生之路的延展，细细体味，那话语中是师长的引领，是朋友的分享，是如父母对孩子一样的殷殷期望。

记得我大学毕业那年回家，和三个同学相约去看望王老师。他还是一如往常地温和亲切，当时给老师汇报了我要读研究生的情况，老师详细问了专业，问了以后的就业方向，鼓励祝福的同时还是语重心长的嘱咐，一如多年前读书那样，让我心里温暖如初。时间如闪电一般，在我们的求学、工作、恋爱、结婚等人生诸事中飞速划过。2009 年，我在留校任教五年之后到北京继续求学，来到中国人民大学读博。在与高中同学的联系中了解到，王老师已经作为特级教师来到北京一中工作，孩子更是到北京大学读书，全家都在北京。听到这些别提多高兴了，我们决定约老师一聚。王老师热情地邀请我们到家里，见到熟悉的老师和师母，聊起我们读书时的趣事，也聊到老师中年来京的寂寞和困惑，但老师传递给我们的还是一如既往的乐观、豁达和温和，在偌大的北京见到老师，我们心里感到无比踏实温暖，感觉中间隔着的十几年光阴不曾逝去。

就在前段时间的中秋节，我们班同学实现了毕业以来回学校举办的人数最多的一次聚会。受同学委托，我也在之前联系了老师，并转达同学们想见王老师的殷切希望，老师欣然答应，并如约来到聚会地点，听各位同学汇报工作生活的种种，也聊过往岁月中的感悟和体验。老师感慨“得天下英才而教育之”，而我们的体会是，能在老师的班上就读，能在毕业 18 年后的聚会上和依旧潇洒亲切的王老师聊天，汇报工作和生活，是在这节奏飞快、压力重重的历程中奋斗打拼之余，不可多得的幸福瞬间。

王老师从教三十多年，带了一届又一届学生，付出的心血可以想见。老师在专业上继续研究探索，默默耕耘，实践着自己的教育理想，同时，为一届届学生传递着向上、乐观、踏实、奋斗的正能量。

在老师的多年辛苦凝成硕果之际，唯愿有更多的教育同人读到，这样会有更多的教育者能成为“大鱼”，带领那些如我们一样跟随老师在身边“从游”的“小鱼”，茁壮成长。唯有这样，我们的教育才会充满希望。

（作者：贾静　北京师范大学出版社）

“换位思考”在数学教学中的启示

有时我们总是抱怨：某某知识明明讲了，学生却不记得了；某某知识学生明明听懂了，题目却做不对。这一直是困扰我们最大的难题。在面对这些问题时，我们可能会得到这样的结论："现在的学生一拨不如一拨""现在的学生不如以前刻苦了"。事实真的是这样吗？

我们假设这样一个场景：我们对舞蹈都不专业，有一个普及舞蹈的机会，由专业舞蹈教师教我们舞蹈的一些基本动作，然后再教我们一支比较简单的舞蹈。此时如果让我们都来展示一下，其结果可想而知，大概是"群魔乱舞"。显然，基本动作老师"都教了"，具体的舞蹈老师也"演示了"，而且可能演示了几遍，此时是否意味着"教会"我们了呢？

"教会"含着两方面的意思，一方面是"教"，是教师的"授"；另一方面是"会"，是我们"学"，即"受"的结果。"教"与"学"，"授"与"受"分别是两个行为主体的动作，这两个动作相互联系，但同时又相互独立。"教"或"授"所选择的内容、顺序、策略、频度等，都会影响"学"或"受"的程度。

我们学舞蹈是这样，学生学数学也是这样。如何才能"教会"学生数学呢？那当然是选择合适的学习内容，适当的组织顺序，恰当的教学策略，恰到好处的教学语言，足够的频度。那么如何才算恰当呢？我觉得，应该设身处地地从学生的实际情况、实际需求出发。将我们换位回"学生"，回想我们自己学生时代的一些场景，为什么某些知识印象深刻，某些知识印象不深刻；对某些老师记忆清晰，有些比较模糊；某些上课场景历历在目，某些学习细节记忆犹新。下面我试图通过回忆当年学习的一些片段，分析个中规律，以发掘对现在的数学教学有指导作用的思路与方法。

1."学习动机"如此激发出来

小学数学知识并不难，内容并不多，学生学习起来普遍感觉比较轻松。五年级的时候，数学老师提出："大家自己找题做，比比看谁做得多，做得多的有奖励。"记得当时响应这一提议的同学只有三个，我是其中一个。因为当时是 20 世纪 80 年代末，在一个农村的小学，学生家里没有太多钱，所以谁也不愿意多花钱去买课本之外的学习材料，就是在这样一个背景下，找题的空间很小，从同学处借，从学长处借，从老师处借，无所不用，当时的目标只是：得到老师的表扬，得到宝贵的奖励(几张白纸)。在这样"奖励"的刺激下，我做的题，比另外两个同学做的题的总和还要多，现在回忆大概是一千多道，因为找不到那么多题，我便"一题多解"，当时虽有"充数"之嫌，现在却是被广泛认可的解题策略。

初一数学也不难，记得初一寒假之前便下发了初一下学期的教材，在寒假期间，我就把数学课本学完了，而且将所有的练习题做完，写了整整三本，因为那年冬天比较冷，右手都起了冻疮。当时自学的动力，现在想起来都觉得有点好笑，就是"现在题都做完了，以后老师留作业时，我再抄过去，作业瞬间就做完了"。这一简单的想法，也是现在被广泛采用的"自学"或"预习"。

初三数学的难点是平面几何，当时班里有两个插班复读的同学，座位就在我的后面，她们非常好学，经常问老师几何问题，几何老师每次都把题拿走做，做完再回来给她(或她们)讲，我每每总是把题问过来，然后用最快的速度做完，争取在几何老师来之前做完，满足某种“不健康”的心理需求。

通过回忆上述三个学习故事，可以发现要想调动学生的学习动机，只有让其愿意主动去学，并采用适合自己的学习方式，比如提前学，甚至创新学习方法，如一题多解、多题一解、一题多变等。同时需要说的是，如果该学习动机的调动是由教师主导的，那么教师就应该说到做到，比如答应学生的某些承诺要落实到位，否则会“伤害”学生的学习热情，破坏学生的持续学习动机。

2. 数学思维的培养需要“好题”的磨砺

自己上高中时，曾经从老师那里看到一本书，书名记不清了，是关于复数计算以及用复数解决三角问题的各种题目，大约一百来页，封面是浅紫色的，我大概花了一个月左右时间看完，当时的感觉就是“太神奇了”，居然题目可以那样想，那样解，那样表示，那样构造，从来没有过的充实感觉，从那时开始真正体会到什么是“构造与转化”，而课堂上一两道题从来没产生过如此大的冲击感，就是这种“玄妙”的思维方式助我在当年的全国高中数学联赛中获得省一等奖(第五名)，这之前我没有参加过任何竞赛培训，现在回想起来，当时似乎是找到了解决很多难题的钥匙一样，这也说明数学思维、数学思想的价值远远大于某个具体的数学内容，而思想是自己一点儿一点儿悟出来的，思维是培养出来的，不是老师“口头”教出来的。

从这个故事，我觉得可以提取这样的启示：“好”题的作用真的是不可估量的，而什么是“好题”，也没有一个确定的评判标准，只要在当时能够引起你的心灵触动，引导你走向一种“好”的方向，我觉得就是“好题”。可以通过“好题”助力学生提升思想，培养思维，我们的教学，需要多给学生提供这样的“好题”。

3. “优化”心理可以调动人的创新潜能

自己上高中学习化学的一个小故事，实际上佐证了数学的价值。记得当时在解决化学的某些物质反应的计算问题时，由于嫌传统的计算太麻烦，于是想用“份之比”来对其进行优化，后来被老师总结为“物质的量之比”。用该方法解决一些并行反应或连续反应问题特别好用。当把化学反应方程式写出来之后，研究系数就可以解题，从而回避烦琐的计算。记得当时化学老师(班主任)在一次作业讲评中提到“下面我们用王坤同学的做法来解一下”，当时心里那个美呀，现在20年过去了，都还记得很清楚，因为是自己对问题解法的一个创新。现在这种解法是大家都知道的常规解法，但在当时真的是自己琢磨出来的，实际上这在数学上属于“结构”问题，也与“数感”有关，是我们数学学习的价值所在。

由此思考，在我们现在的教学中，也应在适当的时候给学生培养“数感”

的机会，给学生“发挥想象”的空间，让他们以比较自由的方式“感知数学的功能，体会数学的价值”。

4.“在争论中完善思维”

在中学时，曾经与同学争论一个问题，那就是 $0.\dot{9}$ 是否等于 1。我认为相等，一个同学认为不相等，即 $0.\dot{9}$ 比 1 小一点儿。同学认为：“既然是零点儿，那就一定不足 1，所以比 1 小。”我反问：“如果小，那么小多少呢?”同学说：“其差值在小数点后某一位是 1，所以 $0.\dot{9}$ 比 1 小一点儿。”我又问：“那是哪一位呢?”同学说不出，我自己也对自己的提问没底儿。“说不出就代表不小嘛!”暂时我口头胜出，但心里又在想其他方式来说明两数相等。通过类比，给出下面的方法：“因为 $0.\dot{3}=\frac{1}{3}$，所以 $0.\dot{9}=1$。”

现在我们知道，两数确实相等，只不过是一个数字的两种形式，有限与无限在此处达到统一。当时不知道这么多，正是因为有未知领域，所以会有争论出现，关键是如何设法对其进行解释：一方面可以联系其他相关知识，另一方面为引出新的概念做预设。结合我们现在的教学，是不是可以在进行新知引例的时候，做一下这样的争论型铺垫?

“己所不欲，勿施于人”，通过将自己换位回“学生”，设身处地地思考作为学生学习时的需求，为学生的需求提供必要的辅助，而不能一味负责灌输，也不能轻易抱怨。在遇到问题的时候，多换位思考一下，说不定能够很轻松地解决问题。

（作者：王坤　北京市第八十中学教师，北京市骨干教师）

换位思考之成果篇

数学是美丽的

——献给2000年世界数学年

数学是美丽的，普罗克鲁斯曾说："数学是这样一种东西，她提醒你有无形的灵魂，她赋予她所发现的真理以生命；她唤起心神，澄清智慧；她给我们的内心思想添辉；她涤尽我们有生以来的愚昧和无知。"数学中的和谐美、同一美、对称美及奇异美等都是客观世界美的特征在数学中的反映。

美丽的大自然常以数学的语言讲话，这个语言的字母是：三角形以及其他形体(伽利略语)。耸立的原始森林是直的，满月是圆的，蜂巢的结构是极精巧规则的多面体，向日葵的种子是按对数螺线排列的，有些植物绕干攀缘形成螺旋线，这样的例子举不胜举。

动人的诗词也往往以数学语言抒情。"大漠孤烟直，长河落日圆。"王维这一著名诗句活生生地展现出一幅直线和平面垂直，以及直线和圆相切的画面。而"孤帆远影碧空尽，唯见长江天际流"又是一个典型的极限现象。另外，"朝辞白帝彩云间，千里江陵一日还"和毛主席诗词"坐地日行八万里，巡天遥看一千河"讲述的都是数学中的行程问题。

更神奇的是数学的美在科学创造中的威力，最典型的案例莫过于电磁波的发现。麦克斯韦在建立电磁理论的过程中依据法拉第的实验研究成果，推得两个方程，但两个方程的右边是不对称的，麦克斯韦从数学美的考虑出发，把第二个方程改写成与第一个方程对称的形式，他这样做，当时并没有任何实验依据，正是根据这个改写的方程，麦克斯韦推断出：在宇宙中存在电磁波。对于麦克斯韦的理论，当时人们难以相信，有人说"深不可测"，有人说是"天书"，直到过了20多年，物理学家赫兹才证明电磁波的确存在。这正如物理学家狄拉克所言："如果物理方程在数学上不美，那就标志着一种不足，意味着理论有缺陷，需要改进，有时候，数学美要比与实验相符更重要。"

数学是这个世界之美的原型，数学美充溢整个世界，正如华罗庚所说："宇宙之大，粒子之微，火箭之速，化工之巧，地球之变，生物之谜，日用之繁，无处不用数学。"

朋友们，让我们热爱数学吧！

(2000年11月7日发表于《语文报》)

奇妙的 e

注重信息技术与数学课程的整合是新课程的基本理念之一，在研究对数函数 $y=\log_a x$ 和指数函数 $y=a^x$ 两个函数图象的公共点的个数时，利用 TI 图形计算器发现了一系列奇妙的规律，而这些规律都与 e 有关，本文就这个问题进行探索，呈现出来与大家共享。

定理：对数函数 $y=\log_a x$ 和指数函数 $y=a^x$ 图象的交点个数满足如下规律：当 $a\in(e^{\frac{1}{e}},+\infty)$ 时，没有公共点；当 $a=e^{\frac{1}{e}}$ 或 $a\in\left[\left(\frac{1}{e}\right)^e,1\right)$ 时，有一个公共点；当 $a\in(1,e^{\frac{1}{e}})$ 时，有两个公共点；当 $a\in\left(0,\left(\frac{1}{e}\right)^e\right)$ 时，有三个公共点。论证如下：

1. 研究方法

本文是通过探索对数函数 $y=\log_a x$ 的特殊切点的位置来分类研究的。对于 $a>1$ 的情况，我们研究切线斜率等于 1 的切线切点的位置；对于 $0<a<1$ 的情况我们研究切线斜率等于 -1 的切线切点的位置。为了叙述方便，我们把一、四两个象限由直线 $y=\pm x$ 分成四个区，如图 1。

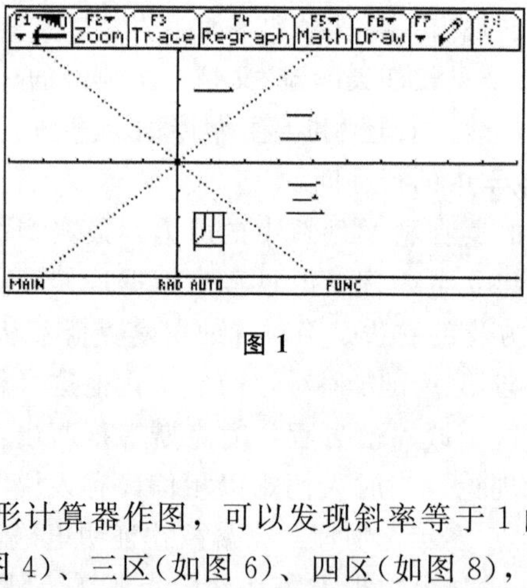

图 1

2. 研究过程

(1)$a>1$ 时

我们通过 TI 图形计算器作图，可以发现斜率等于 1 的切点可能位于一区（如图 2）、二区（如图 4）、三区（如图 6）、四区（如图 8），也可能位于直线 $y=x$ 上（如图 3）、x 轴上（如图 5）或直线 $y=-x$ 上（如图 7）。

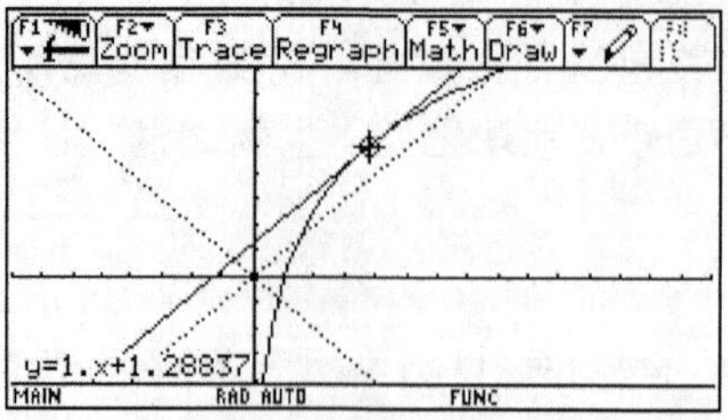

图 2

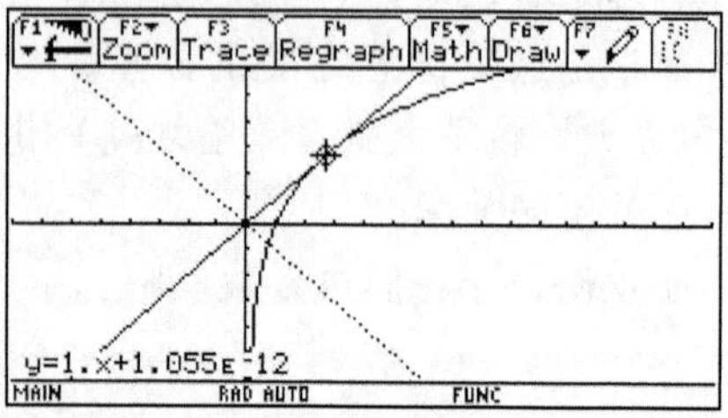

图 3

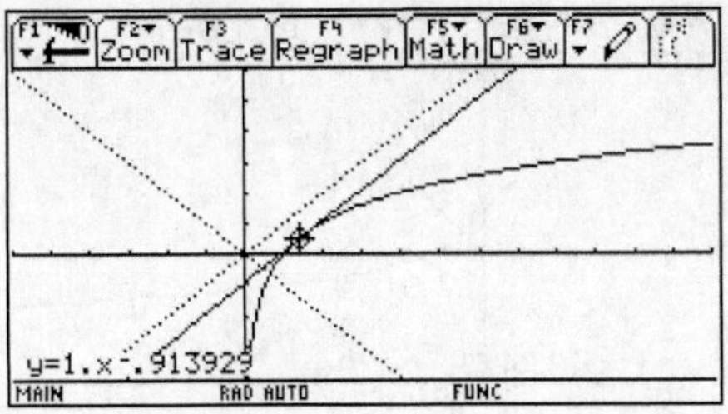

图 4

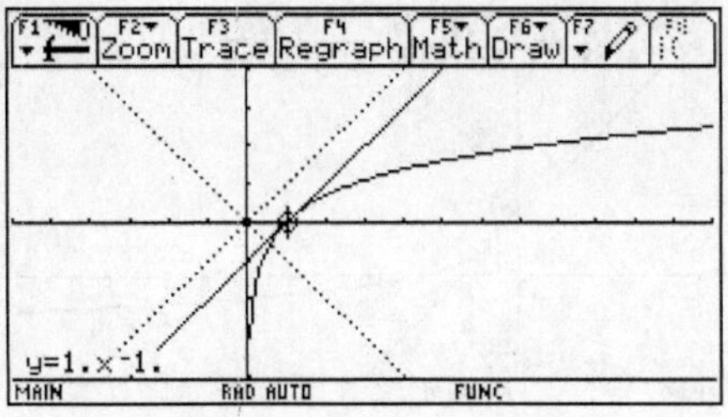

图 5

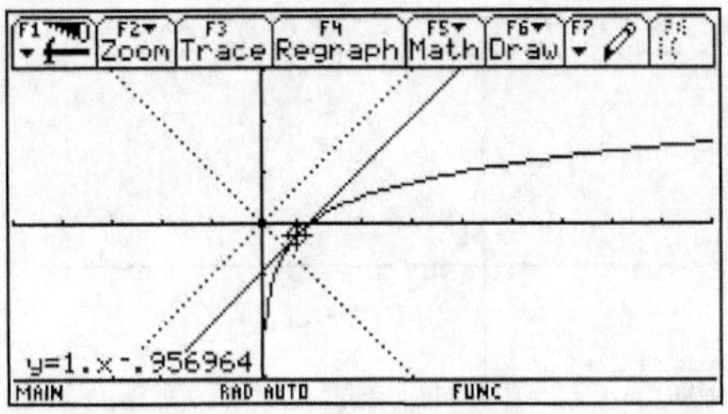

图 6

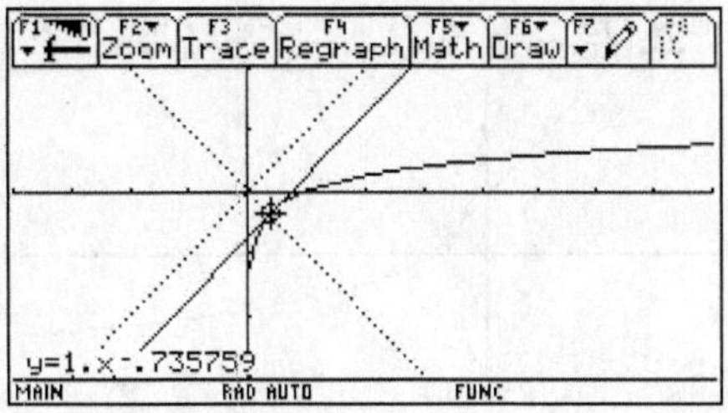

图 7

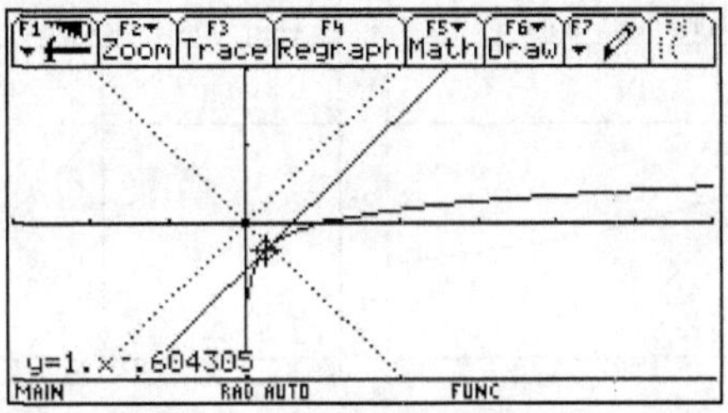

图 8

函数 $f(x)=\log_a x$ 求导，$f'(x)=\frac{1}{\ln a\cdot x}$，令 $f'(x)=1$，得 $x=\frac{1}{\ln a}$。分别令 $f\left(\frac{1}{\ln a}\right)$大于$\frac{1}{\ln a}$、等于$\frac{1}{\ln a}$、大于 0 且小于$\frac{1}{\ln a}$、等于 0、小于 0 且大于$-\frac{1}{\ln a}$、等于$-\frac{1}{\ln a}$、小于$-\frac{1}{\ln a}$，可以解得 $a\in(1,\ e^{\frac{1}{e}})$、$a=e^{\frac{1}{e}}$、$a\in(e^{\frac{1}{e}},\ e)$、$a=e$、$a\in(e,\ e^e)$、$a=e^e$、$a\in(e^e,\ +\infty)$，分别作出如图 2～8 的图象。

(2)$0<a<1$ 时

斜率等于-1 的切点可能位于一区(如图 9)、二区(如图 11)、三区(如图 13)、四区(如图 15)，也可能位于直线 $y=x$ 上(如图 10)、x 轴上(如图 12)或直线 $y=-x$ 上(如图 14)。

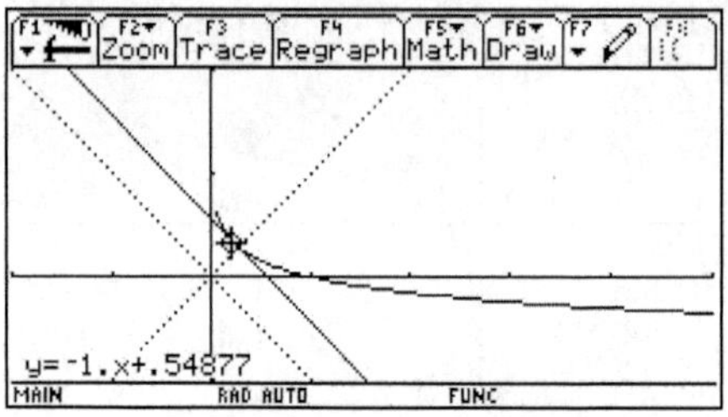

图 9

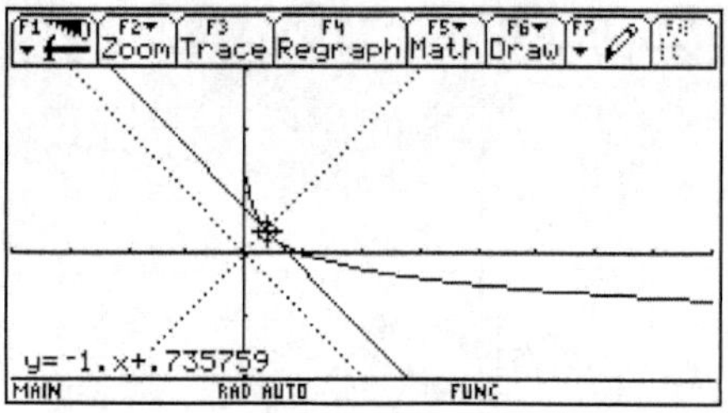

图 10

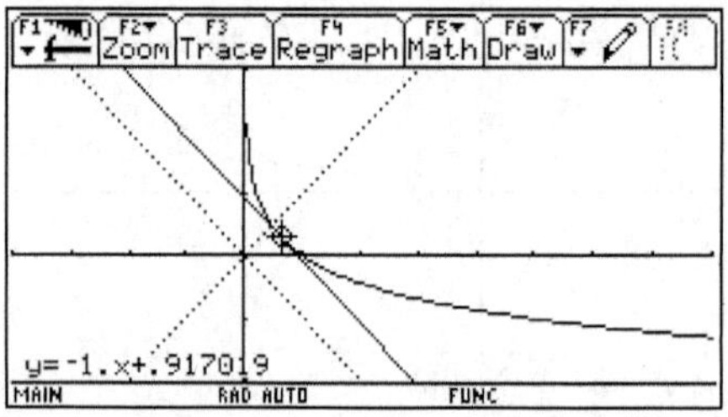

图 11

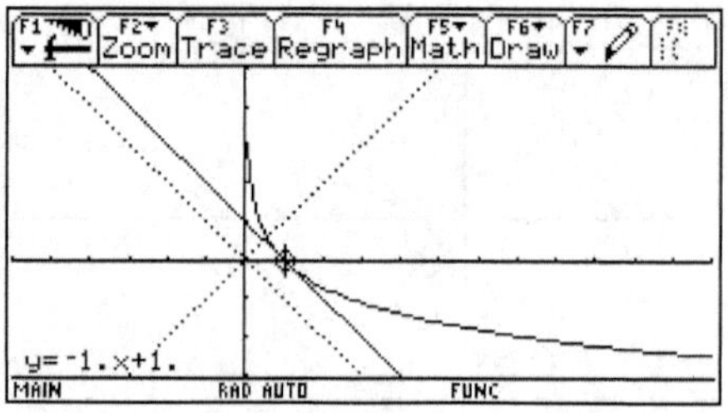

图 12

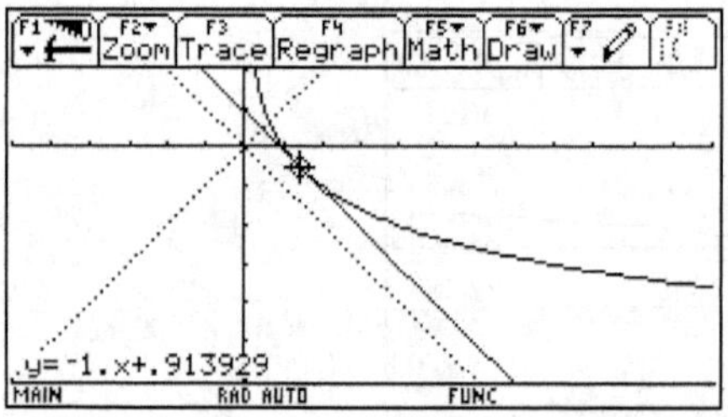

图 13

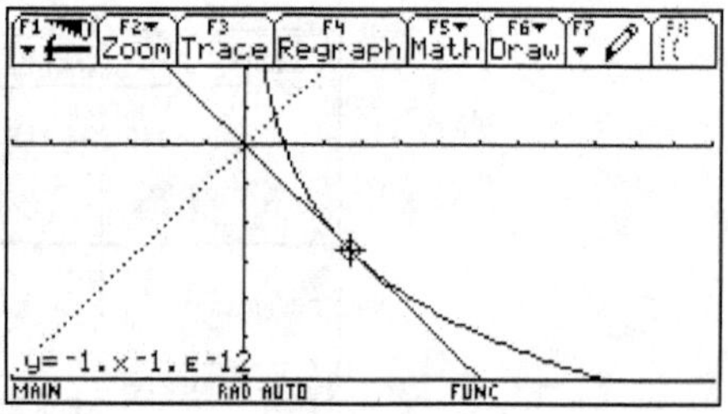

图 14

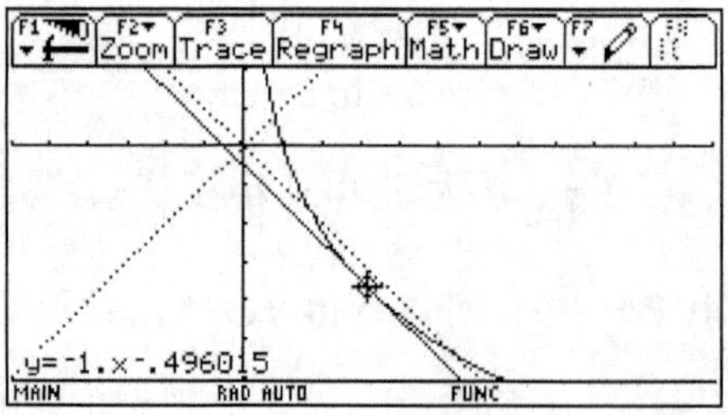

图 15

函数 $f(x)=\log_a x$ 求导，$f'(x)=\frac{1}{\ln a \cdot x}$，令 $f'(x)=-1$，得 $x=-\frac{1}{\ln a}$。分别令 $f\left(-\frac{1}{\ln a}\right)$大于$\frac{1}{\ln a}$、等于$-\frac{1}{\ln a}$、大于 0 且小于$-\frac{1}{\ln a}$、等于 0、小于 0 且大于$\frac{1}{\ln a}$、等于$\frac{1}{\ln a}$、小于$\frac{1}{\ln a}$，可以解得 $a\in\left(0,\left(\frac{1}{e}\right)^e\right)$、$a=\left(\frac{1}{e}\right)^e$、$a\in$

$\left(\left(\frac{1}{e}\right)^{e},\ \frac{1}{e}\right)$、$a=\frac{1}{e}$、$a\in\left(\frac{1}{e},\ \left(\frac{1}{e}\right)^{\frac{1}{e}}\right)$、$a=\left(\frac{1}{e}\right)^{\frac{1}{e}}$、$a\in\left(\left(\frac{1}{e}\right)^{\frac{1}{e}},\ 1\right)$，分别作出如图 9～15 的图象。

3. 结论应用

由于底数相同的对数函数与指数函数的图象关于直线 $y=x$ 对称，所以对数函数与直线 $y=x$ 的交点，即为同底的指数函数与直线 $y=x$ 的交点，亦为对数函数与指数函数的交点。对数函数和指数函数与斜率等于－1 的直线的交点(或切点)关于直线 $y=x$ 对称。因此上面所作的图 2、图 3、图 9 特别值得关注。

当 $a\in(1,\ e^{\frac{1}{e}})$ 时，对数函数与直线 $y=x$ 有两个公共点，则对数函数与同底的指数函数有两个公共点(如图 16)。当 $a=e^{\frac{1}{e}}$ 时，对数函数与直线 $y=x$ 有一个公共点，则对数函数与同底的指数函数有一个公共点(如图 17)。而当 $a\in(e^{\frac{1}{e}},\ +\infty)$ 时，对数函数与指数函数没有公共点。

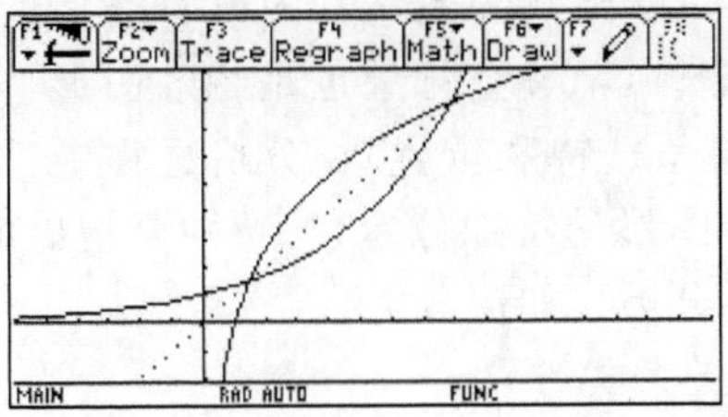

图 16

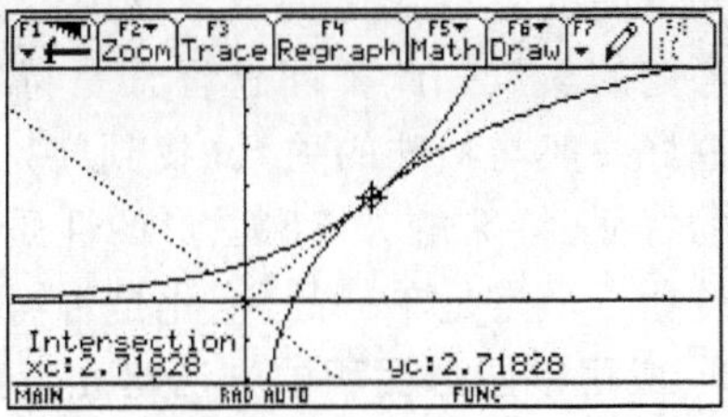

图 17

当 $a\in\left(0,\ \left(\frac{1}{e}\right)^{e}\right)$ 时，设对数函数与直线 $y=x$ 的交点为 A，则经过点 A 的斜率等于－1 的直线在对数函数的斜率等于－1 的切线切点的上方(如图 18)。则指数函数的斜率等于－1 的切线切点在直线的上方，此时对数函数与指数函数的图象有三个公共点(如图 19)。当 $a\in\left[\left(\frac{1}{e}\right)^{e},\ 1\right)$ 时，对数函数与指数函数有一个公共点，其中当 $a=\left(\frac{1}{e}\right)^{e}$ 时，公共点的坐标为 $\left(\frac{1}{e},\ \frac{1}{e}\right)$(如图 20)。

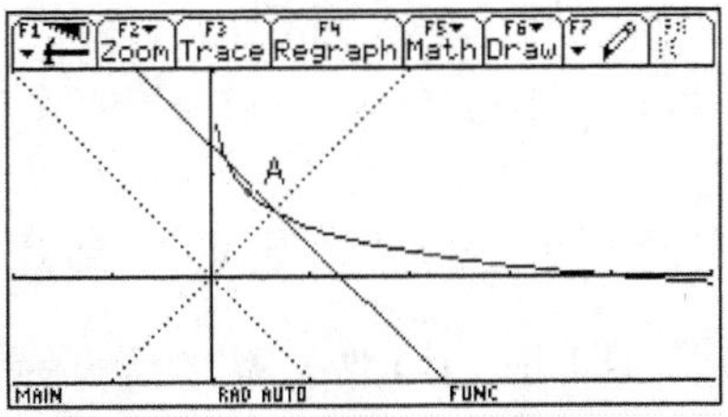

图 18

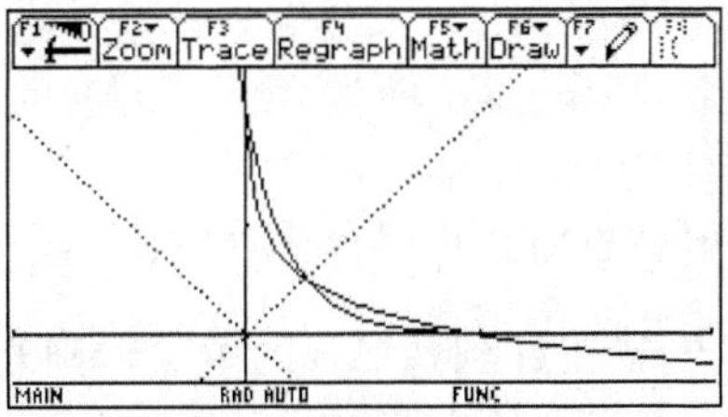

图 19

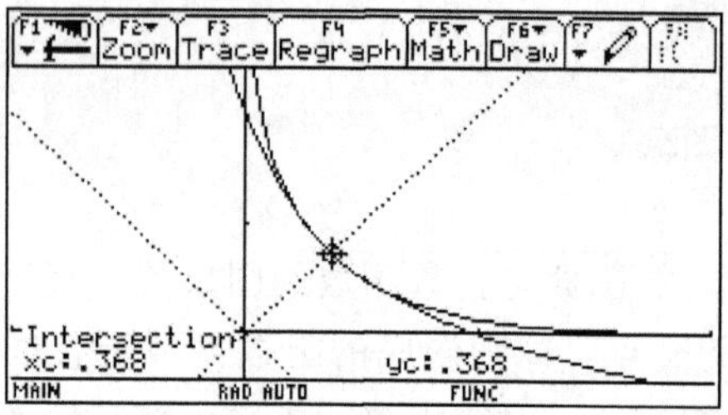

图 20

（2010 年 3 月收录于华文出版社《相约成长》）

动态几何问题的函数图象

动态几何问题是由于某一个点或图形有条件地运动变化而引起的未知量与已知量间的一种变化关系，反映的是一种函数关系，其图象考查是近些年来中考题的热点。此类问题背景是特殊图形，考查背景也是特殊图形，所以要把握好一般与特殊的关系（找到特殊关系、特殊位置），分析过程中，关注图形的特征（特殊角、特殊图形的性质、图形的特殊位置），特别要指出的是，这种变化不一定是单一的（变化是否需要分类、如何分类）。

1. 应用求图形面积的方法建立函数关系式

【例 1】 如图 1，已知菱形 $ABCD$ 的边长为 2cm，$\angle A=60°$，点 M 从点 A 出发，以 1cm/s 的速度向点 B 运动，点 N 从点 A 同时出发，以 2cm/s 的速度经过点 D 向点 C 运动，当其中一个动点到达端点时，另一个动点也随之停止运动。则 $\triangle AMN$ 的面积 y（cm^2）与点 M 运动的时间 t（s）的函数图象大致是（　　）。

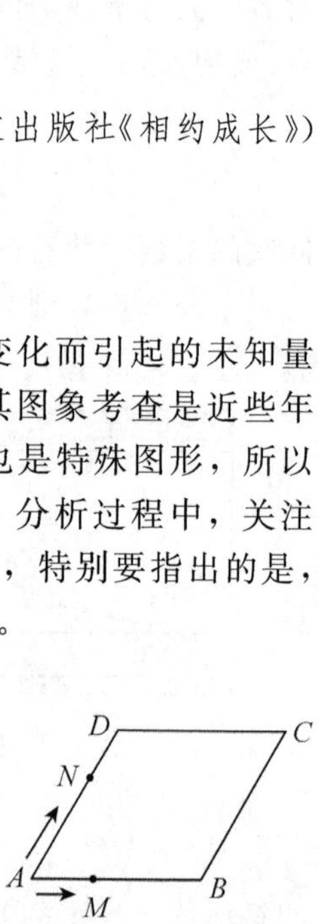

图 1

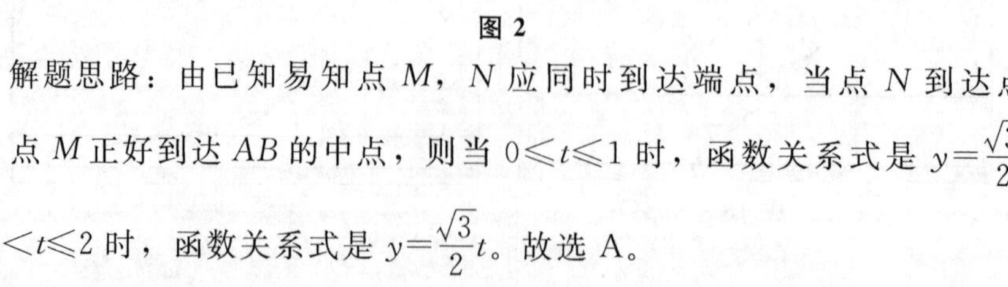

图 2

解题思路：由已知易知点 M，N 应同时到达端点，当点 N 到达点 D 时，点 M 正好到达 AB 的中点，则当 $0\leqslant t\leqslant 1$ 时，函数关系式是 $y=\frac{\sqrt{3}}{2}t^2$；当 $1<t\leqslant 2$ 时，函数关系式是 $y=\frac{\sqrt{3}}{2}t$。故选 A。

解法点评：本题考查解直角三角形和三角形面积的求法，分类讨论的思想在本题的解决中起到至关重要的作用。解答时应正确画出两种情况下的代表图例，注意函数关系式的分段书写，并结合二次函数的性质及其实际意义得出正确的结论。在解答的过程中，学生容易忽视选项中标出的横坐标为 1 的点对本题分类起到的提示作用。

【例 2】 如图 3，正方形 $ABCD$ 的边长为 10，四个全等的小正方形的对称中心分别在正方形 $ABCD$ 的顶点上，且它们的各边与正方形 $ABCD$ 各边平行或垂直。若小正方形的边长为 x，且 $0<x\leqslant 10$，阴影部分的面积为 y，则能反映 y 与 x 之间函数关系的大致图象是(　　)

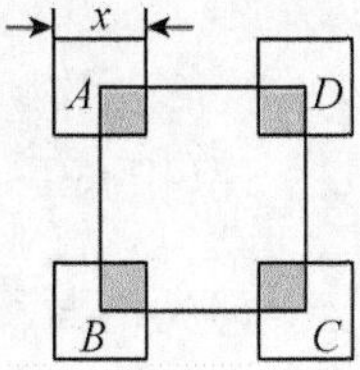

图 3

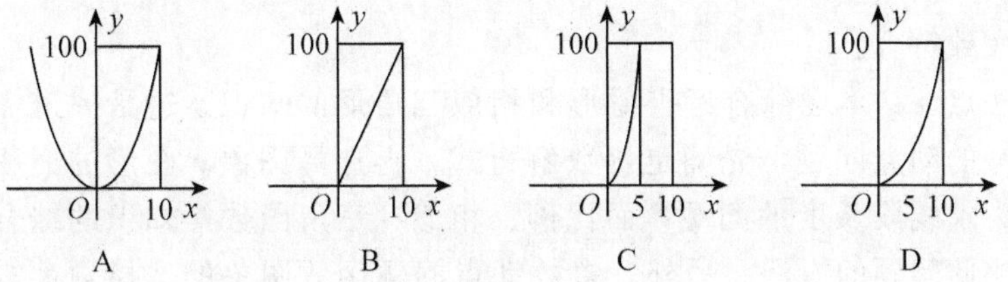

图 4

解题思路：易得阴影部分的面积为一个小正方形的面积，得到阴影部分面积 $y=\pi x^2$，属于二次函数，根据自变量的取值为 $0<x\leqslant 10$，有实际意义的函数在第一象限，故选 D。

解法点评：本题考查了正方形的性质及其面积的计算，以及有实际意义的二次函数图象的选择。根据相应条件得到函数解析式是解决本题的关键。由此可见，能够正确掌握特殊图形的性质是必需的，否则无法建立函数解析式，进而准确选择图象。在解答的过程中，学生容易忽略二次函数的实际意义而选 A，这是解答此类问题时常犯的错误。

2. 应用比例式建立函数解析式

【例 3】 如图 5，P 是菱形 $ABCD$ 的对角线 AC 上一动点，过点 P 垂直于 AC 的直线交菱形 $ABCD$ 的边于 M、N 两点，设 $AC=2$，$BD=1$，$AP=x$，$\triangle AMN$ 的面积为 y，则 y 关于 x 的函数图象的大致形状是(　　)

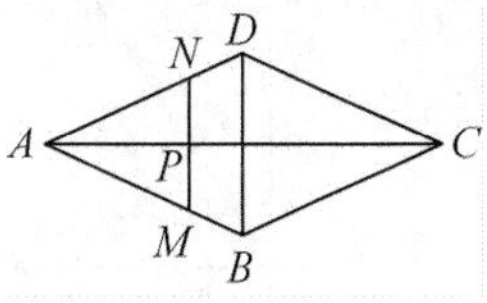

图 5

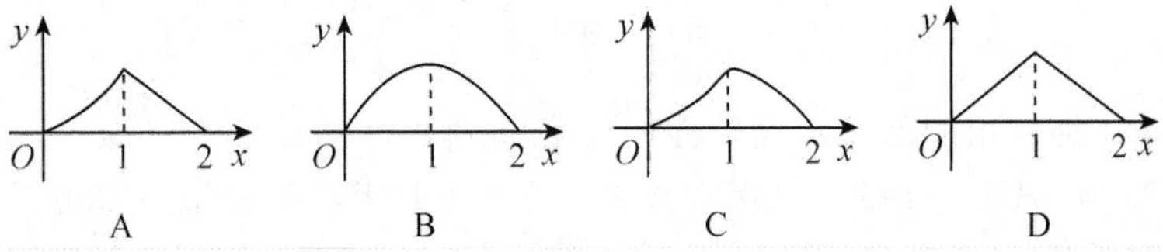

图 6

解题思路：分 $0<x\leqslant 1$ 和 $1<x\leqslant 2$ 两种情况进行讨论(如图 7 所示)。

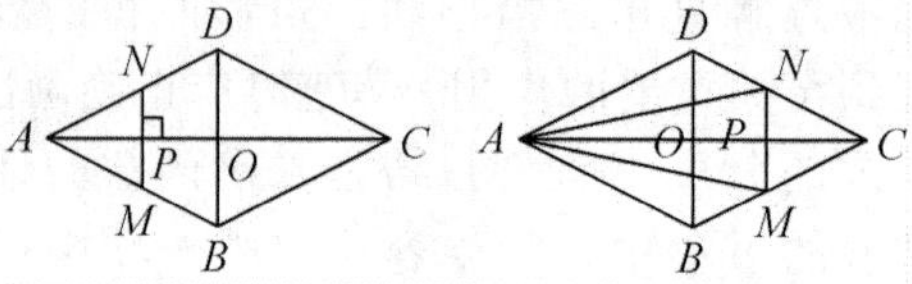

图 7

当 $0<x\leqslant 1$ 时，$\triangle AMN\backsim\triangle ABD$，由 $\frac{AP}{AO}=\frac{MN}{BD}$，得 $MN=x$，因而 $\triangle AMN$ 的面积 $y=\frac{1}{2}x^2$；当 $1<x\leqslant 2$ 时，$\triangle CNM\backsim\triangle CDB$，$\frac{MN}{BD}=\frac{CP}{OC}$，得 $MN=2-x$，因而 $\triangle AMN$ 的面积 $y=-\frac{1}{2}x^2+x$。综合上面两种情况，答案 C 的图象大致符合。

解法点评：本题综合考查菱形和相似三角形的知识。这是一道需要进行分段思考的动点问题，先确定函数解析式，再选择图象。图形的面积问题往往归结为求线段长度的问题，而比例、相似、三角函数等知识的综合运用往往是解决此问题的方法。另外，多数动点问题函数图象的选择题都需要进行分段考虑，遇到此类题目不妨多想想是否考虑周全。

3. 应用勾股定理建立函数解析式

【例 4】 如图 8，点 E、F 是以线段 BC 为公共弦的两条圆弧的中点，$BC=6$。点 A、D 分别为线段 EF、BC 上的动点。连接 AB、AD，设 $BD=x$，$AB^2-AD^2=y$，下列图象中，能表示 y 与 x 的函数关系的图象是(　　)

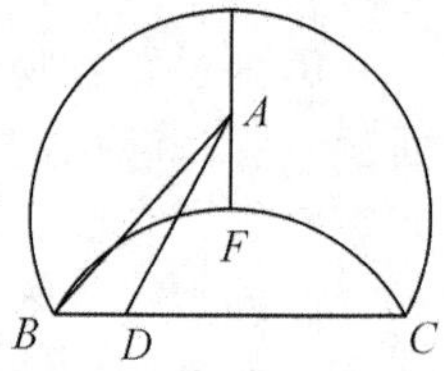

图 8

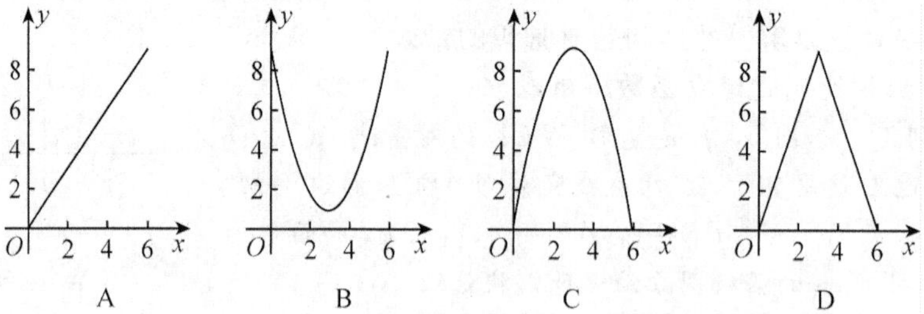

图 9

解题思路：由图形及题设条件中的数据知，可延长 EF 交 BC 于 O(如图 10 所示)，则 $AB^2=BO^2+AO^2$，$AD^2=AO^2+DO^2$，两者作差即可得到 y 关于 x 的解析式 $y=9-(3-x)^2=-x^2+6x(0\leqslant x\leqslant 6)$，由解析式的类型选择出函数的图象即可解答。故选 C。

解法点评：综合运用垂径定理及勾股定理的知识确定函数的解析式。解

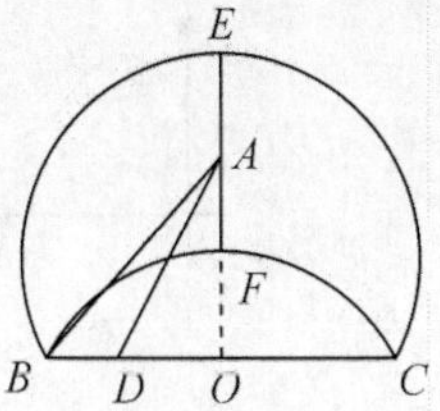

图 10

答本题关键是要根据条件找到所给的两个变量之间的函数关系。而本题中的已知条件(平方项、弦)对解析式确定的引导性还是比较明确的，学生相对能够比较容易地延长 EF 使条件得以运用，确定解析式，再由二次函数的性质选出函数的图象即可。

4. 应用相等量建立函数解析式

【例 5】 如图 11，在平面直角坐标系 xOy 中，点 A 的坐标为$(-\sqrt{3}, 1)$，点 B 是 x 轴上的一动点，以 AB 为边作等边三角形 ABC，当点 $C(x, y)$在第一象限内时，下列图象中，可以表示 y 与 x 的函数关系的图象是(　　)

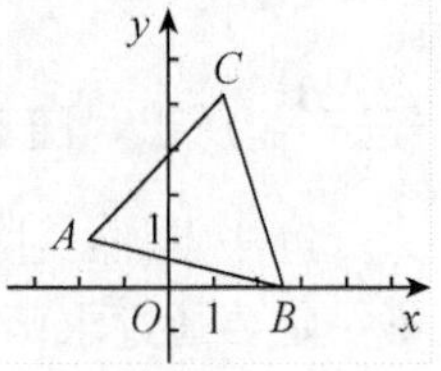

图 11

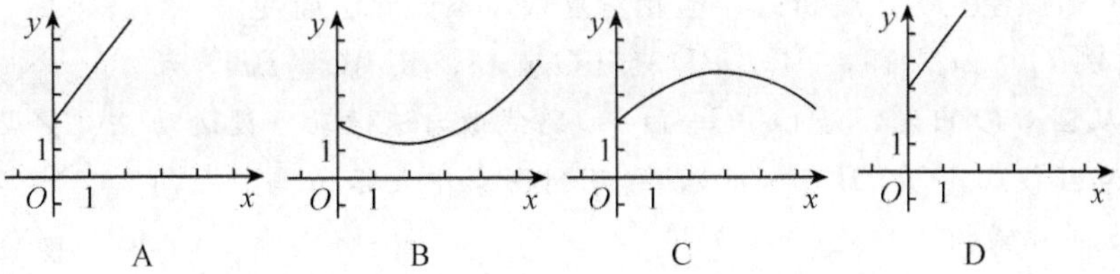

图 12

解题思路：连接 OA，作 $AD\perp x$ 轴于 D，由点 A 的坐标可知 $OA=2$，且 $\angle OAD=60°$，再由$\triangle ABC$ 是等边三角形，可得$\angle CAB=60°$，且 $AC=AB$。作 $CE\perp OA$ 于 E，连接 OC，易证$\triangle ADB\cong\triangle AEC$。

所以 $AD=AE=1$，故 $OE=2-1=1$，则 CE 是线段 OA 的垂直平分线，所以有 $AC=OC$，接下来利用勾股定理或两点间距离公式可得函数关系式 $y=\sqrt{3}x+2$。所以选 A。

解法点评：本题从已知条件出发，构造全等三角形，进而推导得到一对相等量，再运用勾股定理或两点间距离公式得到函数的解析式。由于本题是选择题，因此也可以不求出解析式，通过分析等边三角形的边长变化得到点 C 的变化情况，将 B、C、D 三个选项逐一排除，从而求得正确答案。此法遇个别题目不妨一试，也许能够使问题轻松解决。

5. 不易建立函数解析式

【例 6】 如图 13，C 为圆 O 直径 AB 上的一动点，过点 C 的直线交圆 O 于 D、E 两点，且$\angle ACD=45°$，$DF\perp AB$ 于点 F，$EG\perp AB$ 于点 G。当点 C 在 AB 上运动时，设 $AF=x$，$DE=y$。下列图象中，能够表示 y 与 x 的函数关系的图象大致是(　　)

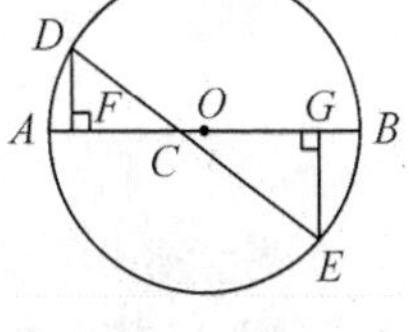

图 13

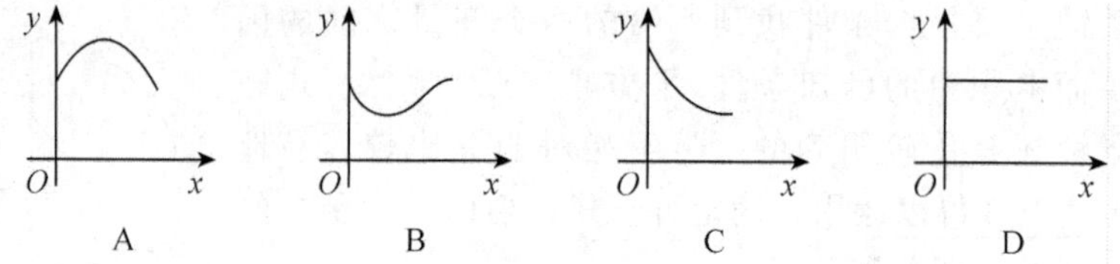

图 14

解题思路：$x=0$ 时，$y=\frac{\sqrt{2}AB}{2}$；$x=\frac{AB}{2}$时，$y=AB$；$x=AB$ 时，$y=\frac{\sqrt{2}AB}{2}$。所以，随着 x 的增大，y 先增后降，类抛物线，正确答案为 A。

解法点评：注意分析 y 随 x 的变化而变化的趋势是解决本题的关键，而不一定要通过求函数的解析式。此类问题，准确地选择趋势变化的关键点是十分必要的。当然此题也可以设直径 AB 为一常数，再运用相似和解直角三角形的知识建立函数解析式，但相对复杂，不如此法简便。

【例 7】 如图 15，AC，BD 是⊙O 直径，且 $AC\perp BD$，动点 P 从圆心 O 出发，沿 $O\to C\to D\to O$ 路线做匀速运动，设运动时间为 t(秒)，$\angle APB=y$(度)，则下列图象中表示 y 与 t 之间的函数关系最恰当的是(　　)

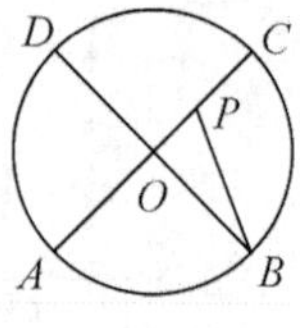

图 15

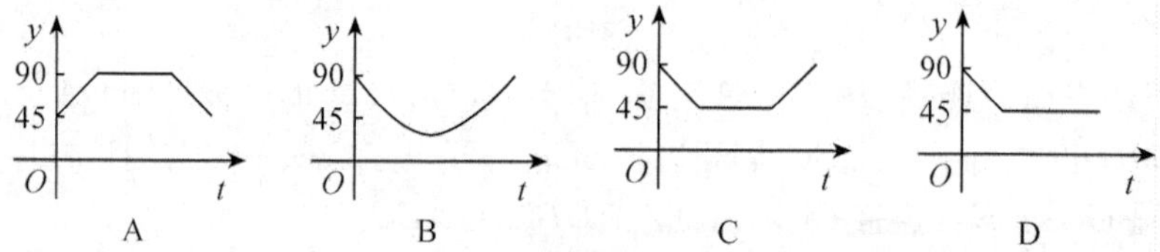

图 16

解题思路：根据题意，分 P 在 OC、CD、DO 之间三个阶段，要分别分析变化的趋势。①P 在 OC 之间，$\angle APB$ 逐渐减小，到 C 点时，为 $45°$；②P 在 CD 之间，$\angle APB$ 保持 $45°$，大小不变；③P 在 DO 之间，$\angle APB$ 逐渐增大，到 O 点时，为 $90°$。则 C 选项符合三个阶段的描述，故选 C。

解法点评：此题和例 6 一样，不易列出函数的解析式是显而易见的。因此在解决此类问题时，应注意将过程分成几个阶段，依次分析各个阶段的变化情况，再结合选项中的图象，进而综合得到整体的变化情况。

(2012 年 2 月 22 日发表于《北京考试报》)

高考数学创新型试题的解题策略

高考数学创新型试题是难点，也是热点。教育部《普通高中课程方案(实验)》《普通高中数学课程标准(实验)》以及《北京市普通高中新课程数学学科教学指导意见和模块学习要求(试行)》都对学生的数学能力提出新的说法。《2011年普通高等学校招生全国统一考试北京卷考试说明》更是明确指出，数学学科高考注重考查中学数学的基础知识、基本技能、基本思想方法，考查空间想象能力、抽象概括能力、推理论证能力、运算求解能力、数据处理能力以及分析问题和解决问题的能力。新课标还特别强调了两个意识——应用意识和创新意识。《北京卷考试说明》要求考生“能选择有效的方法和手段对新颖的信息、情境和设问进行独立的思考与探究，创造性地解决问题”。对试题的命制也明确指出：注重通性通法，淡化特殊技巧；注重学科的内在联系和知识的综合。强调探究性、综合性、应用性。坚持多角度、多层次考查。综观近几年数学高考试题，在能力立意的基础上大胆地进行了改革创新，出现了一些内容立意新、情境设置新、设问方式新、题型结构新和构思精巧的创新型试题。特别是依托背景型创新试题、开放探究型创新试题、交汇综合型试题。这类题目突出考查学生的探究能力、创新意识，充分体现了新课标教学理念。因此，加强对创新型试题解题策略的研究和学习就显得十分必要。

1. 依托背景型创新试题

高考试题中，经常通过提供新材料、创设新情境和提出新问题来考查考生学习新数学知识的能力和综合利用所学知识解决新问题的能力，这类问题大多没有在以往的复习资料中出现过，背景相对公平，是高考所追求的理想题型。近年来，依托高等数学知识背景编制的创新题型多起来了。这些问题或以高等数学知识为背景，或体现高等数学中常用的数学思想方法和推理方法，起点高，落点低，即试题的设计来源于高等数学，但解决的方法是中学所学的初等数学知识。题型设计意图并不是要把高等数学引进高中教学，而是有效地考查学生学习的潜能。这类题目立意深远，形式新颖。由于在平时教学中很少碰到，考生遇到这类题目，会感到难以入手。解题策略通常表现在两个方面：一是根据平时的自主学习认真细致地分析新的材料；二是对新的数学信息进行迁移，尽可能把问题回归为课本中的例题和习题。

【例1】(2010四川·理)设S为复数集$\mathbf{C}$的非空子集。若对任意x，$y\in S$，都有$x+y$，$x-y$，$xy\in S$，则称S为封闭集。下列命题：①集合$S=\{a+bi\mid a，b$为整数，i为虚数单位$\}$为封闭集；②若S为封闭集，则一定有$0\in S$；③封闭集一定是无限集；④若S为封闭集，则满足$S\subseteq T\subseteq\mathbf{C}$的任意集合$T$也是封闭集。其中真命题是________(写出所有真命题的序号)。

答案：①②

解析：直接验证可知①正确。当S为封闭集时，因为$x-y\in S$，取$x=y$，得$0\in S$，②正确。对于集合$S=\{0\}$，显然满足所有条件，但S是有限集，③错误。取$S=\{0\}$，$T=\{0，1\}$，满足$S\subseteq T\subseteq\mathbf{C}$，但由于$0-1=-1\notin T$，故$T$不是封闭集，④错误。

点评：本题将高等数学中的群论知识与集合的概念及运算相结合，考查学生在新情境下对新知识的接受理解能力、抽象概括能力。需要学生认识特定数学环境中的数学语言，对文字语言、符号语言、图形语言进行必要的转换。利用直接验证、反例说明等方法加以判断。

【思考题 1】 （原创题）已知 $y=f(x)$ 定义如下：$f(x)=\begin{cases}0, & x\in \mathbf{Q},\\ 1, & x\in \complement_{\mathbf{R}}\mathbf{Q}。\end{cases}$ 则以下结论中错误的是（　　）

A. $f(x)$ 定义域为 $\mathbf{R}$，值域为 $\{x\in \mathbf{R}\mid x(x-1)=0\}$

B. 任何一个有理数都是 $y=f(x)$ 的周期

C. 任何一个无理数都是 $y=f(x)$ 的周期

D. $\forall x\in \mathbf{R}$，恒有 $|f(x)|\leqslant M$，M 是一个与 x 无关的常数

答案：C

点评：本题以狄利克雷函数为背景，考查学生对函数性质的理解。

【思考题 2】 设 F 为复数集合 $\mathbf{C}$ 的至少有两个元素的子集，若对任意 x，$y\in F$，都有 $x+y$，$x-y$，$xy\in F$，且对任意 x，$y\in F$，$y\neq 0$，都有 $\frac{x}{y}\in F$，则称 F 为优越集。下列命题为真命题的为________。

(1)若 F 为优越集，则 $0\in F$，$1\in F$；(2)有理数集为优越集；(3)集合 $F=\{a+b\sqrt{2}\mid a, b\in \mathbf{Z}\}$ 为优越集；(4)优越集不一定是无限集。

答案：(1)(2)

解析：x，y 相同时，由乘除可知 0 和 1 是 F 中的元素，故(1)真。有理数对加减乘除封闭，故(2)真。取 $x=1+\sqrt{2}$，$y=2$，则 $\frac{x}{y}=\frac{1}{2}+\frac{1}{2}\sqrt{2}$，不是 F 中的元素，故(3)假。因为 0，1 在 F 中，自身不封闭。$1+1$，$1+2$…也应在 F 中，故(4)假。

【例 2】 （2010 福建・理）对于具有相同定义域 D 的函数 $f(x)$ 和 $g(x)$，若存在函数 $h(x)=kx+b$（k，b 为常数），对任给的正数 m，存在相应的 $x_0\in D$，使得当 $x\in D$ 且 $x>x_0$ 时，总有 $\begin{cases}0<f(x)-h(x)<m,\\ 0<h(x)-g(x)<m,\end{cases}$ 则称直线 l：$y=kx+b$ 为曲线 $y=f(x)$ 与 $y=g(x)$ 的“分渐近线”。给出定义域均为 $D=\{x\mid x>1\}$ 的四组函数如下：

①$f(x)=x^2$，$g(x)=\sqrt{x}$；②$f(x)=10^{-x}+2$，$g(x)=\frac{2x-3}{x}$；

③$f(x)=\frac{x^2+1}{x}$，$g(x)=\frac{x\ln x+1}{\ln x}$；④$f(x)=\frac{2x^2}{x+1}$，$g(x)=2(x-1-\mathrm{e}^{-x})$。

其中，曲线 $y=f(x)$ 与 $y=g(x)$ 存在“分渐近线”的是（　　）

A. ①④　　B. ②③　　C. ②④　　D. ③④

答案：C

解析：极限问题高中课本已经渗透。对于①，当 $x>1$ 时便不符合，所以①不存在。对于②，肯定存在分渐近线，因为当 $x\to\infty$ 时，$f(x)-g(x)\to 0$。对于③，不存在分渐近线。因为 $f(x)-g(x)=\frac{1}{x}-\frac{1}{\ln x}$，当 $x\to\infty$ 时，$x>\ln x>0$，$\frac{1}{x}-\frac{1}{\ln x}<0$。所以 $f(x)<g(x)$。这不符合分渐近线的定义（$x\to\infty$ 时，$f>h>g$）。④当 $x\to\infty$ 时，$f(x)-g(x)=\frac{-2}{1+\frac{1}{x}}+2+\frac{2}{e^x}\to 0$，$f>h>g$，因此存在分渐近线。故存在分渐近线的是②④，选 C。

点评：本题从数列极限定义的角度出发，仿造构造了分渐近线函数，目的是考查学生分析问题、解决问题的能力，考生需要抓住本质：存在分渐近线的必要条件是 $x\to\infty$ 时，$f(x)-g(x)\to 0$。

【思考题 1】 （原创题）把实数 a，b，c，d 排成形如 $\begin{pmatrix} a & b \\ c & d \end{pmatrix}$ 的形式，称之为二行二列矩阵。定义矩阵的一种运算 $\begin{pmatrix} a & b \\ c & d \end{pmatrix}\cdot\begin{pmatrix} x \\ y \end{pmatrix}=\begin{pmatrix} ax+by \\ cx+dy \end{pmatrix}$，该运算的几何意义为平面上的点 (x, y) 在矩阵 $\begin{pmatrix} a & b \\ c & d \end{pmatrix}$ 的作用下变换成点 $(ax+by, cx+dy)$。则如果曲线 $x-y=1$ 在矩阵 $\begin{pmatrix} 1 & a \\ b & 1 \end{pmatrix}$ 的作用下变换成曲线 $x+y=1$。求 a，b 的值。

解：设 (x, y) 是 $x-y=1$ 上的点，(x_1, y_1) 是 $x+y=1$ 上的点，则 $\begin{cases} x_1=x+ay, \\ y_1=bx+y。 \end{cases}$

则由 $x-y=1\Leftrightarrow(x+ay)+(bx+y)=1$，所以 $a=-2$，$b=0$。

点评：本题选用高等数学中的“矩阵”作为背景。训练学生要仔细阅读试题所述内容，反复理解“新定义”内涵，抓住知识本质。

【思考题 2】 （2010 复旦自主招生）设集合 X 是实数集 $\mathbf{R}$ 的子集，如果点 $x_0\in\mathbf{R}$ 满足：对任意 $a>0$，都存在 $x\in X$，使得 $0<|x-x_0|<a$，那么称 x_0 为集合 X 的聚点。用 $\mathbf{Z}$ 表示整数集，则在下列集合：①$\left\{\frac{n}{n+1}\middle| n\in\mathbf{Z}, n\geqslant 0\right\}$，②$\{x\in\mathbf{R}\mid x\neq 0\}$，③$\left\{\frac{1}{n}\middle| n\in\mathbf{Z}, n\neq 0\right\}$，④整数集 $\mathbf{Z}$ 中，以 0 为聚点的集合有（　　）

A. ②③　　B. ①④　　C. ①③　　D. ①②④

答案：A

解析：要读懂定义，“聚点”应理解为以任意无穷小为半径，以 x_0 为圆心的圆内部至少有 X 的一个元素(不包括 x_0)。对集合① $\left\{0, \frac{1}{2}, \frac{2}{3}, \frac{3}{4}, \cdots\right\}$，若取 $a=\frac{1}{3}$，则不存在 $x\in\left\{\frac{n}{n+1} \mid n\in\mathbf{Z}, n\geqslant 0\right\}$，满足 $0<|x-0|<\frac{1}{3}$。②③显然符合定义。对于④，若令 $a=\frac{1}{2}$(其实只要取一个正真分数就行)，则也不存在 $x\in X$，使得 $0<|x-0|<a$。故选 A。

点评：“聚点”是高等数学中的一个重要概念。对高中学生的考核重心还是放在了知识迁移上。由题意“对任意 $a>0$”，应理解为“无论给定多么小的正数 a”会更好些。

2. 开放探究型创新试题

开放探究型试题体现数学研究的思想方法，解答过程是探究的过程。数学开放题体现数学问题的形成过程，体现解答对象的实际状态。数学开放题有利于为学生个别探索和准确认识自己提供时空，便于因材施教，可以用来培养学生思维的灵活性和发散性，使学生体会学习数学的成就感和数学的美感。开放探究题的核心是培养学生的创造意识和创造能力，激发学生独立思考和创新的意识，这是一种新的教育理念的具体体现。

开放探究型试题的编写常常从两个方面进行，其一是问题本身的开放而获得新问题，其二是问题解法的开放而获得新思路。此类题目的条件或结论不完备。要求解答者自己去探索，结合已有条件，进行观察、分析、比较和概括。开放探究型试题的常见解题策略为：第一是认真审题，确定目标；第二是深层次理解题意；第三是开阔思路，发散思维，运用观察、比较、类比、联想、猜想等带有非逻辑思维成分的合理推理，以便为逻辑思维定向；第四是借助逻辑思维，进行严格推理论证。

【例 3】 (2010 上海改编)若实数 x、y、m 满足 $|x-m|<|y-m|$，则称 x 比 y 接近 m。已知函数 $f(x)$ 的定义域 $D=\{x \mid x\neq k\pi, k\in\mathbf{Z}, x\in\mathbf{R}\}$。任取 $x\in D$，$f(x)$ 等于 $1+\sin x$ 和 $1-\sin x$ 中接近 0 的那个值。写出函数 $f(x)$ 的解析式，并指出它的奇偶性、最小正周期、最小值和单调性(结论不要求证明)。

解：$f(x)=\begin{cases}1+\sin x, & x\in(2k\pi-\pi, 2k\pi), \\ 1-\sin x, & x\in(2k\pi, 2k\pi+\pi),\end{cases}$ 即 $f(x)=1-|\sin x|$，$x\neq k\pi$，$k\in\mathbf{Z}$。$f(x)$ 是偶函数，$f(x)$ 是周期函数，最小正周期 $T=\pi$，函数 $f(x)$ 的最小值为 0，函数 $f(x)$ 在区间 $\left[k\pi-\frac{\pi}{2}, k\pi\right)(k\in\mathbf{Z})$ 单调递增，在区间 $\left(k\pi, k\pi+\frac{\pi}{2}\right](k\in\mathbf{Z})$ 单调递减。

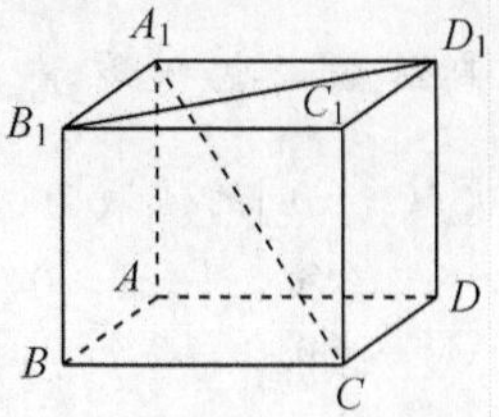

图 1

【思考题】 （1998 全国）如图 1，在直四棱柱 $ABCD-A_1B_1C_1D_1$ 中，当底面四边形 $ABCD$ 满足条件________时，有 $A_1C\perp B_1D_1$。（注：填上你认为正确的一个条件即可，不必考虑所有的可能情形）

答案：$AC\perp BD$（合理答案均可）

解析：这是一道开放型试题，其答案不是唯一的，因而学生要有发散性思维。事实上，若将四边形 $A_1B_1C_1D_1$ 适当提升到四边形 $A_2B_2C_2D_2$，使 A_2C 与 BD 相交，其正确答案就明白无误了。其结论是 $AC\perp BD$，或者 $ABCD$ 是菱形，等等。

点评：近年来，高考试题中开放性试题屡见不鲜，且有增加的趋势，因而培养学生发散性思维是值得重视的。

【例 4】 $f(x)$ 是定义在 $\mathbf{R}$ 上不恒为零的函数，且对任意的 a，$b\in\mathbf{R}$，满足 $f(ab)=af(b)+bf(a)$，且 $f(3)=3$。记 $a_n=\dfrac{f(3^n)}{n}$，$b_n=\dfrac{f(3^n)}{3^n}$。其中 $n\in\mathbf{N}^+$。以下结论中真命题为________。

(1) $f(0)=f(1)$；(2) $f(x)$ 是 $\mathbf{R}$ 上的偶函数；(3) $\{a_n\}$ 是等比数列；(4) $\{b_n\}$ 是等差数列。

答案：(1)(3)(4)

解：(1)为真命题。分别取 $a=b=0$ 和 $a=b=1$，可得 $f(0)=f(1)$。

(2)为假命题。$f(x)$ 是 $\mathbf{R}$ 上的奇函数。证明如下：分别取 $a=b=x$ 和 $a=b=-x$，得

$$f(x^2)=f(xx)=xf(x)+xf(x)=2xf(x)$$

$$f(x^2)=f[(-x)(-x)]=-xf(-x)-xf(-x)=-2xf(-x)$$

左等亦右等。知 $2xf(x)=-2xf(-x)$，$2x[f(x)+f(-x)]=0$。当 $x=0$ 时，$f(0)=0$；当 $x\neq 0$ 时，$f(x)+f(-x)=0$。故函数为奇函数。

(3)(4)为真命题。由已知 $\dfrac{f(ab)}{ab}=\dfrac{f(a)}{a}+\dfrac{f(b)}{b}$，$\dfrac{f(abc)}{abc}=\dfrac{f(ab)}{ab}+\dfrac{f(c)}{c}=\dfrac{f(a)}{a}+\dfrac{f(b)}{b}+\dfrac{f(c)}{c}$

以此类推，$\dfrac{f(3^n)}{3^n}=\dfrac{f(3)}{3}+\dfrac{f(3)}{3}+\cdots+\dfrac{f(3)}{3}$ 共 n 项。$\dfrac{f(3^n)}{3^n}=n$。

所以 $\dfrac{f(3^n)}{n}=3^n$，$\{a_n\}$ 为等比数列；$\dfrac{f(3^n)}{3^n}=n$，$\{b_n\}$ 为等差数列。

点评：解题思路要开放。不能只关注数列自身的解题特殊技巧和方法，更应从数列是特殊的函数这一角度去思考问题。

【思考题】 （原创题）设 $x\in\mathbf{R}$，用 $[x]$ 表示不超过 x 的最大整数（如 $\left[\dfrac{\sqrt{5}-1}{2}\right]=0$，$[-0.1263]=-1$，$[7.63]=7$，等等），则 $G(x)=[x]$ 称为高

斯函数，也叫取整函数。设 $f(x)=\begin{cases}e^x-1, & x<0,\\ -e^{-x}+1, & x\geqslant 0,\end{cases}$ 则 $y=[f(x)]+[f(-x)]$ 的值域为__________。

答案：$\{-1, 0\}$

解析：$y=f(x)$ 是奇函数且值域为 $(-1, 1)$。将 $f(x)$ 看作一个整体，结合高斯函数 $G(x)$ 的性质，$[-x]=\begin{cases}-[x], & x\in \mathbf{Z},\\ -[x]-1, & x\notin \mathbf{Z},\end{cases}$ 可得 $y=[f(x)+f(-x)]$ 的值域为 $\{-1, 0\}$。

3. 交汇综合型试题

交汇综合型试题的特点是关注知识的内在联系和综合，从学科整体的意义上考虑问题。通过对新颖信息、情境的设问，在知识网络交汇处设计试题。较高程度地考查学生是否建立了科学合理的知识结构，学生对数学知识的理解速度，学生对数学方法的灵活运用程度。解题策略为：一是从题目的条件中提取对求解有用的信息，解题经验是常常从题目的求解(或证明)考虑需要的信息，注意挖掘题目中的隐含条件；二是将所提取的有关信息进行分析与整理，通过分析与综合，寻找从已知到未知、从未知到已知的信息与相关知识的衔接点，找到解题的恰当方法。

【例 5】 (2010 湖南)若数列 $\{a_n\}$ 满足：对任意的 $n\in \mathbf{N}^*$，只有有限个正整数 m 使得 $a_m<n$ 成立，记这样的 m 的个数为 $(a_n)^*$，则得到一个新数列 $\{(a_n)^*\}$。例如，若数列 $\{a_n\}$ 是 1，2，3，…，n，…，则数列 $\{(a_n)^*\}$ 是 0，1，2，…，$n-1$，…。已知对任意的 $n\in \mathbf{N}^*$，$a_n=n^2$，则 $(a_5)^*$ ________ 2，$((a_n)^*)^*$ ________ n^2。

答案：＝　＝

解析：因为 $a_m<5$，而 $a_n=n^2$，所以 $m=1$，2，所以 $(a_5)^*=2$。

因为 $(a_1)^*=0$，

$(a_2)^*=1$，$(a_3)^*=1$，$(a_4)^*=1$，

$(a_5)^*=2$，$(a_6)^*=2$，$(a_7)^*=2$，$(a_8)^*=2$，$(a_9)^*=2$，

$(a_{10})^*=3$，$(a_{11})^*=3$，$(a_{12})^*=3$，$(a_{13})^*=3$，$(a_{14})^*=3$，$(a_{15})^*=3$，$(a_{16})^*=3$，

所以 $((a_1)^*)^*=1$，$((a_2)^*)^*=4$，$((a_3)^*)^*=9$，$((a_4)^*)^*=16$，猜想 $((a_n)^*)^*=n^2$。

点评：本题以数列为背景，通过新定义考查学生的自学能力、创新能力、探究能力，属难题。需要考生读懂：从正整数中任取一个 n，数列中的某项小于它。这样的项 a_m 有多少个？a_m 是 a_n 中的项，$a_m=m^2$。令 $m^2<1$，这样的 m 不存在。所以新数列 $b_1=(a_1)^*=0$。令 $m^2<2$，这时整数 m 可以等于 1，即数列中只有 $a_1<2$。所以 $b_2=(a_2)^*=1$。同理，取 $n=5$，能使 $m^2<5$ 的项

只有 a_1，a_2。

所以$(a_5)^*=2$。这样得 $b_1=(a_1)^*=0$，$b_2=(a_2)^*=1$，$b_3=(a_3)^*=1$，$b_4=(a_4)^*=1$，$b_5=(a_5)^*=2$，$b_6=(a_6)^*=2$，…，$b_{16}=(a_{16})^*=3$。这样，$(b_1)^*=1$ 的意思是取 $n=1$，$\{b_n\}$只有第一项小于 1。$(b_2)^*=4$ 的意思是取 $n=2$，$\{b_n\}$只有前四项(0，1，1，1)小于 2。同理$(b_n)^*=n^2$。

【思考题】 对于数列$\{a_n\}$，定义数列$\{b_m\}$如下：对于正整数 m，b_m 是使得不等式$a_n\geqslant m$ 成立的所有n 中的最小值。(1)设$\{a_n\}$是单调递增数列，若 $a_3=4$，则 $b_4=$______；(2)若数列$\{a_n\}$的通项公式为 $a_n=2n-1$，$n\in\mathbf{N}^*$，则数列$\{b_m\}$的通项是______。

答案：(1)3　(2)$\left[\dfrac{m+2}{2}\right]$

解析：b_n 分别为 1，2，2，3，3，4，4，…

所以 $b_4=3$，$\{b_m\}=\begin{cases}\dfrac{m+1}{2}, & m\text{ 是奇数},\\ \dfrac{m+2}{2}, & m\text{ 是偶数}。\end{cases}$

也可以写成：$\{b_m\}=\begin{cases}k, & m=2k-1(k\in\mathbf{N}^*),\\ k+1, & m=2k(k\in\mathbf{N}^*),\end{cases}$

或$\{b_m\}=\dfrac{m}{2}+\dfrac{(-1)^m+3}{4}(n\in\mathbf{Z})$。

$b_m=\left[\dfrac{m+2}{2}\right]$。

【例 6】 (2007 上海·文改编)我们把由半椭圆$\dfrac{x^2}{a^2}+\dfrac{y^2}{b^2}=1$ $(x\geqslant0)$与半椭圆$\dfrac{y^2}{b^2}+\dfrac{x^2}{c^2}=1$ $(x\leqslant0)$合成的曲线称作“果圆”，其中 $a^2=b^2+c^2$，$a>0$，$b>c>0$。如右图，设点 F_0，F_1，F_2 是相应椭圆的焦点，A_1，A_2 和 B_1，B_2 是“果圆”与 x，y 轴的交点，M 是线段 A_1A_2 的中点。(1)设 P 是“果圆”的半椭圆$\dfrac{y^2}{b^2}+\dfrac{x^2}{c^2}=1(x\leqslant0)$上任意一点。求证：当$|PM|$取得最小值时，$P$ 在点 B_1，B_2 或 A_1 处。(2)设 P 是“果圆”上任一点，求$|PM|$取得最小值时点P 的横坐标。

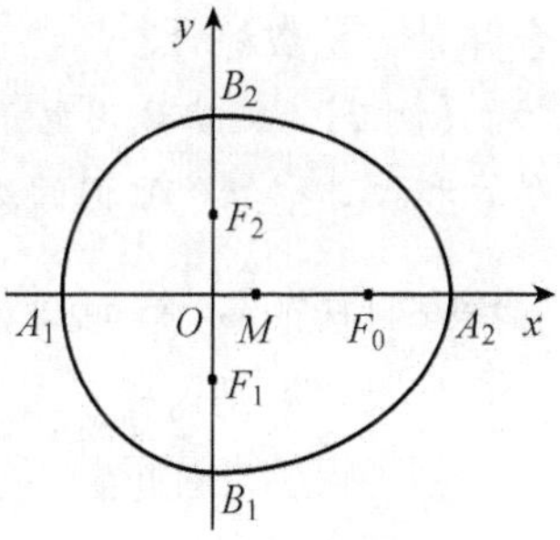

图 2

解：(1)设 $P(x,y)$，则 $|PM|^2=\left(x-\dfrac{a-c}{2}\right)^2+y^2=\left(1-\dfrac{b^2}{c^2}\right)x^2-(a-c)x+\dfrac{(a-c)^2}{4}+b^2$，$-c\leqslant x\leqslant0$。

$\because 1-\frac{b^2}{c^2}<0$，$\therefore$ $|PM|^2$ 的最小值只能在 $x=0$ 或 $x=-c$ 处取到。

即当 $|PM|$ 取得最小值时，P 在点 B_1，B_2 或 A_1 处。

(2)$\because$ $|A_1M|=|MA_2|$，且 B_1 和 B_2 同时位于“果圆”的半椭圆 $\frac{x^2}{a^2}+\frac{y^2}{b^2}=1(x\geqslant 0)$ 和半椭圆 $\frac{y^2}{b^2}+\frac{x^2}{c^2}=1(x\leqslant 0)$ 上，所以，由(1)知，只需研究 P 位于“果圆”的半椭圆 $\frac{x^2}{a^2}+\frac{y^2}{b^2}=1(x\geqslant 0)$ 上的情形即可。

$$|PM|^2=\left(x-\frac{a-c}{2}\right)^2+y^2=\frac{c^2}{a^2}\left[x-\frac{a^2(a-c)}{2c^2}\right]^2+b^2+\frac{(a-c)^2}{4}-\frac{a^2(a-c)^2}{4c^2}。$$

当 $x=\frac{a^2(a-c)}{2c^2}\leqslant a$，即 $a\leqslant 2c$ 时，$|PM|^2$ 的最小值在 $x=\frac{a^2(a-c)}{2c^2}$ 时取到，此时 P 的横坐标是 $\frac{a^2(a-c)}{2c^2}$。

当 $x=\frac{a^2(a-c)}{2c^2}>a$，即 $a>2c$ 时，由于 $|PM|^2$ 在 $x<a$ 时是递减的，$|PM|^2$ 的最小值在 $x=a$ 时取到，此时 P 的横坐标是 a。

综上所述，若 $a\leqslant 2c$，当 $|PM|$ 取得最小值时，点 P 的横坐标是 $\frac{a^2(a-c)}{2c^2}$；若 $a>2c$，当 $|PM|$ 取得最小值时，点 P 的横坐标是 a 或 $-c$。

点评：考生必须注意数学知识在各自发展过程中的纵向联系以及不同知识部分间的横向联系，把握结构，厘清脉络。本题体现圆锥曲线知识内部综合并且与函数综合。

【例 7】 某班试用电子投票系统选举班干部候选人。全班 k 名同学都有选举权和被选举权，他们的编号分别为 1，2，…，k，规定：同意按“1”，不同意(含弃权)按“0”，令 $a_{ij}=\begin{cases}1，第\ i\ 号同学同意第\ j\ 号同学当选，\\0，第\ i\ 号同学不同意第\ j\ 号同学当选，\end{cases}$ 其中 $i=1，2，…，k$，且 $j=1，2，…，k$，则同时同意第 1，2 号同学当选的人数为(　　)

A. $a_{11}+a_{12}+\cdots+a_{1k}+a_{21}+a_{22}+\cdots+a_{2k}$

B. $a_{11}+a_{21}+\cdots+a_{k1}+a_{12}+a_{22}+\cdots+a_{k2}$

C. $a_{11}a_{12}+a_{21}a_{22}+\cdots+a_{k1}a_{k2}$

D. $a_{11}a_{21}+a_{12}a_{22}+\cdots+a_{1k}a_{2k}$

答案：C

解析：第 1，2，…，k 名学生是否同意第 1 号同学当选依次由 a_{11}，a_{21}，a_{31}，…，a_{k1} 确定，$a_{ij}=1$ 表示同意，$a_{ij}=0$ 表示不同意或弃权。是否同意第 2 号同学当选依次由 a_{12}，a_{22}，a_{32}，…，a_{k2} 确定。而是否同时同意第 1，2 号同学当选依次由 $a_{11}a_{12}$，$a_{21}a_{22}$，$a_{31}a_{32}$，…，$a_{k1}a_{k2}$ 确定，故同时同意第 1，2 号

同学当选的人数为 $a_{11}a_{12}+a_{21}a_{22}+a_{31}a_{32}+\cdots+a_{k1}a_{k2}$。故选C。

点评：本题数列与信息技术知识交汇，符号 a_{ij} 的引入给考生带来神秘感。破解的途径为：从特殊到一般，化抽象为具体。理解符号含义，实现数学符号语言与文字语言的互译。

【思考题】 （2010 北京，20 改编）已知集合 $S_n=\{X \mid X=(x_1, x_2, \cdots, x_n), x_i\in\{0, 1\}, i=1, 2, \cdots, n\}(n\geqslant 2)$，对于 $A=(a_1, a_2, \cdots, a_n)$，$B=(b_1, b_2, \cdots, b_n)\in S_n$，定义 A 与 B 的差为 $A-B=(|a_1-b_1|, |a_2-b_2|, \cdots, |a_n-b_n|)$；$A$ 与 B 之间的距离为 $d(A, B)=\sum\limits_{i=1}^{n}|a_i-b_i|$。

求证：$\forall A, B, C\in S_n$，有 $A-B\in S_n$，且 $d(A-C, B-C)=d(A, B)$。

证明：$\because a_i, b_i, c_i\in\{0, 1\}$，$\therefore |a_i-c_i|, |b_i-c_i|\in\{0, 1\}$ $(i=1, 2, 3, \cdots, n)$

所以 $a_i^2=a_i$，$b_i^2=b_i$，$|a_i-c_i|=(a_i-c_i)^2$，$|b_i-c_i|=(b_i-c_i)^2$。

$$\begin{aligned}\text{所以}\ \big||a_i-c_i|-|b_i-c_i|\big| &= |(a_i-c_i)^2-(b_i-c_i)^2| = |a_i^2-b_i^2-2a_ic_i+2b_ic_i| \\ &= |a_i^2-b_i^2-2c_i(a_i-b_i)| = |a_i-b_i-2c_i(a_i-b_i)| \\ &= |a_i-c_i|\cdot|1-2c_i| = |a_i-b_i|\text{。}\end{aligned}$$

所以，$d(A-C, B-C)=d(A, B)$。

点评：本题由多个知识点交汇综合而成。将 $X=(x_1, x_2, x_3, \cdots, x_n)$ 理解为 n 维向量更有利于思考。只需讨论第 i 分量即可。与试卷标准答案不同的是，本解法从每一个中学生都熟悉的知识点“一个数的平方等于本身，这个数是 0 或 1”入手。在去绝对值的过程中，没有使用分类讨论。抓住 $a_i^2=a_i$，$b_i^2=b_i$ 的特征，即 $|0-0|=(0-0)^2$，$|1-0|=(1-0)^2$，$|0-1|=(0-1)^2$，$|1-1|=(1-1)^2$。考生需增强自己识别新符号的能力，用自己的语言正确表述出来。

总之，数学创新型试题涉及知识面广、开放度高、灵活性强。以“问题”为核心，以“探究”为途径，以“发现”为目的，是训练和考查学生的数学思维能力，分析问题和解决问题能力的好题型。需要考生结合平时所学的知识多联想和多类比，注意知识的活学活用，用所学知识去解决没有见过的新问题。

（2011 年 5 月发表于中央民族大学《伙伴共生》）

有的放矢　事半功倍

——新课标函数系列备考建议

高考命题，看似随意，扑朔迷离，但仔细研究实则具有相当强的稳定性和指向性，如果我们能很好地了解考试动态，把握命题规律，则会在复习备考时有的放矢，事半功倍，大大提高复习效率，高考也一定会旗开得胜，马到成功。我们从以下几个方面谈一下函数系列的复习建议。

一、把握规律，提高效率

集合与常用逻辑用语、函数与导数应统称为函数系列内容，这部分知识既是中学数学教学的重点，也是历年高考的重头戏。下面我们看新课标以来的近四年高考中考点出现的频度统计。

1. 集合在新课标高考中有稳定的比重，一般为一个小题，占 5 分。这部分内容涉及三个考点，分别是集合的含义与表示、集合间的相互关系和集合的基本运算。近三年的各省命题统计表明其中 80％的题目考查集合的基本运算，15％的题目考查集合间的相互关系，5％的题目考查集合的含义与表示。

2. 逻辑用语是新课标高考必考的内容，从历年高考真题来看，题目难度不大，主要是填空题，占 5 分。这部分内容涉及六个考点，分别是命题的改写、四种命题之间的关系、命题的否定、逻辑联结词及真值表、充要条件、全称命题与特称命题的关系等。还有一类是在导数的解答题中作为表达题面的工具来呈现。近四年的各省命题统计表明其中 50％的题目考查充要条件。20％的题目考查全称命题和特称命题，20％的题目考查逻辑联结词，涉及其他四个考点的题目只占 10％。

3. 函数与导数在新课标高考试卷中都占有很大的比重，一般的试卷占 20 多分，最多达 47 分。这部分内容涉及十个考点，分别是函数的概念及表示、函数的基本性质、函数的图象及变换、二次函数、幂函数指数与对数函数、函数与方程、导数的几何意义、导数的运算及应用、函数的应用问题、定积分及其应用。近四年的各省命题统计表明高考对本章知识考点的考查相对均衡，除导数的应用考查的频度一枝独秀之外，函数的基本性质的考查也相对较多，其他各考点考查的频度不相上下。值得提醒大家的是函数的概念及表示与函数的应用问题考查的频度逐渐走低。从近四年的新课标高考命题分析，对导数主要考查导数的几何意义、导数的基本性质和应用以及综合推理能力这三个热点，可分为三个层次：第一层次是主要考查求导公式和求导法则；第二层次是导数的应用，包括求函数的极值、求函数的单调区间、证明函数的单调性等；第三层次是综合考查，包括解决应用问题，将导数内容和传统内容中有关不等式和函数的单调性、函数的零点、解析几何中的切线问题等有机地结合在一起，设计综合试题。

二、突出重点，勤于总结

所谓重点指的是一些不易理解，但经常使用的概念、方法和规律，比如集合。集合问题相对容易，集合的运算也比较简单，重点弄懂以下三个问题则其他问题迎刃而解。

1. 弄清集合概念，区别“$\in$”与“$\subsetneqq$”、“$\subsetneqq$”与“$\subseteq$”。如写出 0 与 $\varnothing$、a 与 $\{a\}$、$\varnothing$ 与 $\{\varnothing\}$、$\{(1, 2)\}$ 与 $\{1, 2\}$ 的连接符号。

2. 区分集合中元素的形式。

如 $A=\{x \mid y=x^2+2x+1\}$；$B=\{y \mid y=x^2+2x+1\}$；$C=\{(x, y) \mid y=x^2+2x+1\}$；$D=\{x \mid x=x^2+2x+1\}$；$E=\{(x, y) \mid y=x^2+2x+1, x\in \mathbf{Z}, y\in \mathbf{Z}\}$。

3. 若集合 A 中有 $n(n\in \mathbf{N})$ 个元素，则集合 A 的所有不同的子集个数为 2^n，所有真子集的个数是 2^n-1，所有非空真子集的个数是 2^n-2。

集合问题主要有三类：集合的概念、集合的性质、集合的运算。而考题的呈现方式更多的是把集合的性质融入集合的概念和运算中。

【例 1】 (2011 广东，2)已知集合 $A=\{(x, y) \mid x, y$ 为实数，且 $x^2+y^2=1\}$，$B=\{(x, y) \mid x, y$ 为实数，且 $x+y=1\}$，那么 $A\cap B$ 的元素个数为(　　)

A. 4　　B. 3　　C. 2　　D. 1

答案：C

解析：$A\cap B$ 的元素个数等价于圆 $x^2+y^2=1$ 与直线 $x+y=1$ 的交点个数，显然有 2 个交点。

【例 2】 (2011 江苏，14)设集合 $A=\{(x, y) \mid \frac{m}{2}\leqslant (x-2)^2+y^2\leqslant m^2, x, y\in \mathbf{R}\}$，$B=\{(x, y) \mid 2m\leqslant x+y\leqslant 2m+1, x, y\in \mathbf{R}\}$，若 $A\cap B\neq\varnothing$，则实数 m 的取值范围是________。

答案：$\frac{1}{2}\leqslant m\leqslant 2+\sqrt{2}$

解析：当 $m\leqslant 0$ 时，集合 A 是以 $(2, 0)$ 为圆心，以 $|m|$ 为半径的圆，集合 B 是在两条平行线之间，$\frac{2-2m-1}{\sqrt{2}}+m=(1-\sqrt{2})m+\frac{\sqrt{2}}{2}>0$，因为 $A\cap B\neq\varnothing$，此时无解；

当 $m>0$ 时，集合 A 是以 $(2, 0)$ 为圆心，以 $\sqrt{\frac{m}{2}}$ 和 $|m|$ 为半径的圆环，集合 B 在两条平行线之间，必有 $\begin{cases}\frac{|2-2m|}{\sqrt{2}}\leqslant m, \\ \frac{m}{2}\leqslant m^2,\end{cases}$ $\therefore \frac{1}{2}\leqslant m\leqslant 2+\sqrt{2}$ 。

【例 3】 (2011 安徽·理，8)设集合 $A=\{1, 2, 3, 4, 5, 6\}$，$B\{4, 5, 6, 7\}$，则满足 $S\subseteq A$ 且 $S\cap B\neq\varnothing$ 的集合 S 的个数为(　　)

A. 57　　B. 56　　C. 49　　D. 8

答案：B

命题意图：本题考查集合间的基本关系，集合的基本运算，子集问题，组合知识。属中等难度题。

解析：集合 A 的所有子集共有 $2^6=64$ 个，其中不含 4，5，6，7 的子集有 $2^3=8$ 个，所以集合 S 共有 56 个。故选 B。

点评：本题考查集合子集个数公式。注意求真子集时千万不要忘记空集 $\varnothing$ 是任何非空集合的真子集。同时，A 不是 A 的真子集。

三、抓住核心，拓展思路

有些同学一提数学就头疼，认为数学太抽象，内容多，要求高，题目灵活多变，让人丈二和尚摸不着头脑。其实只要抓住核心，由点及面，就能够由此及彼、融会贯通。以函数为例，函数是高中数学使用频率最高的数学知识点，掌握了函数即掌握了高中数学的半壁江山。怎么才能学好函数呢？那就要抓住核心。而图象就是函数的核心，因为有了函数图象，函数的定义域、值域、单调性、奇偶性、周期性等函数的各部分元素就全都一目了然。当然很多时候只有一个直观的感觉还不够，还需要有微观的计算。华罗庚老先生说过这样一句话："数缺形时少直观，形缺数时难入微，数形结合千般好，两厢分离万事休。"讲的就是这个道理。

所谓图象指的是常见基本函数图象和图象变换，基本函数图象指的是 $y=x$、$y=x^2$、$y=x^3$、$y=\sqrt{x}$、$y=\dfrac{1}{x}$、$y=a^x(a>0$ 且 $a\neq1)$、$y=\log_a x(a>0$ 且 $a\neq1)$ 以及三角函数图象等。图象变换指的是以下四种图象变换：平移变换、对称变换、翻折变换和伸缩变换。

1. 平移变换

(1)水平平移：函数 $y=f(x+a)$ 的图象可以把函数 $y=f(x)$ 的图象沿 x 轴方向向左 $(a>0)$ 或向右 $(a<0)$ 平移 $|a|$ 个单位得到。

①$y=f(x)\xrightarrow{\text{左移 }h}y=f(x+h)$；②$y=f(x)\xrightarrow{\text{右移 }h}y=f(x-h)$。

(2)竖直平移：函数 $y=f(x)+a$ 的图象可以把函数 $y=f(x)$ 的图象沿 x 轴方向向上 $(a>0)$ 或向下 $(a<0)$ 平移 $|a|$ 个单位得到。

①$y=f(x)\xrightarrow{\text{上移 }h}y=f(x)+h$；②$y=f(x)\xrightarrow{\text{下移 }h}y=f(x)-h$。

2. 对称变换

(1)函数 $y=f(-x)$ 的图象可以将函数 $y=f(x)$ 的图象关于 y 轴对称得到。

$$y=f(x)\xrightarrow{y\text{ 轴}}y=f(-x)$$

(2)函数 $y=-f(x)$ 的图象可以将函数 $y=f(x)$ 的图象关于 x 轴对称得到。

$$y=f(x)\xrightarrow{x\text{轴}}y=-f(x)$$

(3)函数 $y=-f(-x)$ 的图象可以将函数 $y=f(x)$ 的图象关于原点对称得到。

$$y=f(x)\xrightarrow{\text{原点}}y=-f(-x)$$

(4)函数 $x=f(y)$ 的图象可以将函数 $y=f(x)$ 的图象关于直线 $y=x$ 对称得到。

$$y=f(x)\xrightarrow{\text{直线 }y=x}x=f(y)$$

(5)函数 $y=f(2a-x)$ 的图象可以将函数 $y=f(x)$ 的图象关于直线 $x=a$ 对称得到。

$$y=f(x)\xrightarrow{\text{直线 }x=a}y=f(2a-x)。$$

3. 翻折变换

(1)函数 $y=|f(x)|$ 的图象可以将函数 $y=f(x)$ 的图象的 x 轴下方部分沿 x 轴翻折到 x 轴上方，去掉原 x 轴下方部分，并保留 $y=f(x)$ 的 x 轴上方部分得到(如图 1 所示)。

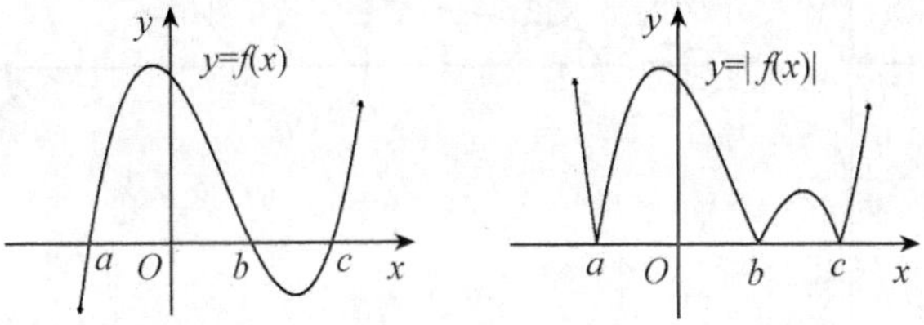

图 1

(2)函数 $y=f(|x|)$ 的图象可以将函数 $y=f(x)$ 的图象右边沿 y 轴翻折到 y 轴左边替代原 y 轴左边部分并保留 $y=f(x)$ 在 y 轴右边部分得到(如图 2 所示)。

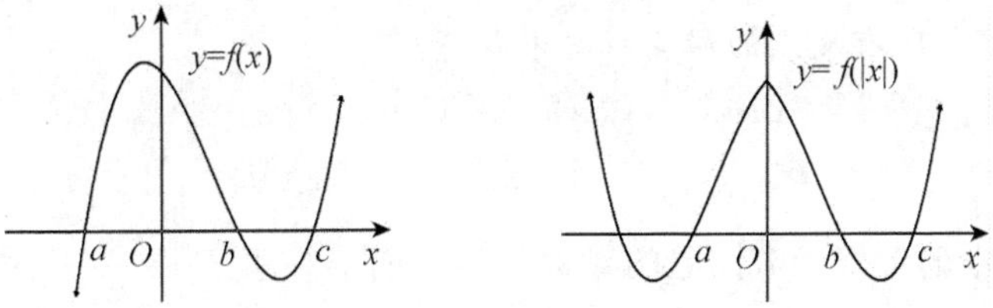

图 2

4. 伸缩变换

(1)函数 $y=af(x)(a>0)$ 的图象可以将函数 $y=f(x)$ 的图象中的每一点横坐标不变、纵坐标伸长($a>1$)或压缩($0<a<1$)为原来的 a 倍得到。

$$y=f(x)\xrightarrow{y\times a}y=af(x)$$

(2)函数 $y=f(ax)(a>0)$ 的图象可以将函数 $y=f(x)$ 的图象中的每一点纵坐标不变、横坐标伸长 $(a>1)$ 或压缩 $(0<a<1)$ 为原来的 $\frac{1}{a}$ 得到。

$$y=f(x)\xrightarrow{x\times a}y=f(ax)$$

函数问题多数可用函数图象来解决，甚至有很多题目如果不利用图象很难完成，但利用数形结合却能轻而易举得出答案。

【例 4】 (2011 全国·文，12)已知函数 $y=f(x)$ 的周期为 2，当 $x\in[-1, 1]$ 时 $f(x)=x^2$，那么函数 $y=f(x)$ 的图象与函数 $y=|\lg x|$ 的图象的交点共有(　　)

A. 10 个　　B. 9 个　　C. 8 个　　D. 1 个

答案：A

解析：本题考查函数的图象和性质，属于难题。

本题可用图象法解(如图 3 所示)，易知共 10 个交点。

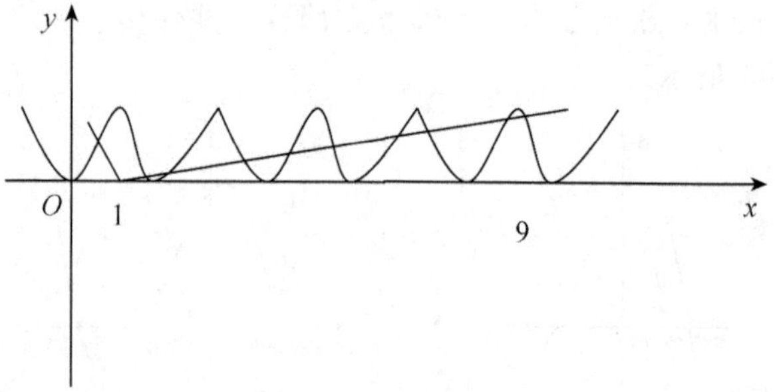

图 3

点评：本题利用函数的周期性得到函数图象，既考查了图象的形成过程，又要有数量之间的比较，充分体现了数形结合的内在含义。

【例 5】 (2011 全国·理，12)函数 $y=\frac{1}{1-x}$ 的图象与函数 $y=2\sin\pi x(-2\leqslant x\leqslant 4)$ 的图象所有交点的横坐标之和等于(　　)

A. 2　　B. 4　　C. 6　　D. 8

答案：D

解析：本题考查函数图象的对称问题，属于难题。$y=\frac{1}{x-1}$ 的对称中心是 $(1, 0)$，也是 $y=2\sin\pi x(-2\leqslant x\leqslant 4)$ 的中心。$-2\leqslant x\leqslant 4$ 时，它的图象在 $x=1$ 的左侧有 4 个交点，则 $x=1$ 右侧必有 4 个交点。所有交点关于 $(1, 0)$ 成中心对称，不妨把它们的横坐标由小到大分别设为 x_1，x_2，x_3，x_4，x_5，x_6，x_7，x_8，则 $x_1+x_8=x_2+x_7=x_3+x_6=x_4+x_5=2$，所以选 D。

点评：幂函数 $y=\frac{1}{x}$ 的图象与性质是解决该类问题的基础。

【例6】 (2011陕西·理，6)函数 $f(x)=\sqrt{x}-\cos x$ 在 $[0,+\infty)$ 内(　　)

A. 没有零点　　　　　　　　B. 有且仅有一个零点

C. 有且仅有两个零点　　　　D. 有无穷多个零点

答案：B

解析：本题利用数形结合法进行直观判断，或根据函数的性质(值域、单调性等)进行判断。

令 $f(x)=\sqrt{x}-\cos x=0$，则 $\sqrt{x}=\cos x$，设函数 $y=\sqrt{x}$ 和 $y=\cos x$，它们在 $[0,+\infty)$ 的图象如图4所示。显然两函数图象的交点有且只有一个，所以函数 $f(x)=\sqrt{x}-\cos x$ 在 $[0,+\infty)$ 内有且仅有一个零点。

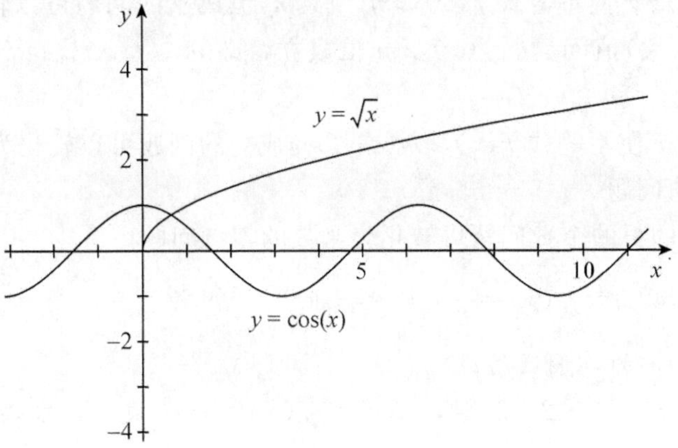

图4

点评：图象法求函数零点，解题思路是将“函数的零点”问题转化为“函数的交点问题”，借助函数的图象以及函数的图象变换规则求得结果即可。

四、领会实质，倡导通法

有些同学认为只要多做题就能够学好数学，因此对概念的学习和理解不重视，只想通过做题来弥补学习过程中的先天不足，这种本末倒置的学习方法往往导致的是事倍功半的学习效果。想学好数学，首先要做到领会知识点的实质，在此基础上灵活应用，突出通法，淡化技巧，拓展解题空间，提高解题能力。以导数为例。导数是什么？实质上就是下面这三句话：导数的数学本质是函数的瞬时变化率。导数的几何意义是切线的斜率。导数的物理背景是瞬时速度。而最普遍的两类问题就是切线问题和最值问题。切线问题考查的是导数的几何意义，而最值问题考查的恰是导数的数学本质。虽然题目千变万化，但是万变不离其宗。利用导数的几何意义解决切线相关问题需注意以下四点：

(1)切点既在切线上又在曲线上；

(2)切点的横坐标代入原函数则得切点纵坐标；

(3)切点的横坐标代入导函数则得切线斜率；

(4)如果切点未知要设出切点坐标。

【例7】 已知曲线 $y=\frac{1}{x}$。

(1)求曲线上 $x=1$ 处的切线方程；

(2)求曲线过点 $Q(1,0)$ 的切线方程；

(3)求满足斜率为 $-\frac{1}{3}$ 的曲线的切线方程。

利用导数解决最值问题也无非以下三类题型：

(1)对任意 x 使不等式 $f(x)\geqslant m$(或 $\leqslant m$)恒成立的问题可以转化为求函数 $f(x)$ 的最小(大)值问题。$f(x)\geqslant m$ 恒成立，即 $m\leqslant f(x)_{\min}$；$f(x)\leqslant m$ 恒成立，即 $f(x)_{\max}\leqslant m$。

(2)存在 x 使不等式 $f(x)\geqslant m$(或 $\leqslant m$)成立的问题可以转化为求函数 $f(x)$ 的最大(小)值问题。

(3)方程的根的个数问题可转化为函数的零点问题。

【例8】 设函数 $f(x)=\frac{1}{2}x^2+e^x-xe^x$。

(1)求 $f(x)$ 的单调区间；

(2)若对 $\forall x\in[-2,2]$ 时，不等式 $f(x)>m$ 恒成立，求实数 m 的取值范围；

(3)若 $\exists x\in[-2,2]$，使不等式 $f(x)>m$ 成立，求实数 m 的取值范围；

(4)若关于 x 的方程 $f(x)=e^x-xe^x+\ln x+a$ 在区间 $\left[\frac{1}{e},e\right]$ 上恰好有两个相异的实根，求实数 a 的取值范围。

解：(1)函数 $f(x)$ 的定义域为 $(-\infty,+\infty)$，

因为 $f'(x)=x+ex-(ex+xex)=x(1-ex)$，

$x<0$ 时得 $f'(x)=x(1-ex)<0$，$x>0$ 时也得 $f'(x)=x(1-ex)<0$，则单调递减区间为 $(-\infty,+\infty)$。

(2)由(1)知，$f(x)$ 在 $[-2,2]$ 上单调递减，

所以 $x\in[-2,2]$ 时，$[f(x)]_{\min}=f(2)=2-e^2$，

故 $m<2-e^2$ 时，不等式 $f(x)>m$ 恒成立。

(3)由(1)知，$f(x)$ 在 $[-2,2]$ 上单调递减，

所以 $x\in[-2,2]$ 时，$[f(x)]_{\max}=f(-2)=2+\frac{3}{e^2}$，

故 $m<2+\frac{3}{e^2}$ 时，存在 $x\in[-2,2]$，使不等式 $f(x)>m$ 成立。

(4)方程 $f(x)=e^x-xe^x+\ln x+a$，

即方程$\frac{1}{2}x^2-\ln x-a=0$，

记 $g(x)=\frac{1}{2}x^2-\ln x-a$，定义域为$(0,+\infty)$，

又 $g'(x)=x-\frac{1}{x}=\frac{(x-1)(x+1)}{x}$，

由 $g'(x)=0$，得 $x=1$ 或 $x=-1$(舍去)，

所以 $g(x)$在区间$\left[\frac{1}{e},1\right]$上单调递减，在区间$[1,e]$上单调递增，

为使方程 $f(x)=e^x-xe^x+\ln x+a$ 在区间$\left[\frac{1}{e},e\right]$上恰好有两个相异的实根，只需 $g(x)$在区间$\left[\frac{1}{e},1\right]$和$[1,e]$上各有一个实根。

于是有$\begin{cases}g\left(\frac{1}{e}\right)\geqslant 0,\\ g(1)<0,\\ g(e)\geqslant 0,\end{cases}$ 解得$\frac{1}{2}<a\leqslant 1+\frac{1}{2e^2}$。

利用导数研究函数性质是高考的重头戏，题干形式各不相同，有的直接以函数形式出现，也有的以解析几何、立体几何、数列等形式出现，但归根结底考查的还是以下几类题型。

1. 导数与函数的单调性，极值、最值

【例9】 (2011北京·理，18)已知函数 $f(x)=(x-k)^2e^{\frac{x}{k}}$。

(1)求 $f(x)$的单调区间；

(2)若对于任意的 $x\in(0,+\infty)$，都有 $f(x)\leqslant\frac{1}{e}$，求 k 的取值范围。

解：(1)$f'(x)=\frac{1}{k}(x-k)(x+k)e^{\frac{x}{k}}$

①当 $k>0$ 时，$f(x)$在$(-\infty,-k)$和$(k,+\infty)$上单调递增；在$(-k,k)$上单调递减。

②当 $k<0$ 时，$f(x)$在$(-\infty,k)$和$(-k,+\infty)$上单调递减；在$(k,-k)$上单调递增。

(2)如果 $k>0$，$f(x)$在$(0,k)$上单调递减；在$(k,+\infty)$上单调递增。当 $x\to+\infty$时，有 $f(x)\to+\infty$，所以 $f(x)\leqslant\frac{1}{e}$不可能恒成立。

如果 $k<0$，$f(x)$在$(0,-k)$上单调递增；在$(-k,+\infty)$上单调递减。所以 $f(x)_{\max}=f(-k)=4k^2e^{-1}$。要使 $f(x)\leqslant\frac{1}{e}$恒成立，只需$4k^2e^{-1}\leqslant\frac{1}{e}$，

即$4k^2\leqslant 1$，即$k\in\left(-\frac{1}{2}，0\right)$。所以，对于任意的$x\in(0，+\infty)$，都有$f(x)\leqslant\frac{1}{\mathrm{e}}$的$k$的取值范围是$\left(-\frac{1}{2}，0\right)$。

点评：本题既考查了运用导数确定函数单调区间的方法，同时也考查了运用导数求最值的方法。为了加强对学生能力的考查，本题给出的函数$f(x)$中不仅设置了参变量k，还要运用积的求导法则和复合函数的求导法则。解决本题的关键首先是要正确求出导数$f'(x)$；其次，在解不等式时，还要对k分类讨论，以确定单调区间。本题第二问一定要区分清楚究竟是关于x的全称命题还是特称命题，这也是考试中的热点问题。

2. 导数与不等式

【例10】 (2011全国·文，21)已知函数$f(x)=\frac{a\ln x}{x+1}+\frac{b}{x}$，曲线$y=f(x)$在点$(1，f(1))$处的切线方程为$x+2y-3=0$。

(Ⅰ)求a、b的值。

(Ⅱ)证明：当$x>0$，且$x\neq 1$时，$f(x)>\frac{\ln x}{x-1}$。

命题意图：本题考查导数的基本概念和几何意义。

(Ⅰ)解：$f'(x)=\dfrac{a\left(\frac{x+1}{x}-\ln x\right)}{(x+1)^2}-\dfrac{b}{x^2}$

由于直线$x+2y-3=0$的斜率为$-\frac{1}{2}$，且过点$(1，1)$，故$\begin{cases}f(1)=1，\\ f'(1)=-\frac{1}{2}，\end{cases}$即$\begin{cases}b=1，\\ \frac{a}{2}-b=-\frac{1}{2}，\end{cases}$解得$a=1$，$b=1$。

(Ⅱ)证明：由(Ⅰ)知$f(x)=\frac{\ln x}{x+1}+\frac{1}{x}$，所以

$f(x)-\frac{\ln x}{x-1}=\frac{1}{1-x^2}\left(2\ln x-\frac{x^2-1}{x}\right)$

考虑函数$h(x)=2\ln x-\frac{x^2-1}{x}$，

则$h'(x)=\frac{2}{x}-\frac{2x^2-(x^2-1)}{x^2}=-\frac{(x-1)^2}{x^2}$，

所以$x\neq 1$时，$h'(x)<0$，而$h(1)=0$，

故$x\in(0，1)$时，$h(x)>0$，可得$f(x)>\frac{\ln x}{x-1}$，

$x\in(1，+\infty)$时，$h(x)<0$，可得$f(x)>\frac{\ln x}{x-1}$，

从而当 $x>0$，且 $x\neq1$ 时，$f(x)>\dfrac{\ln x}{x-1}$。

不等式证明是高中数学中的重要内容，也是不等式的难点，虽然证明不等式有诸多方法，但有些问题也很难下手。导数这一工具性知识的引入，为我们证明不等式开辟了一条新的路径，将导数和不等式知识有机地结合起来，可以设计出题型新颖、综合性较强的试题，往往可以作为压轴题出现。

3. 导数与解析几何

【例 11】 (2011 山东·文，4)曲线 $y=x^2+11$ 在点 $P(1, 12)$ 处的切线与 y 轴交点的纵坐标是(　　)

A. -9　　B. -3　　C. 9　　D. 15

答案：C

解析：因为 $y'=3x^2$，切点为 $P(1, 12)$，所以切线的斜率为 3，故切线方程 $3x-y+9=0$，令 $x=0$，得 $y=9$，故选 C。

点评：要注意切点既在曲线上又在切线上，所以切点的坐标既满足曲线方程又满足切线方程。

【例 12】 (2008 北京·理)如图 5，有一块半椭圆形钢板，其长半轴长为 $2r$，短半轴长为 r，计划将此钢板切割成等腰梯形的形状，下底 AB 是半椭圆的短轴，上底 CD 的端点在椭圆上，记 $CD=2x$，梯形面积为 S。

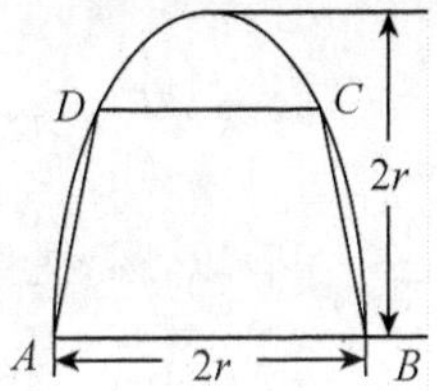

图 5

(Ⅰ)求面积 S 以 x 为自变量的函数式，并写出其定义域；

(Ⅱ)求面积 S 的最大值。

解：(Ⅰ)依题意，以 AB 的中点 O 为原点建立直角坐标系 Oxy(如图 6)，则点 C 的横坐标为 x。

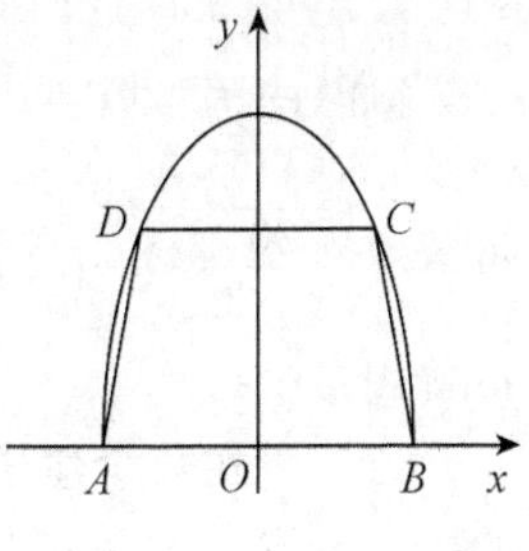

图 6

点 C 的纵坐标 y 满足方程 $\dfrac{x^2}{r^2}+\dfrac{y^2}{4r^2}=1(y\geqslant0)$，

解得 $y=2\sqrt{r^2-x^2}\ (0<x<r)$，

$$S=\frac{1}{2}(2x+2r)\cdot2\sqrt{r^2-x^2}$$

$$=2(x+r)\cdot\sqrt{r^2-x^2},$$

其定义域为 $\{x \mid 0<x<r\}$。

(Ⅱ)记 $f(x)=4(x+r)^2(r^2-x^2)$，$0<x<r$，

则 $f'(x)=8(x+r)^2(r-2x)$。

令 $f'(x)=0$，得 $x=\dfrac{1}{2}r$。

因为当 $0<x<\dfrac{r}{2}$ 时，$f'(x)>0$，当 $\dfrac{r}{2}<x<r$ 时，$f'(x)<0$，所以 $f\left(\dfrac{r}{2}\right)$

是 $f(x)$ 的最大值。

因此，当 $x=\frac{r}{2}$ 时，S 也取得最大值，最大值为 $\sqrt{f\left(\frac{r}{2}\right)}=\frac{3\sqrt{3}}{2}r^2$。

即梯形面积 S 的最大值为 $\frac{3\sqrt{3}}{2}r^2$。

4. 导数与立体几何

【例 13】（2011 山东·文，21）某企业拟建造如图 7 所示的容器（不计厚度，长度单位：米），其中容器的中间为圆柱形，左右两端均为半球形，按照设计要求容器的体积为 $\frac{80\pi}{3}$ 立方米，且 $l\geqslant 2r$。假设该容器的建造费用仅与其表面积有关。已知圆柱形部分每平方米建造费用为 3 千元，半球形部分每平方米建造费用为 $c(c>3)$。设该容器的建造费用为 y 千元。

（Ⅰ）写出 y 关于 r 的函数表达式，并求该函数的定义域；

（Ⅱ）求该容器的建造费用最少时的 r。

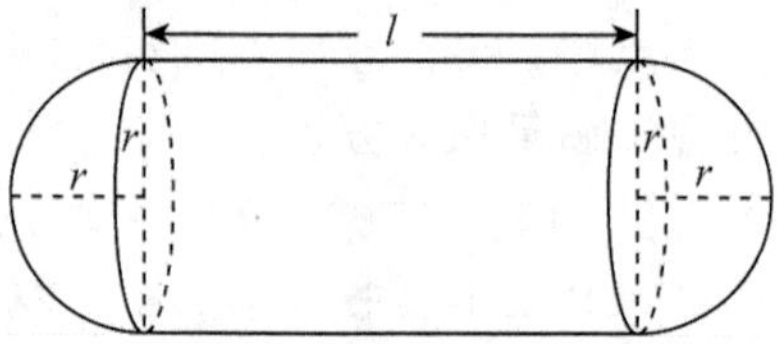

图 7

解：（Ⅰ）因为容器的体积为 $\frac{80\pi}{3}$ 立方米，所以 $\frac{4\pi r^3}{3}+\pi r^2 l=\frac{80\pi}{3}$，解得 $l=\frac{80}{3r^2}-\frac{4r}{3}$，所以圆柱的侧面积为 $2\pi rl=2\pi r\left(\frac{80}{3r^2}-\frac{4r}{3}\right)=\frac{160\pi}{3r}-\frac{8\pi r^2}{3}$，两端两个半球的表面积之和为 $4\pi r^2$，所以 $y=\frac{160\pi}{r}-8\pi r^2+4\pi c r^2$，定义域为 $\left(0,\ \frac{l}{2}\right)$。

（Ⅱ）因为 $y'=-\frac{160\pi}{r^2}-16\pi r+8\pi c r=\frac{8\pi[(c-2)r^3-20]}{r^2}$，所以令 $y'>0$，得 $r>\sqrt[3]{\frac{20}{c-2}}$；令 $y'<0$，得 $0<r<\sqrt[3]{\frac{20}{c-2}}$。所以 $r=\sqrt[3]{\frac{20}{c-2}}$ 米时，该容器的建造费用最少。

点评：在数学建模、函数与导数等的交汇处设计应用题，是高考新课程的一大特点。本题运用导数知识，降低了计算的难度，淡化了计算的技巧，解法流畅。

（发表于《试题调研》2014 年第 4 辑）

直击数列与不等式　剑指其四个关键点

一、数列

数列是高中数学的重要内容，又是学习高等数学的基础。高考对本章的考查比较全面，等差数列、等比数列的考查每年都不会遗漏。有关数列的试题经常是综合题，经常把数列知识和指数函数、对数函数和不等式的知识综合起来，试题也常把等差数列、等比数列、求极限和数学归纳法综合在一起。探索性问题是高考的热点，常在数列解答题中出现。本章中还蕴含着丰富的数学思想，在主观题中着重考查函数与方程、转化与化归、分类讨论等重要思想，以及配方法、换元法、待定系数法等基本数学方法。

近几年来，高考关于数列方面的命题主要有以下三个方面：(1)数列本身的有关知识，其中有等差数列与等比数列的概念、性质、通项公式及求和公式；(2)数列与其他知识的结合，其中有数列与函数、方程、不等式、三角、几何的结合；(3)数列的应用问题，其中主要以增长率问题为主。试题的难度有三个层次，小题大都以基础题为主，解答题大都以基础题和中档题为主，只有个别地方用数列与几何的综合与函数、不等式的综合作为最后一题，难度较大。

1. 知识整合

(1)在掌握等差数列、等比数列的定义、性质、通项公式、前 n 项和公式的基础上，系统掌握解等差数列与等比数列综合题的规律，深化数学思想方法在解题实践中的指导作用，灵活地运用数列知识和方法解决数学和实际生活中的有关问题。

(2)在解决综合题和探索性问题实践中加深对基础知识、基本技能和基本数学思想方法的认识，沟通各类知识的联系，形成更完整的知识网络，提高分析问题和解决问题的能力，进一步培养学生阅读理解和创新的能力，综合运用数学思想方法分析问题与解决问题的能力。

(3)培养学生善于分析题意，富于联想，以适应新的背景、新的设问方式，提高学生用函数的思想、方程的思想研究数列问题的自觉性，培养学生主动探索的精神和科学理性的思维方法。

2. 例题解析

【例 1】 已知等差数列$\{a_n\}$的前 n 项和为 S_n，$n\in \mathbf{N}^*$，且满足 $a_2+a_4=14$，$S_7=70$。

(1)求数列$\{a_n\}$的通项公式。

(2)若 $b_n=\dfrac{2S_n+48}{n}$，则数列$\{b_n\}$的最小项是第几项？并求该项的值。

解：(1)设公差为 d，则有$\begin{cases}2a_1+4d=14,\\7a_1+21d=70,\end{cases}$解得$\begin{cases}a_1=1,\\d=3,\end{cases}$

$\therefore a_n=3n-2$。

(2)$S_n=\frac{n}{2}[1+(3n-2)]=\frac{3n^2-n}{2}$，

$b_n=\frac{3n^2-n+48}{n}=3n+\frac{48}{n}-1\geqslant 2\sqrt{3n\cdot\frac{48}{n}}-1=23$，当且仅当 $3n=\frac{48}{n}$，即 $n=4$ 时取等号。

$\therefore\{b_n\}$最小项是第 4 项，该项的值为 23。

【例 2】 已知数列$\{a_n\}$的前 n 项和为 S_n，$3S_n=a_n-1(n\in\mathbf{N}^*)$。

(1)求 a_1，a_2。

(2)求证：数列$\{a_n\}$是等比数列。

(3)求 a_n和 S_n。

解：(1)由 $3S_1=a_1-1$，得 $3a_1=a_1-1$，$\therefore a_1=-\frac{1}{2}$。

又 $3S_2=a_2-1$，即 $3a_1+3a_2=a_2-1$，得 $a_2=\frac{1}{4}$。

(2)证明：当 $n\geqslant 2$ 时，$a_n=S_n-S_{n-1}=\frac{1}{3}(a_n-1)-\frac{1}{3}(a_{n-1}-1)$，得 $\frac{a_n}{a_{n-1}}=-\frac{1}{2}$，所以$\{a_n\}$是首项为$-\frac{1}{2}$，公比为$-\frac{1}{2}$的等比数列。

(3)由(2)可得 $a_n=\left(-\frac{1}{2}\right)^n$，

$$S_n=\frac{\left(-\frac{1}{2}\right)\left[1-\left(-\frac{1}{2}\right)^n\right]}{1-\left(-\frac{1}{2}\right)}=-\frac{1}{3}\left[1-\left(-\frac{1}{2}\right)^n\right]。$$

【例 3】 在各项均为正数的等比数列$\{a_n\}$中，已知 $a_2=2a_1+3$，且 $3a_2$，a_4，$5a_3$成等差数列。

(1)求数列$\{a_n\}$的通项公式。

(2)设 $b_n=\log_3 a_n$，求数列$\{a_nb_n\}$的前 n 项和 S_n。

解：(1)设$\{a_n\}$公比为 q，由题意得 $q>0$，

且$\begin{cases}a_2=2a_1+3,\\3a_2+5a_3=2a_4,\end{cases}$即$\begin{cases}a_1(q-2)=3,\\2q^2-5q-3=0,\end{cases}$

解得$\begin{cases}a_1=3,\\q=3\end{cases}$或$\begin{cases}a_1=-\frac{6}{5},\\q=-\frac{1}{2}\end{cases}$（舍），

所以数列$\{a_n\}$的通项公式为 $a_n=3\cdot 3^{n-1}=3^n$，$n\in\mathbf{N}^*$。

(2)由(1)可得 $b_n=\log_3 a_n=n$，所以 $a_nb_n=n\cdot 3^n$。

所以 $S_n=1\cdot 3+2\cdot 3^2+3\cdot 3^3+\cdots+n\cdot 3^n$，

所以 $3S_n=1\cdot 3^2+2\cdot 3^3+3\cdot 3^4+\cdots+n\cdot 3^{n+1}$，

两式相减得，$2S_n=-3-(3^2+3^3+\cdots+3^n)+n\cdot 3^{n+1}=-(3+3^2+3^3+\cdots+3^n)+n\cdot 3^{n+1}=-\dfrac{3(1-3^n)}{1-3}+n\cdot 3^{n+1}=\dfrac{3+(2n-1)\cdot 3^{n+1}}{2}$，

所以数列$\{a_nb_n\}$的前 n 项和 $S_n=\dfrac{3+(2n-1)\cdot 3^{n+1}}{4}$。

【例 4】 (2013 广东)设数列$\{a_n\}$的前 n 项和为 S_n。已知 $a_1=1$，$\dfrac{2S_n}{n}=a_{n+1}-\dfrac{1}{3}n^2-n-\dfrac{2}{3}$，$n\in\mathbf{N}^*$。

(1)求 a_2 的值。

(2)求数列$\{a_n\}$的通项公式。

(3)证明：对一切正整数 n，有$\dfrac{1}{a_1}+\dfrac{1}{a_2}+\cdots+\dfrac{1}{a_n}<\dfrac{7}{4}$。

解：(1)$\because \dfrac{2S_n}{n}=a_{n+1}-\dfrac{1}{3}n^2-n-\dfrac{2}{3}$，$n\in\mathbf{N}^*$。

$\therefore$当 $n=1$ 时，$2a_1=2S_1=a_2-\dfrac{1}{3}-1-\dfrac{2}{3}=a_2-2$。

又$\because a_1=1$，$\therefore a_2=4$。

(2)$\because \dfrac{2S_n}{n}=a_{n+1}-\dfrac{1}{3}n^2-n-\dfrac{2}{3}$，$n\in\mathbf{N}^*$。

$\therefore 2S_n=na_{n+1}-\dfrac{1}{3}n^3-n^2-\dfrac{2}{3}n=na_{n+1}-\dfrac{n(n+1)(n+2)}{3}$，①

$\therefore$当 $n\geqslant 2$ 时，$2S_{n-1}=(n-1)a_n-\dfrac{(n-1)n(n+1)}{3}$，②

由①－②，得 $2S_n-2S_{n-1}=na_{n+1}-(n-1)a_n-n(n+1)$，

$\because 2a_n=2S_n-2S_{n-1}$，

$\therefore 2a_n=na_{n+1}-(n-1)a_n-n(n+1)$，

$\therefore \dfrac{a_{n+1}}{n+1}-\dfrac{a_n}{n}=1$，

$\therefore$数列$\left\{\dfrac{a_n}{n}\right\}$是以首项为$\dfrac{a_1}{1}=1$，公差为 1 的等差数列。

$\therefore \dfrac{a_n}{n}=1+1\times(n-1)=n$，$\therefore a_n=n^2(n\geqslant 2)$，

当 $n=1$ 时，上式显然成立。$\therefore a_n=n^2$，$n\in\mathbf{N}^*$。

(3)证明：由(2)知，$a_n=n^2$，$n\in\mathbf{N}^*$。

① 当 $n=1$ 时，$\dfrac{1}{a_1}=1<\dfrac{7}{4}$，$\therefore$原不等式成立。

② 当 $n=2$ 时，$\frac{1}{a_1}+\frac{1}{a_2}=1+\frac{1}{4}<\frac{7}{4}$，∴原不等式成立。

③ 当 $n\geqslant 3$ 时，∵ $n^2>(n-1)\cdot(n+1)$，

∴ $\frac{1}{n^2}<\frac{1}{(n-1)\cdot(n+1)}$，

∴ $\frac{1}{a_1}+\frac{1}{a_2}+\cdots+\frac{1}{a_n}=\frac{1}{1^2}+\frac{1}{2^2}+\cdots+\frac{1}{n^2}$

$<1+\frac{1}{1\times 3}+\frac{1}{2\times 4}+\cdots+\frac{1}{(n-2)\cdot n}+\frac{1}{(n-1)\cdot(n+1)}$

$=1+\frac{1}{2}\left(\frac{1}{1}-\frac{1}{3}\right)+\frac{1}{2}\left(\frac{1}{2}-\frac{1}{4}\right)+\frac{1}{2}\left(\frac{1}{3}-\frac{1}{5}\right)+\cdots+\frac{1}{2}\left(\frac{1}{n-2}-\frac{1}{n}\right)+\frac{1}{2}\left(\frac{1}{n-1}-\frac{1}{n+1}\right)$

$=1+\frac{1}{2}\left(\frac{1}{1}-\frac{1}{3}+\frac{1}{2}-\frac{1}{4}+\frac{1}{3}-\frac{1}{5}+\cdots+\frac{1}{n-2}-\frac{1}{n}+\frac{1}{n-1}-\frac{1}{n+1}\right)$

$=1+\frac{1}{2}\left(\frac{1}{1}+\frac{1}{2}-\frac{1}{n}-\frac{1}{n+1}\right)$

$=\frac{7}{4}+\frac{1}{2}\left(-\frac{1}{n}-\frac{1}{n+1}\right)<\frac{7}{4}$，

∴当 $n\geqslant 3$ 时，原不等式亦成立。

综上，对一切正整数 n，有 $\frac{1}{a_1}+\frac{1}{a_2}+\cdots+\frac{1}{a_n}<\frac{7}{4}$。

二、不等式、推理与证明

1. 知识特点

(1)不等式应用十分广泛，是高中数学的主要工具，试题类型多、方法多、概念要求较高，特别是不等式性质的条件与结论，基本不等式的条件等。

(2)不等式的性质本身就是解题的手段和方法，要认真理解和体会不等式性质的条件与结论，并运用它解题。

(3)一元二次不等式的解法及求解程序框图一定要在理解的基础上掌握，因为求解的程序框图就是求解的一般方法与步骤。

(4)二元一次不等式组与简单的线性规划是解决最优化问题的一个重要手段，但画图时一定要细心，然后求出目标函数的最值。

(5)基本不等式的条件是解题的关键，一定要认真体会，会运用基本不等式来证明或求解问题。

(6)推理与证明贯穿于每一个章节，是对以前所学知识的总结与归纳，概念较多，知识比较系统，逻辑性较强，在高中数学中有着特殊地位。

2. 重点关注

不等式、推理与证明的学习应立足基础，重在理解，加强训练，学会建

模，培养能力，提高素质，因此在学习中应重点注意以下几点：

(1)学习不等式性质时，要弄清条件与结论，要克服“想当然”和“显然成立”的思维定式，要以比较准则和实数的运算法则为依据解决问题。

(2)解某些不等式时，要与函数的定义域、值域、单调性联系起来，注重数形结合思想，解含参数不等式时要注重分类讨论的思想。

(3)利用基本不等式求最值时，要满足三个条件：一正，二定，三相等。

(4)要强化不等式的应用意识，同时要注意不等式与函数和方程的对比与联系，充分利用函数方程思想、数形结合思想处理不等式问题。

(5)利用线性规划解决实际问题，充分利用数形结合思想，会达到事半功倍的效果，因此力求画图标准。

(6)深刻理解合情推理的含义，归纳解决这类问题的规律和方法，掌握分析法、综合法、反证法的证明过程和解题特点。

(7)合情推理中主要包括类比推理与归纳推理两种推理模式，类比、归纳的数学思想是在进行问题探讨、研究时常见的思想方法。

(8)数学归纳法是证明数列、等式、不等式的有效方法，证明问题时要注意充分利用归纳假设，同时注意项数的变化，在证明不等问题时，注意放缩、作差等方法的应用。

3. 地位和作用

不等式通常会和函数、方程结合起来考查学生的综合能力，一般有一道选择、计算或填空出现在高考试题中，学好不等式的证明及计算是很重要的。涉及不等式的大题有时也会和求函数的最值结合。

推理与证明主要包括合情推理和演绎推理、直接证明与间接证明、数学归纳法(理科)等内容，其中推理中的合情推理、演绎推理几乎涉及数学方方面面的知识，代表研究性命题的发展趋势，选择题、填空题、解答题都可能涉及，该部分命题的方向主要会在函数、三角、数列、立体几何、解析几何等方面，在新的高考中都会涉及和渗透，但单独出题的可能性较小。

总体来说，这一章在高考命题上将会呈现以下特点：

(1)考查题型以选择题、填空题为主，偶尔以解答题形式出现，但多数是解答题中的一部分，如与数列、函数、解析几何等结合考查。

(2)重点考查不等式解法、不等式应用、线性规划以及不等式与其他知识的结合，另在推理与证明中将会重点考查。

合情推理与演绎推理及证明方法，偶尔考查数学归纳法，注重知识交汇处的命题。

(3)预计本章在今后的高考中仍将在不等式的解法、基本不等式应用、线性规划以及推理与证明和其他知识的交汇处命题，更加注重应用与能力的考查。

4. 例题解析

【例5】 不等式$\frac{1-2x}{x+1}>0$的解集是__________。

答案：$\left(-1，\frac{1}{2}\right)$

解析：不等式$\frac{1-2x}{x+1}>0$等价于$(1-2x)(x+1)>0$，也就是$\left(x-\frac{1}{2}\right)(x+1)<0$，所以$-1<x<\frac{1}{2}$。

【例6】 已知x，y满足约束条件$\begin{cases}x-4y\leqslant -3,\\3x+5y\leqslant 25,\\x\geqslant 1。\end{cases}$试求解下列问题。

(1)$z=\sqrt{x^2+y^2}$的最大值和最小值；

(2)$z=\frac{y}{x+2}$的最大值和最小值；

(3)$z=|3x+4y+3|$的最大值和最小值。

解：(1)$z=\sqrt{x^2+y^2}$表示的几何意义是区域中的点$(x，y)$到原点$(0，0)$的距离，则$z_{\max}=\sqrt{5}$，$z_{\min}=\frac{1}{2}$。

(2)$z=\frac{y}{x+2}$表示区域中的点$(x，y)$与点$(-2，0)$连线的斜率，则$z_{\max}=1$，$z_{\min}=\frac{1}{4}$。

(3)$z=|3x+4y+3|=5\cdot\frac{|3x+4y+3|}{5}$，而$\frac{|3x+4y+3|}{5}$表示区域中的点$(x，y)$到直线$3x+4y+3=0$的距离，则$z_{\max}=14$，$z_{\min}=5$。

【例7】 (2013上海)设常数$a>0$，若$9x+\frac{a^2}{x}\geqslant a+1$对一切正实数$x$成立，则$a$的取值范围为__________。

答案：$\left[\frac{1}{5}，+\infty\right)$

解析：$9x+\frac{a^2}{x}\geqslant 2\sqrt{9x\cdot\frac{a^2}{x}}=6a$，所以$6a\geqslant a+1$，即$a\geqslant\frac{1}{5}$。

【例8】 已知函数$f(x)=\frac{2x-a}{x^2+2}$在区间$[-1，1]$上是增函数。

(1)求实数a的值组成的集合A；

(2)设x_1，x_2是关于x的方程$f(x)=\frac{1}{x}$的两个相异实根，若对任意$a\in A$及$t\in[-1，1]$，不等式$m^2+tm+1\geqslant|x_1-x_2|$恒成立，求实数$m$的取值

范围。

解：(1) $f'(x)=\dfrac{4-2x^2+2ax}{(x^2+2)^2}$，

因为 $f(x)$ 在 $[-1,1]$ 上是增函数，所以当 $x\in[-1,1]$ 时，

$f'(x)\geqslant 0$ 恒成立，

令 $\varphi(x)=x^2-ax-2$，即 $x^2-ax-2\leqslant 0$ 恒成立。

$\begin{cases}\varphi(1)=-a-1\leqslant 0,\\ \varphi(-1)=a-1\leqslant 0,\end{cases}$ 解得 $-1\leqslant a\leqslant 1$。

所以 $A=\{a\mid -1\leqslant a\leqslant 1\}$。

(2)由 $f(x)=\dfrac{1}{x}$ 得 $x^2-ax-2=0$。

设 x_1，x_2 是方程 $x^2-ax-2=0$ 的两个根，所以 $x_1+x_2=a$，$x_1x_2=-2$。从而 $|x_1-x_2|=\sqrt{(x_1+x_2)^2-4x_1x_2}=\sqrt{a^2+8}$，因为 $a\in[-1,1]$，所以 $\sqrt{a^2+8}\leqslant 3$，即 $|x_1-x_2|_{\max}=3$。

不等式对任意 $a\in A$ 及 $t\in[-1,1]$ 恒成立，

即 $m^2+tm-2\geqslant 0$ 恒成立。

设 $g(t)=m^2+tm-2=mt+m^2-2$，则

$\begin{cases}g(1)=m^2+m-2\geqslant 0,\\ g(-1)=m^2-m-2\geqslant 0,\end{cases}$

解得 $m\geqslant 2$ 或 $m\leqslant -2$。

故 m 的取值范围是 $(-\infty,-2]\cup[2,+\infty)$。

【例 9】 （综合法和分析法）数列 $\{a_n\}$ 的前 n 项和记为 S_n，已知 $a_1=1$，$a_{n+1}=\dfrac{n+2}{n}S_n(n=1,2,3,\cdots)$。证明：

(1)数列 $\left\{\dfrac{S_n}{n}\right\}$ 是等比数列；

(2) $S_{n+1}=4a_n$。

证明：(1) $\because a_{n+1}=S_{n+1}-S_n$，$a_{n+1}=\dfrac{n+2}{n}S_n(n=1,2,3,\cdots)$，

$\therefore (n+2)S_n=n(S_{n+1}-S_n)$，

整理得 $nS_{n+1}=2(n+1)S_n$，$\therefore \dfrac{S_{n+1}}{n+1}=2\cdot\dfrac{Sn}{n}$，

即 $\dfrac{\frac{S_{n+1}}{n+1}}{\frac{S_n}{n}}=2$，$\therefore$ 数列 $\left\{\dfrac{S_n}{n}\right\}$ 是等比数列。

(2)由(1)知 $\dfrac{S_{n+1}}{n+1}=4\cdot\dfrac{S_{n-1}}{n-1}(n\geqslant 2)$，于是 $S_{n+1}=4\cdot(n+1)\cdot\dfrac{S_{n-1}}{n-1}=4a_n$

$(n\geqslant 2)$。又$\because a_2=3S_1=3$，$\therefore$ $S_2=a_1+a_2=1+3=4a_1$，

$\therefore$ 对一切 $n\in\mathbf{N}^*$，都有 $S_{n+1}=4a_n$。

【例 10】 用数学归纳法证明：

$$1-\frac{1}{2}+\frac{1}{3}-\frac{1}{4}+\cdots+\frac{1}{2n-1}-\frac{1}{2n}=\frac{1}{n+1}+\frac{1}{n+2}+\cdots+\frac{1}{2n}(n\in\mathbf{N}^*)。$$

证明：① 当 $n=1$ 时，等式左边$=1-\frac{1}{2}=\frac{1}{2}=$右边，等式成立。

② 假设当 $n=k(k\in\mathbf{N}^*)$时，等式成立，即 $1-\frac{1}{2}+\frac{1}{3}-\frac{1}{4}+\cdots+\frac{1}{2k-1}-\frac{1}{2k}=\frac{1}{k+1}+\frac{1}{k+2}+\cdots+\frac{1}{2k}$，那么，当 $n=k+1$ 时，有 $1-\frac{1}{2}+\frac{1}{3}-\frac{1}{4}+\cdots+\frac{1}{2k-1}-\frac{1}{2k}+\frac{1}{2k+1}-\frac{1}{2k+2}=\frac{1}{k+1}+\frac{1}{k+2}+\cdots+\frac{1}{2k}+\frac{1}{2k+1}-\frac{1}{2k+2}=\frac{1}{k+2}+\frac{1}{k+3}+\cdots+\frac{1}{2k+1}+\frac{1}{2k+2}$。上式表明：当 $n=k+1$ 时，等式也成立。

由①②知，等式对任意 $n\in\mathbf{N}^*$ 均成立。

（发表于《试题调研》2015 年第 3 辑）

按图索骥快解题　循规蹈矩巧得分

高考试题的命制注重知识、技能与思想方法的考查，更注重通性通法的考查。随着新课标的不断深入，高考试题的难度逐步降低，注重各模块基础知识的综合性。但数学知识、方法多，所以在数学复习过程中，同学们感到题做了不少但成绩却难以提高，“一听就懂、一看就会、一做就错、一放就忘”的现象颇令同学们感到头痛。归根结底是因为掌握的解题技巧和方法零散，没有一套成熟的解题思路，碰到简单的题目或能轻易应用特定方法技巧的题目还行，有难度的题目或不易使用技巧的题目就难以对付。那么，如何在数学方面有所提高？我们必须对自己的学习方式、方法进行必要的反思，解决好“学什么，如何学，学得怎样”的问题。

在平时的学习中注意多分析解题思路，多总结解题规律，形成一套自己行之有效的解题方法，才是快速提高数学成绩的关键。下面我们借用美国著名数学教育家波利亚的名著《怎样解题》的思想——弄清问题→拟订计划→实现计划→回顾——来探讨一下解题方法。

1. 解题思维的实践案例

【例 1】 已知函数 $f(x)=\sin x+\tan x$。项数为 27 的等差数列$\{a_n\}$满足 $a_n\in\left(-\frac{\pi}{2},\frac{\pi}{2}\right)$，且公差 $d\neq 0$。若 $f(a_1)+f(a_2)+\cdots+f(a_{27})=0$，则当 $k=$________时，$f(a_k)=0$。

答案：14

思维过程：第一步：（弄清题目的条件是什么，解题目标是什么。）通过观察，易知条件函数 $f(x)=\sin x+\tan x$ 是奇函数，而奇函数有性质 $f(-x)=-f(x)$，即 $f(-x)+f(x)=0$。取 $x=0$，得 $f(0)=0$。由等差数列$\{a_n\}$的条件信息可知，其数列的正负项有正有负，且均匀地分布在数轴上。

第二步：（探究问题已知与未知、条件与目标之间的联系，构思解题过程。）寻找条件和解题目标的联系，从奇函数与等差数列的关系 $f(a_1)+f(a_2)+\cdots+f(a_{27})=0$，容易挖掘出：数列的正负项互为相反数，且中间项 $a_{14}=0$。

规范解答：第三步：（形成书面的解题程序，书写规范的解题过程。）因为$\{a_n\}$是项数为 27 的等差数列，所以 a_{14} 是数列$\{a_n\}$的中间项。当将数列$\{a_n\}$的各项均看作 x 轴上对应的点时，其相邻两点的间距都相等。当 $a_n\in\left(-\frac{\pi}{2},\frac{\pi}{2}\right)$时，因为 $y=\sin x$ 与 $y=\tan x$ 图象都关于坐标原点对称，所以函数 $f(x)$的图象必定关于坐标原点对称。要使等式 $f(a_1)+f(a_2)+\cdots+f(a_{27})=0$ 成立，仅需点$(a_{14},f(a_{14}))$为坐标原点，故 $k=14$，即应当填 14。

反思与回顾：第四步：（反思解题思维过程的入手点、关键点、易错点，用到的数学思想方法，以及考查的知识、技能和基本活动经验。）本题属于数列和函数的综合题，隐含考查了数形结合的思想、对称的思想。关键是发现问题里的函数是奇函数，再结合等差数列的性质便能获得正确的解题途径。

【例 2】 若 $\cos\alpha+2\sin\alpha=-\sqrt{5}$，则 $\tan\alpha=$(　　)

A. $\frac{1}{2}$　　B. 2　　C. $-\frac{1}{2}$　　D. -2

答案：B

思维过程：第一步：题设条件等式里有正弦函数、余弦函数，而解题目标是求正切函数的值。

第二步：要实现条件与解题目标之间的转化，一种思维方向是把条件等式里的正弦函数、余弦函数想办法转化为正弦函数，建立正弦函数的方程，解方程就可以了。

可以对 $\cos\alpha+2\sin\alpha=-\sqrt{5}$的两边同除以 $\cos\alpha$，平方，变形……

规范解答：第三步：对 $\cos\alpha+2\sin\alpha=-\sqrt{5}$的两边除以 $\cos\alpha$，得

$$\frac{\cos\alpha+2\sin\alpha}{\cos\alpha}=-\frac{\sqrt{5}}{\cos\alpha},$$

即
$$1+2\tan\alpha=-\frac{\sqrt{5}}{\cos\alpha},$$

平方，得
$$(1+2\tan\alpha)^2=\frac{5}{\cos^2\alpha},$$

再利用“1”的代换，得 $(1+2\tan\alpha)^2=\dfrac{5(\cos^2\alpha+\sin^2\alpha)}{\cos^2\alpha}$，

即 $(1+2\tan\alpha)^2=5(1+\tan^2\alpha)$，$(1+2\tan\alpha)^2=\dfrac{5(\cos^2\alpha+\sin^2\alpha)}{\cos^2\alpha}$，

即 $\tan^2\alpha-4\tan\alpha+4=0$，所以 $\tan\alpha=2$，选择 B。

反思与回顾：第四步：在变换出 $1+2\tan\alpha=-\dfrac{\sqrt{5}}{\cos\alpha}$后，右边的分母还没有变化为目标函数，需要对其平方，需要分子添加 $1=\cos^2\alpha+\sin^2\alpha$，这是解题的难点所在。

深入观察，反复思考与挖掘，若能发现三角式 $\cos\alpha+2\sin\alpha$ 的最小值为 $-\sqrt{5}$，就有奇妙的构造函数的解答方法。

构造函数 $f(x)=\cos x+2\sin x$，依照题意可知：当 $x=\alpha$ 时，函数 $f(x)$取得最小值$-\sqrt{5}$，此时，有 $f'(\alpha)=0$，也就是$-\sin x+2\cos x=0$，所以 $\tan\alpha=2$，应选择 B。

【例 3】 已知二次函数 $y=g(x)$的导函数的图象与直线 $y=2x$ 平行，且 $y=g(x)$在 $x=-1$ 处取得极小值 $m-1(m\neq0)$。设 $f(x)=\dfrac{g(x)}{x}$。

(1)若曲线 $y=f(x)$上的点 P 到点 $Q(0, 2)$的距离的最小值为$\sqrt{2}$，求 m 的值。

(2)$k(k\in\mathbf{R})$如何取值时，函数 $y=f(x)-kx$ 存在零点？并求出零点。

思维过程：第一步：依照题意，二次函数 $y=g(x)$，就可以设出二次函数的一般式 $y=g(x)=ax^2+bx+c$，再求导数，进而由题意确定系数，就可求得 $f(x)$的解析式。逐步翻译转化，实现条件向解题目标的变更。解题目标是求字母 m 的值，就要建立 m 的方程，利用方程的观点实现问题的解答。函数零点的讨论，需要分类处理，渐进接近目标，层次化、分情况实现问题解决。

第二步：构造圆的方程，研究圆和曲线 $y=f(x)$相切，利用一元二次方程的判别式，以及一元二次方程解的讨论作答。

规范解答：第三步：设二次函数 $y=g(x)=ax^2+bx+c$，则 $g(x)=2ax+b$，由此直线与 $y=2x$ 平行，得 $2a=2$，$a=1$。因为 $y=g(x)$在 $x=-1$ 处取得极小值 $m-1(m\neq0)$，所以$-\dfrac{b}{2a}=-\dfrac{b}{2}=-1$，$b=2$。而 $g(-1)=a-b+c=1-2+c=m-1$，得 $c=m$。于是 $g(x)=x^2+2x+m$，得 $f(x)=x+\dfrac{m}{x}+2$。

(1)以 $Q(0, 2)$为圆心，$\sqrt{2}$为半径的圆的方程为 $x^2+(y-2)^2=2$，如下页图。

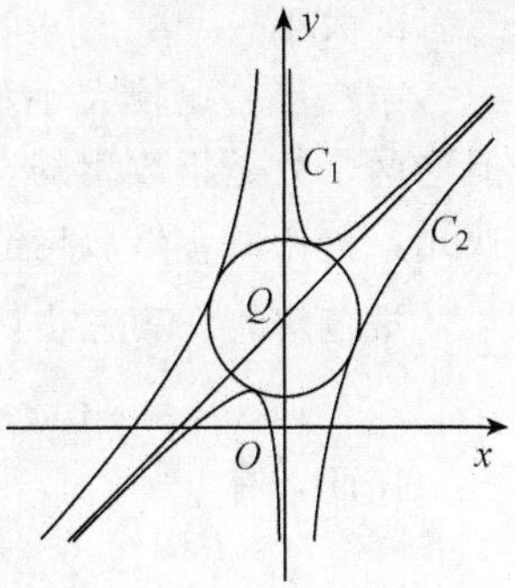

显然，当曲线 $y=x+\frac{m}{x}+2$ 与圆 Q 相切时，曲线 $y=f(x)$ 上的点 P 到点 $Q(0,\ 2)$ 的距离的最小值为$\sqrt{2}$。

由$\begin{cases}x^2+(y-2)^2=2,\\ y=x+\frac{m}{x}+2,\end{cases}$ 消去 y，化简得

$2(x^2)^2+2(m-1)x^2+m^2=0$，

因为判别式 $\Delta=4(m-1)^2-8m^2=0$，

所以，$m=\pm\sqrt{2}-1$。

综上，当 $m=\pm\sqrt{2}-1$ 时，曲线 $y=f(x)$ 上的点 P 到点 $Q(0,\ 2)$ 的距离的最小值为$\sqrt{2}$。

(2)函数 $y=x+\frac{m}{x}+2-kx$ 有零点等价于方程 $x+\frac{m}{x}+2-kx=0$ 有解，解出参数 k，得 $k=\frac{m}{x^2}+\frac{2}{x}+1(*)$

对 $k=1$，方程$(*)$有唯一解 $x=-\frac{m}{2}$，函数 $y=f(x)-kx$ 有一个零点 $x=-\frac{m}{2}$；

对 $k\neq1$，当 $m>0$ 时，$k=m\left(\frac{1}{x}+\frac{1}{m}\right)^2+1-\frac{1}{m}$，要使方程$(*)$有解，只需要 $k\geqslant1-\frac{1}{m}$；

当 $m<0$ 时，$k=m\left(\frac{1}{x}+\frac{1}{m}\right)^2+1-\frac{1}{m}$，要使$(*)$有解，只需 $k\leqslant1-\frac{1}{m}$。

此时方程的解即函数的零点，为 $x_1=\frac{1+\sqrt{1+m(k-1)}}{k-1}$，$x_2=\frac{1-\sqrt{1+m(k-1)}}{k-1}$。

反思与回顾：第四步：不构造圆的方程，你能解答此题吗？请给出常规的解答方法。设点坐标，设函数解析式，设曲线的方程，利用待定系数法求参数，是解题的通性通法。“如何设?”“设什么?”是有讲究的。“设、列、解”是解题的基本操作方式，望读者多思考和感悟。对号函数 $f(x)=x+\frac{a}{x}$是高考的热点之一，你感觉到了吗?

【例 4】 当正整数 $n>8$ 时，比较$\sqrt{n}^{\sqrt{n+1}}$与 $\sqrt{n+1}^{\sqrt{n}}$的大小。

思维过程：第一步：题设给了两个数$\sqrt{n}^{\sqrt{n+1}}$，$\sqrt{n+1}^{\sqrt{n}}$，解题目标是比较

二者的大小。

第二步：比较大小型的问题是常见的，一般是用作差或者作商的办法。但这两个数是指数型的，作差或者作商后的变形是难以进行的。因此需要先换元，再作商，然后构造函数，等等。

规范解答：第三步：设 $a=\sqrt{n}^{\sqrt{n+1}}$，$b=\sqrt{n+1}^{\sqrt{n}}$，应用取对数方法，得

$$\ln a=\sqrt{n+1}\ln\sqrt{n}，\ln b=\sqrt{n}\ln\sqrt{n+1}，$$

作商，有

$$\frac{\ln a}{\ln b}=\frac{\sqrt{n+1}\ln\sqrt{n}}{\sqrt{n}\ln\sqrt{n+1}}=\frac{\frac{\ln\sqrt{n}}{\sqrt{n}}}{\frac{\ln\sqrt{n+1}}{\sqrt{n+1}}}。$$

观察以上代数结构，容易想到：构造函数 $f(x)=\frac{\ln x}{x}$，当 $x>\mathrm{e}$ 时，$f'(x)=\frac{1-\ln x}{x^2}<0$，所以，函数 $f(x)=\frac{\ln x}{x}$ 在 $(\mathrm{e},+\infty)$ 上是一个递减函数。

从而，当正整数 $n>8$ 时，$\sqrt{n}$、$\sqrt{n+1}\in(\mathrm{e},+\infty)$，有 $\frac{\ln\sqrt{n}}{\sqrt{n}}>\frac{\ln\sqrt{n+1}}{\sqrt{n+1}}>0$，

即有 $\frac{\ln a}{\ln b}>1$，所以 $\lg a>\lg b$，

即 $a>b$。

故 $\sqrt{n}^{\sqrt{n+1}}>\sqrt{n+1}^{\sqrt{n}}$。

反思与回顾：第四步：这个问题是比较难的，发现解答方法，获得解题智慧，需要一定的思考力。其换元方法是常用的，构造函数依据有效的代数结构、合理的联想，以及新旧知识的“对接”和思维的迁移作用。

2. 万能解题模板之通性通法

对于中学阶段用于解答数学问题的方法，罗增儒先生将其分为三类：

(1)具有创立学科功能的方法。如公理化方法、模型化方法、结构化方法，以及集合论方法、极限方法、坐标方法、向量方法等。在具体的解题中，具有统领全局的作用。

(2)体现一般思维规律的方法。如观察、试验、比较、分类、猜想、类比、联想、归纳、演绎、分析、综合等。在具体的解题中，有通理通法、适应面广的特征，常用于思路的发现与探求。

(3)具体进行论证演算的方法。这又可以依其适应面分为两个层次：第一层次是适应面较宽的求解方法，如消元法、换元法、降次法、待定系数法、反证法、同一法、数学归纳法(即递推法)、坐标法、三角法、数形结合法、构造法、配方法，等等；第二层次是适应面较窄的求解技巧，如因式分解法以及因式分解里的“裂项法”，函数作图的“描点法”以及三角函数作图的“五点

法”，几何证明里的“截长补短法”“补形法”，数列求和里的“裂项相消法”等。

我们知道，数学是关于数与形的科学，数与形的有机结合是数学解题的基本思想。数学是关于模式的科学，这反映了数学解题时，需要进行“模式识别”，需要建构标准的模型。往往遇到的问题是标准模型里的参数是需要待定的，这说明待定系数法属于解题的通性通法。数学是一种符号，引入符号可以将自然语言转换为符号语言，通过中间量的代换，就能将复杂问题简单化。数学解题就是一系列连续的化归与转化，将复杂问题简单化、将陌生问题熟悉化，消元、减少参变元的个数是常用的方法。在代数式的变形中，往往要分离出非负的量，配方是经常使用且很有效的方法。

看来，数形转换法、待定系数法、变量代换法、消元法、配方法等是中学数学解题的通性通法。把几何是直观推理、代数是有序推理、解题的通性通法与具体的题案结合起来，整体把握数学解题的通性通法，抓住通性通法的本质，科学有效地实施解题分析，形成解题思维链，进行解题后的反思与优化，其目的在于通过有限问题的训练来获得解答无限问题的解题智慧。

（发表于《试题调研》2013 年第 5 辑）

准确把握数学思想　合理构建知识网络

俗语说：一轮看基础，二轮看水平。第二轮复习，是考生数学能力和学习成绩大幅度提高的关键阶段。二轮复习就是在基础知识梳理和归纳的基础上，达到三个目的：一是把握知识主干，突出重点，即提炼和把握函数与导数、三角函数与平面向量、立体几何、解析几何、数列、不等式、概率与统计七大知识板块中的重点、难点；二是提炼数学思想和方法，即提炼函数与方程、化归与转化、数形结合、分类与整合、特殊与一般、或然与必然六大数学思想方法，掌握各题型的特点和规律，把握解题方法，形成应试技巧；三是提升能力，即通过专题复习，将已经把握的基础知识转化为实际解题能力。

数学家华罗庚先生说：“数学是一个原则，无数内容，一种方法，到处可用。”数学思想方法是中学数学的灵魂，在二轮复习过程中，我们应在深刻把握知识主干的同时，领会数学的内容、意义和方法，提炼数学思想方法，提高数学应用意识。

1. 函数与方程的思想

函数思想，是指用函数的概念和性质去分析问题、转化问题和解决问题；方程思想，是从问题的数量关系入手，运用数学语言将问题中的条件转化为数学模型（方程、不等式或方程与不等式的混合组），然后通过解方程（组）或不等式（组）使问题获解。有时还通过函数与方程的互相转化、接轨，达到解决问题的目的。

应用函数思想的几种常见题型是：遇到变量，构造函数关系解题；有关的不等式、方程、最小值和最大值之类的问题，利用函数观点加以分析；含有多个变量的数学问题中，选定合适的主变量，从而揭示其中的函数关系；实际应用问题，翻译成数学语言，建立数学模型和函数关系式，应用函数性质或不等式等知识解答；等差、等比数列中，通项公式、前 n 项和的公式，都可以看成 n 的函数，数列问题也可以用函数方法解决等。

应用方程思想的几种常见题型是：遇到未知量，构建方程或方程组求解，如求解函数解析式、圆锥曲线方程、等差等比数列中的基本量的求解等；讨论两种曲线的位置关系，利用方程的理论揭示点的坐标与方程系数之间的关系；利用方程解的知识解决存在性问题等。

【例1】 已知函数 $f(x)=\ln x-\frac{a}{x}$。

(1)若 $f(x)$ 在 $[1, e]$ 上的最小值为 $\frac{3}{2}$，求 a 的值；

(2)若 $f(x)<x^2$ 在 $(1, +\infty)$ 上恒成立，求 a 的取值范围。

分析：(1)利用导数求出函数在 $[1, e]$ 上的最小值，根据已知建立关于 a 的方程求解；(2)根据不等式的特征，分离参数后将其转化为函数的最值问题解决。

解：(1)由题意：$f(x)$ 的定义域为 $(0, +\infty)$，且 $f'(x)=\frac{1}{x}+\frac{a}{x^2}=\frac{x+a}{x^2}$。

① 若 $a\geqslant -1$，则 $x+a\geqslant 0$，即 $f'(x)\geqslant 0$ 在 $[1, e]$ 上恒成立，此时 $f(x)$ 在 $[1, e]$ 上为增函数，

$\therefore [f(x)]_{\min}=f(1)=-a=\frac{3}{2}$，$\therefore a=-\frac{3}{2}$(舍去)。

② 若 $a\leqslant -e$，则 $x+a\leqslant 0$，即 $f'(x)\leqslant 0$ 在 $[1, e]$ 上恒成立，此时 $f(x)$ 在 $[1, e]$ 上为减函数，

$\therefore [f(x)]_{\min}=f(e)=1-\frac{a}{e}=\frac{3}{2}\Rightarrow a=-\frac{e}{2}$(舍去)。

③ 若 $-e<a<-1$，令 $f'(x)=0$，得 $x=-a$，

当 $1<x<-a$ 时，$f'(x)<0$，$\therefore f(x)$ 在 $(1, -a)$ 上为减函数；

当 $-a<x<e$ 时，$f'(x)>0$，$\therefore f(x)$ 在 $(-a, e)$ 上为增函数。

$\therefore [f(x)]_{\min}=f(-a)=\ln(-a)+1=\frac{3}{2}\Rightarrow a=-\sqrt{e}$，

综上可知：$a=-\sqrt{e}$。

(2)$\because f(x)<x^2$，$\therefore \ln x-\frac{a}{x}<x^2$。又$\because x>0$，$\therefore a>x\ln x-x^3$。

令 $g(x)=x\ln x-x^3$，$h(x)=g'(x)=1+\ln x-3x^2$，$h'(x)=\frac{1}{x}-6x=\frac{1-6x^2}{x}$，

$\because h(x)$在$[1,+\infty)$上是减函数，$\therefore h(x)<h(1)=-2$，即 $g'(x)<0$，

$\therefore g(x)$在$[1,+\infty)$上也是减函数，$\therefore g(x)<g(1)=-1$。

令 $a\geqslant-1$，得 $a>g(x)$，$\therefore$当 $f(x)<x^2$ 在$(1,+\infty)$恒成立时，$a\geqslant-1$。

2. 化归与转化思想

著名数学家、莫斯科大学教授 C. A. 雅洁卡娅提出："解题就是把要解题转化为已经解过的题。"数学的解题过程，就是从未知向已知、从复杂到简单的化归转换过程。

化归与转化思想就是把未知解的问题转化到在已有知识范围内可解的问题的一种重要的思想方法，通过不断转化，把不熟悉、不规范、复杂的问题转化为熟悉、规范甚至模式化、简单的问题。我们要不断培养和训练自觉的转化意识，强化解决数学问题的应变能力，提高思维能力和技能、技巧。

化归与转化思想方法的特点是灵活性和多样性，在解决数学问题时，没有一个统一的模式去进行，它可以在数与数、形与形、数与形之间进行转换；它可以在宏观上进行等价转化，如在分析和解决实际问题的过程中，普通语言向数学语言的翻译；它可以在符号系统内部实施转换，即恒等变形。消去法、换元法、数形结合法、求值求范围问题等，都体现了等价转化思想，我们更是经常在函数、方程、不等式之间进行等价转化。由于其多样性和灵活性，我们要合理地设计好转化的途径和方法，避免死搬硬套题型。

【例 2】 在$\triangle ABC$中，a、b、c分别为内角A、B、C的对边，且$2a\sin A=(2b+c)\sin B+(2c+b)\sin C$。

（Ⅰ）求 A 的大小；

（Ⅱ）若 $\sin B+\sin C=1$，试判断$\triangle ABC$的形状。

分析：（Ⅰ）根据正弦定理，将等式中的角换成对应的边，从而转化为三角形三边所满足的条件，然后根据余弦定理求解角 A；（Ⅱ）先将题中的等式利用正弦定理转化为角的正弦之间的关系，代入 $\sin B+\sin C=1$，解方程组求得 $\sin B$，$\sin C$ 的值，判断三角形的形状。

解：（Ⅰ）由已知，根据正弦定理得 $2a^2=(2b+c)b+(2c+b)c$，

即 $a^2=b^2+c^2+bc$，

由余弦定理得 $a^2=b^2+c^2-2bc\cos A$，故 $\cos A=-\frac{1}{2}$，$A=120°$。

（Ⅱ）根据正弦定理，由（Ⅰ）得$\sin^2A=\sin^2B+\sin^2C+\sin B\sin C$。

又因为 $A=120°$，故$\sin^2B+\sin^2C+\sin B\sin C=\frac{3}{4}$，

即$(\sin B+\sin C)^2-\sin B\sin C=\dfrac{3}{4}$，

又 $\sin B+\sin C=1$，代入得 $\sin B\sin C=\dfrac{1}{4}$，

故 $\sin B(1-\sin B)=\dfrac{1}{4}$，解得 $\sin B=\dfrac{1}{2}$，故 $\sin C=\dfrac{1}{2}$，

因为 $0°<B<90°$，$0°<C<90°$，故 $B=C=30°$。

所以$\triangle ABC$是等腰钝角三角形。

3. 数形结合的思想

恩格斯曾说过："数学是研究现实世界的量的关系与空间形式的科学。"数形结合就是根据数学问题的条件和结论之间的内在联系，既分析其代数意义，又揭示其几何直观，使数量关系的精确刻画与空间形式的直观形象巧妙、和谐地结合在一起，充分利用这种结合，寻找解题思路，使问题化难为易、化繁为简，从而得到解决。

数形结合的思想，其实质是将抽象的数学语言与直观的图象结合起来，关键是代数问题与图形之间的相互转化。它可以使代数问题几何化、几何问题代数化。在运用时要注意三点：第一要准确把握数学概念和运算的几何意义以及曲线的代数特征，对数学题目中的条件和结论既分析其几何意义又分析其代数意义；第二是恰当设参，合理用参，建立关系，由数思形，以形想数，做好数形转化；第三是正确确定参数的取值范围。

【例 3】 若函数 $f(x)=a^x-x-a(a>0$ 且 $a\neq1)$有两个零点，则实数 a 的取值范围是________。

分析：函数 $f(x)=a^x-x-a$ 的图象无法直接作出，所以不能根据函数 $f(x)$的零点直接判断参数的取值范围，可将函数 $f(x)$的零点转化为两个函数 $y=a^x$ 与 $y=x+a$ 图象的交点进行讨论。

解：函数 $f(x)$的零点的个数就是两个函数 $y=a^x$ 与 $y=x+a$ 图象的交点个数，当 $a>1$ 时，根据函数图象可知，两个函数图象必有两个交点(如图 1)；当 $0<a<1$ 时，根据函数图象可知，两个函数的图象有且仅有一个交点(如图 2)。故实数 a 的取值范围是$(1,+\infty)$。

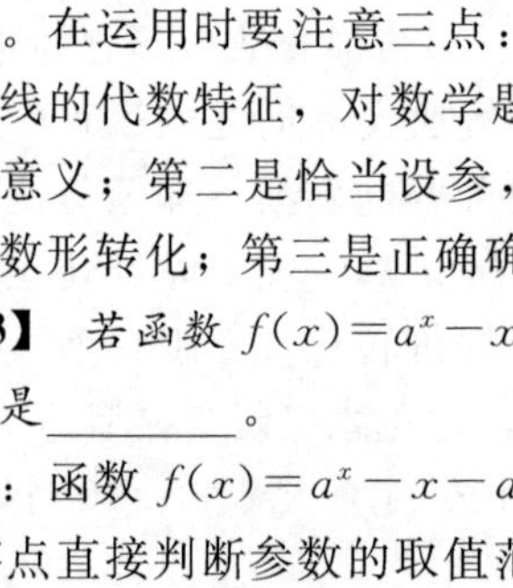

图 1

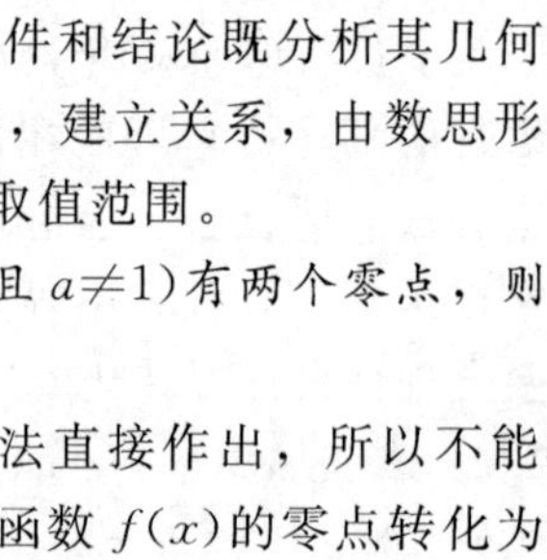

图 2

4. 分类与整合的思想

在解答某些数学问题时，有时会遇到多种情况，需要对各种情况加以分类，并逐类求解，然后综合得解，这就是分类与整合的思想。分类讨论是一种逻辑方法，是一种重要的数学思想，同时也是一种重要的解题策略，它体现了化整为零、积零为整的思想与归类整理的方法。有关分类讨论思想的数学问题具有明显的逻辑性、综合性、探索性，能训练人的思维条理性和概括性，所以在高考试题中占有重要的位置。

解答分类讨论问题时，我们的基本方法和步骤是：第一，确定讨论对象以及讨论对象的全体范围；第二，确定分类标准，正确进行合理分类，即标准统一、不漏不重、分类互斥(没有重复)；第三，对所分类逐步进行讨论，分级进行，获取阶段性结果；第四，进行归纳小结，综合得出结论。

【例 4】 已知椭圆 C：$\frac{x^2}{a^2}+\frac{y^2}{b^2}=1$ $(a>b>0)$经过点 $M(1,\ \frac{3}{2})$，其离心率为$\frac{1}{2}$。

(Ⅰ)求椭圆 C 的方程；

(Ⅱ)设直线 l 与椭圆 C 相交于 A，B 两点，以线段 OA，OB 为邻边作平行四边形 $OAPB$，其中顶点 P 在椭圆 C 上，O 为坐标原点。求 O 到直线 l 的距离的最小值。

分析：(Ⅰ)先由离心率确定 a、b 的关系，然后代入点的坐标求解；(Ⅱ)根据直线的斜率是否存在分别求出点 O 到直线 l 的距离，然后求解最值。

解：(Ⅰ)由已知，$e^2=\frac{a^2-b^2}{a^2}=\frac{1}{4}$，所以 $3a^2=4b^2$。 ①

又点 $M(1,\ \frac{3}{2})$在椭圆 C 上，所以$\frac{1}{a^2}+\frac{9}{4b^2}=1$。 ②

由①②解之，得 $a^2=4$，$b^2=3$。

故椭圆 C 的方程为$\frac{x^2}{4}+\frac{y^2}{3}=1$。

(Ⅱ)当直线 l 有斜率时，设 $y=kx+m$，

则由$\begin{cases} y=kx+m, \\ \frac{x^2}{4}+\frac{y^2}{3}=1, \end{cases}$消去 y 得$(3+4k^2)x^2+8kmx+4m^2-12=0$，

$\Delta=64k^2m^2-4(3+4k^2)(4m^2-12)=48(3+4k^2-m^2)>0$， ③

设 A、B、P 点的坐标分别为$(x_1,\ y_1)$、$(x_2,\ y_2)$、$(x_0,\ y_0)$，则：

$x_0=x_1+x_2=-\frac{8km}{3+4k^2}$，$y_0=y_1+y_2=k(x_1+x_2)+2m=\frac{6m}{3+4k^2}$，

由于点 P 在椭圆 C 上，所以$\frac{x_0^2}{4}+\frac{y_0^2}{3}=1$。

从而$\frac{16k^2m^2}{(3+4k^2)^2}+\frac{12m^2}{(3+4k^2)^2}=1$，化简得$4m^2=3+4k^2$，经检验满足③式。

又点O到直线l的距离为：

$$d=\frac{|m|}{\sqrt{1+k^2}}=\frac{\sqrt{\frac{3}{4}+k^2}}{\sqrt{1+k^2}}=\sqrt{1-\frac{1}{4(1+k^2)}}\geqslant\sqrt{1-\frac{1}{4}}=\frac{\sqrt{3}}{2}$$

当且仅当$k=0$时等号成立，当直线l无斜率时，由对称性知，点P一定在x轴上，从而P点为$(-2, 0)$，$(2, 0)$，直线l为$x=\pm1$，所以点O到直线l的距离为1。

综上，点O到直线l的距离最小值为$\frac{\sqrt{3}}{2}$。

5. 特殊与一般的思想

由特殊到一般，再由一般到特殊，这种反复认识的过程是人们认识世界的基本过程之一。对数学而言，这就是我们常说的特殊与一般的数学思想。用这种思想解选择题有时特别有效，这是因为一个命题在普遍意义上成立时，在特殊情况下也必然成立。根据这一点，我们可以直接确定选择题中的正确选项。不仅如此，用这种思想方法去探求主观题的求解策略，也同样精彩。

有些特殊问题，需要我们通过一般性规律的研究来处理；而对于具有一般性的问题，我们也常通过考查其特殊情况(如特殊图形、特殊位置、特殊取值等)揭示其一般规律。这种特殊与一般的辩证思想往往贯穿于整个解题过程中。通过特殊化能使我们认识问题更加全面，而将问题一般化能使我们认识问题更加深刻。

特殊与一般的数学思想在解决抽象函数、解析几何中的定点与定值、三角函数图象的平移以及类比推理与归纳推理等问题中应用比较多。

【例5】 已知下列不等式：

$x+\frac{1}{x}\geqslant2$；

$x+\frac{4}{x^2}\geqslant3$；

$x+\frac{27}{x^3}\geqslant4$；

……

则第六个不等式为__________。

分析：先根据已知的不等式总结归纳每个式子的结构特征，归纳出其一般规律，然后再写出第六个不等式。

解：$x+\frac{n^n}{x^n}\geqslant n+1$ 所给的不等式的左边第一个式子都是x，不同之处在于第二个式子：当 $n=1$ 时，为$\frac{1}{x}$；当 $n=2$ 时，为$\frac{4}{x^2}$；当 $n=3$ 时，为$\frac{27}{x^3}$，…。

显然式子中的分子与分母是对应的，分母为 x^n，分子是 n^n，所以不等式左边的式子为 $x+\frac{n^n}{x^n}$，显然不等式右边的式子为 $n+1$，即第 n 个不等式为 $x+\frac{n^n}{x^n}\geqslant n+1$。

故第六个不等式为 $x+\frac{6^6}{x^6}\geqslant 7$。

6. 或然与必然的思想

随机现象有两个最基本的特征：一是结果的随机性，这是偶然；二是频率的稳定性，这是必然。这正是概率与统计问题的核心，即在“偶然”中寻找“必然”，然后用“必然”的规律去解决“偶然”的问题，这就是或然与必然的数学思想。

随着新教材的实施，高考中对概率内容的考查已经放在了重要的位置，通过对古典概型、几何概型、互斥事件有一个发生的概率，相互独立事件同时发生的概率，n 次独立重复试验发生了 k 次的概率以及随机事件的分布列与数学期望等重点内容的考查，一方面考查基本概念和基本方法，另一方面考查在解决实际问题中能否运用或然与必然的辩证关系，从而体现或然与必然的思想。

【例 6】 我国 110 米栏著名运动员刘翔在 2012 年的伦敦奥运会因伤没能完成比赛。为了解某班学生对 110 米栏的了解是否与性别有关，对本班同学进行了问卷调查，得到了如下的列联表：

	了解 110 米栏	不了解 110 米栏	合计
男生	22	8	30
女生	8	12	20
合计	30	20	50

（Ⅰ）用分层抽样的方法在不了解 110 米栏的学生中抽 5 人，其中男生、女生各抽取多少人？

（Ⅱ）在上述抽取的 5 人中选 2 人，求至少有一名男生的概率。

（Ⅲ）你有 95％还是 99％的把握认为是否了解 110 米栏与性别有关？试证明你的结论。

附：$\chi^2=\frac{n(n_{11}n_{22}-n_{12}n_{21})^2}{n_{1+}n_{2+}n_{+1}n_{+2}}$，

$P(\chi^2 \geqslant k)$	0.05	0.010
k	3.841	6.635

分析：(Ⅰ)首先计算出抽样比，然后利用各层人数乘以抽样比即可得到各层的样本数；(Ⅱ)根据(Ⅰ)，用不同的字母表示这五个人，然后利用列举法列出所有的基本事件以及满足条件的基本事件，代入古典概型的计算公式即可求得；(Ⅲ)直接把相应的数值代入公式求出 χ^2 的值，然后与已知的数值进行对比做出判断。

解：(1)在不了解 110 米栏的学生中抽 5 人，则抽取比例为$\frac{5}{20}=\frac{1}{4}$，

∴男生应该抽取 $8\times\frac{1}{4}=2$(人)，女生应该抽取 $12\times\frac{1}{4}=3$(人)。

(2)上述抽取的 6 名学生中，男生 2 人记为 A，B；女生 3 人为 c，d，e，则从 5 名学生任取 2 名的所有情况为：(A，B)、(A，c)、(A，d)、(A，e)、(B，c)、(B，d)、(B，e)、(c，d)、(c，e)、(d，e)共 10 种情况。

其中至少有一名男生的情况有(A，B)、(A，c)、(A，d)、(A，e)、(B，c)、(B，d)、(B，e)，共 7 种情况。

故上述抽取的 5 人中选 2 人，至少有一名男生的概率为 $P=\frac{7}{10}$。

(3)因为 $\chi^2=\frac{50\ (22\times12-8\times8)^2}{30\times20\times30\times20}\approx5.56\in(3.841,\ 6.635)$，

而 $P(\chi^2\geqslant3.841)=0.05=95\%$，$P(\chi^2\geqslant6.635)=0.010=99\%$，

那么，我们有 95%的把握认为是否了解 110 米栏是与性别有关系的，但没有 99%的把握认为是否了解 110 米栏是与性别有关系的。

总之，二轮复习的过程中应充分重视数学思想的锤炼与应用，不断提高自己的数学解题能力。数学解题的过程一般分为三步：先归类、再定型、后找法。即第一步根据所考查的知识对试题进行划分，确定其所属知识板块；第二步确定求解的问题所属类型；第三步根据所属的知识模块和题型确定解题模板，即通性通法，根据模板的具体步骤进行求解。

(发表于《试题调研》2012 年第 6 辑)

铺“点”铸“型”　“抢”亦有“道”

——轻松备考三十天　决战高考

2015 年的高考即将到来，考前一个月为总复习和模拟测试阶段，即进行高考实战演习，考生要有针对性地进行查漏补缺，积累考试经验，优化解题策略，并进行归纳整理、消化吸收，进一步提高应试能力。如何在最后一个

月的复习中提高自己的数学成绩，成为每个考生最关心的话题。根据多年高三教学实践，笔者认为这一阶段的复习首先要解决四个问题：考啥？咋考？练啥？咋练？

考啥——"纲"中抢"点"

运筹帷幄之中，决胜千里之外，备考首先要明确2015年高考要考什么。此时，各省的考纲要求及考试说明已经公布，可认真通读一遍，《试题调研》专辑《2015考纲解读与命题猜想》已经帮我们解读了考纲和考试要求，考生在阅读时要把握考点及要点，把考点及相关的定义、公式以及定理在大脑中过一遍，做到心中有数，还应把相关的知识联系在一起，忘记的或记不清的考点可通过查阅课本进行核对，并用特殊符号标记，以便强化记忆。

如翻阅到考点正、余弦定理时，可在考试要求边上写下正弦定理与余弦定理中的公式及其变形。除此之外，我们还要能够总结出解决此类问题常用的一些基本结论：

(1)三角形的内角和定理：$A+B+C=\pi$

(2)三角形的大边对大角：$a>b\Leftrightarrow\sin A>\sin B$

(3)三角形的面积公式：$S=\frac{1}{2}ab\sin C=\frac{1}{2}bc\sin A=\frac{1}{2}ac\sin B$ 等

这样，我们就可以借助考纲和考试说明明确考试内容，同时把考点利用相关的公式连接起来构成知识框架。

【例1】 在$\triangle ABC$中，角A，B，C的对应边为a，b，c，已知$\cos B=\frac{12}{13}$，且a，b，c成等比数列，$\triangle ABC$的面积$S=\frac{5}{2}$，则$a+c$的值等于__________。

答案：$3\sqrt{7}$

解：因为$\cos B=\frac{12}{13}$，所以$B(0,\ \frac{\lambda}{2})$，所以$\sin B=\sqrt{1-\cos^2 B}=\frac{5}{13}$。

由a，b，c成等比数列，得$b^2=ac$，

由$S=\frac{1}{2}ac\sin B=\frac{1}{2}ac\times\frac{5}{13}=\frac{5}{2}$，得$ac=13$，

由余弦定理，得$b^2=a^2+c^2-2ac\cos B=(a+c)^2-2ac-2ac\cos B$，

即$13=(a+c)^2-2\times13\times(1+\frac{12}{13})$，整理得$(a+c)^2=63$，故$a+c=3\sqrt{7}$。

题后反思：解三角形问题一般与三角函数的恒等变换相结合进行命题，尤其是倍角公式、和角与差角公式等；也常与一元二次方程中根与系数的关系、三角形面积的计算、向量的数量积、基本不等式等相结合进行命题。

咋考——“题”中抢“型”

高考命题每年都在发生变化，但都是在“求稳中谋改革”，我们可以把近三年的考题放在一起，有计划地认真做一遍，并根据老师指导总结的高考命题基本题型及命题规律进行自我学习总结。如高考解答题考查的模块知识和重点都非常明确：三角函数的图象和性质、解三角形（考查三角恒等变换）、概率与统计（考查离散型随机变量的分布列及其数学期望）、空间线面位置关系的证明（考查利用空间向量求解二面角）、等差与等比数列的综合及数列求和、函数与导数、直线与圆锥曲线的综合等。

在每个题型后面，把相关的公式、定理、结论等进行总结，形成有条理的题型知识框架，如函数和导数的综合题中，常考的知识点主要有：

(1)导数的运算与导数的几何意义。

(2)导数与函数的单调性，命题方向主要两个：

①求解含参函数的单调性，需要根据参数的取值进行分类讨论（求导之后即可转化为含参不等式的求解问题）。

②已知函数的单调性求参数的取值范围。解决此类问题主要利用分离参数法将其转化为两类函数的最值问题，一是对勾函数 $y=ax+\frac{b}{x}(a>0)$类型，二是二次函数 $y=ax^2+bx+c(a\neq0)$类型。

(3)导数与极值、最值，命题方向主要有两个：

求函数的极值及其应用，多与函数的零点、方程解的个数相结合（利用导数研究函数的单调性与极值，作出函数图象，利用数形结合方法求解）。

求函数最值及其应用，多与不等式恒成立、不等式有解等问题相结合。

练啥——“法”中抢“通”

高考数学试题始终强调“注重通性通法，淡化特殊技巧”，就是说高考最重视的是具有普遍意义的方法和相关的知识。所以在综合练习中我们要重视“通性通法”的巩固和强化，把最简单的练到极致就是最好。如圆锥曲线的综合问题是令考生感到头痛的问题，常常作为压轴题出现，实际上这类试题更加注重通法：准确求解曲线方程是解决此类问题的基础；“坐标法”是解决此类问题的主要方法，即将直线方程代入圆锥曲线方程，整理成一元二次方程，再利用根的判别式、根与系数的关系构造点的坐标之间的关系，进而用其表示条件与所求，突出解析几何设而不解的运算特点。此类试题的难点不在于解题的思路与方法，而在于数与式的计算，“算得准才能行得通”。

【例2】 如图1，已知椭圆 M：$\frac{x^2}{a^2}+\frac{y^2}{b^2}=1(a>b>0)$的离心率为$\frac{\sqrt{3}}{2}$，$A_1$，

A_2，B_1，B_2 是四个顶点，且四边形 $A_1B_1A_2B_2$ 的面积为 4。

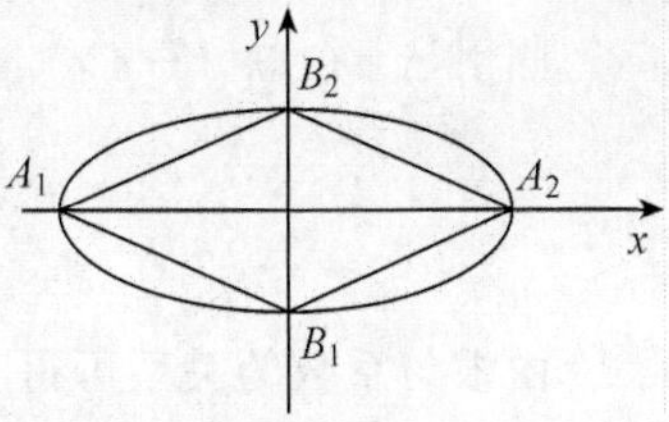

图 1

(1)求椭圆的方程。

(2)已知直线 l 与椭圆 M 相交于 P，Q 两点。

①已知直线 l 过点 $D(0, 2)$，则是否存在直线 l，使得以 PQ 为直径的圆经过点 $E(1, 0)$？如果存在，求直线 l 的方程；如果不存在，请说明理由。

②若 $k=\frac{1}{2}$，且坐标原点在以 PQ 为直径的圆外，求直线 l 在 y 轴上截距的取值范围。

解：(1)由题意知椭圆的离心率 $e=\frac{c}{a}=\frac{\sqrt{3}}{2}$，$a^2=b^2+c^2$，解得 $a=2b$。

……………………………………………………（把 e 化为 a，b 的关系）

因为 $|A_1A_2|=2a\,|B_1B_2|=2b$，

故四边形 $A_1A_2B_1B_2$ 的面积 $S=\frac{1}{2}|A_1A_2|\times|B_1B_2|=2ab=4b^2=4$。

…………………（利用四边形 $A_1A_2B_1B_2$ 的面积构造关于 a，b 的方程）

解得 $b=1$，所以 $a=2$，

故椭圆的方程为 $\frac{x^2}{4}+y^2=1$。

(2)设 $P(x_1, y_1)$，$Q(x_2, y_2)$

①$\overrightarrow{EP}=(x_2-1, y_1)$，$\overrightarrow{EQ}=(x_2-1, y^2)$。

假设存在满足条件的直线 l，则由以 PQ 为直径的圆经过点 $E(1, 0)$，可得 $\overrightarrow{EP}\cdot\overrightarrow{EQ}=(x_1-1)(x_2-2)+x_1y_1=0$。…………………（把结论坐标化）

当直线 l 的斜率不存在时，直线 l 即在 y 轴。……………………………

……………（过定点的直线，先考虑斜率不存在的情况，属送分的步骤）

易知 $P(0, 1)$，$Q(0, -1)$，又 $E(1, 0)$，则 $\overrightarrow{EP}=(-1, 1)$，$\overrightarrow{EQ}=(-1, -1)$，$\overrightarrow{EP}\cdot\overrightarrow{EQ}=0$，……………………（求出坐标，代入条件求值）

则此情形满足题意，故此时直线 l 的方程为 $x=0$。……（求出直线方程）

当直线 l 的斜率存在时，又直线 l 过点 $D(0, 2)$，故可设直线 l 的方程为 $y=kx+2$。…………………………………（斜率存在时，先写出直线方程）

由 $\begin{cases}\frac{x^2}{4}+y^2=1,\\ y=kx+2,\end{cases}$ 消去 y 得 $(4k^2+1)x^2+16kx+12=0$，…………………

…………………………………………………（必需的过程，属送分的步骤）

则由 $\Delta=(16k)^2-4\times(4k^2+1)\times12=16(4k^2-3)>0$，解得 $k^2>\frac{3}{4}$， …

………………………………………………（不能忘记“$\Delta>0$”的限制）

由根与系数的关系可得 $\begin{cases} x_1+x_2=\frac{-16k}{4k^2+1}, \\ x_1x_2=\frac{12}{4k^2+1}, \end{cases}$ ………………………………

………………………………（根与系数的关系，还是属于送分步骤）

则

$$\begin{aligned}\overrightarrow{EP}\cdot\overrightarrow{EQ}&=(x_1-1)(x_2-2)+x_1y_2\\&=x_1x_2-(x_1+x_2)+1+(kx_1+2)(kx_2+2)\\&(k^2+1)x_1x_2+(2k-1)(x_1+x_2)+5\\&=\frac{16k+17}{4k^2+1^2}\\&=0\end{aligned}$$

…………………………（代入坐标的条件，构造方程解之）

解得 $k=-\frac{17}{16}$，经检验知，此时 $\Delta>0$，………………（切记一定要检验）

所以存在直线 l，使得以 PQ 为直径的圆经过 $E(1,0)$，直线 l 的方程为 $x=0$ 或 $y=-\frac{17}{16}x+2$。 …………………………………………………（下结论）

②由题意知直线 l 的斜率 $k=\frac{1}{2}$，故可设直线 l 的方程为 $y=\frac{1}{2}x+n$。

$\begin{cases} \frac{x^2}{4}+y^2=1, \\ y=\frac{1}{2}x+n, \end{cases}$ 消去 y 得 $x^2+2nx+2(n^2-1)=0$。 …………………………

…………………………………………………（又是一个送分的基本步骤）

则由 $\Delta=(2n)^2-4\times1\times2(n^2-1)=8-4n^2>0$，解得 $-\sqrt{2}<n<\sqrt{2}$， …

…………………………………………………（不能忘记“$\Delta>0$”的限制）

由根和系数的关系可得 $\begin{cases} x_1+x_2=-2n, \\ x_1x_2=2(n^2-1), \end{cases}$ ……………………（送分步骤）

因为坐标原点在以 PQ 为直线的圆外，所以 $\angle POQ$ 为锐角，故 $\overrightarrow{OP}\cdot\overrightarrow{OQ}>0$。

………………………………（转化条件，一般先向量化，后坐标化）

所以 $\overrightarrow{OP}\cdot\overrightarrow{OQ}=x_1x_2+x_1y_1=x_1x_2+\left(\frac{1}{2}x_1+n\right)\left(\frac{1}{2}x_2+n\right)=\frac{5}{4}x_1x_2+\frac{n}{2}(x_1+x_2)+n^2=\frac{5}{2}n^2-\frac{5}{2}>0$， ……（代入坐标化的条件，构造不等式，解之）

即 $n^2-1>0$，解得 $n<-1$ 或 $n>1$。

综上，$-\sqrt{2}<n<-1$ 或 $1<n<\sqrt{2}$。……………………（别忘记 Δ 的限制）

题后反思：圆锥曲线中的综合问题是历年高考必考的压轴题之一，典例 2 综合性比较强，第一问主要考查根据椭圆的几何性质求标准方程；第二问以直线和圆锥的位置关系为背景，涉及曲线中参数的取值范围、探究性等问题，试题计算量大且有一定的技巧性，也是高考试题中区分度较大的一道题。解决此类问题的关键在于准确求解其中的基本量，如判别式的表达式、直线被曲线截得的弦长、三角形的面积、向量的数量积等；解析几何中的探究性问题以定点、定直线、定值等的存在性问题为主。

咋练——“热”中抢“冷”

备考不仅仅是要关注高考命题的热点，做到“热点狂练”，巩固强化已有的解题能力，还要做到“冷热兼顾”，即关注一些基础性的冷门知识。如回归直线方程的求解与应用、统计案例等问题，这些“冷门”在高考中出现的频率也比较高，但都属于基础性的选择题或填空题，难度不大，练习时没必要提高难度，应有针对性地练习，及时总结反思，提高自己的解题技巧。

信心源于实力，实力源于勤奋！三十天的时间并不短，只要我们围绕考纲和考试要求，参照历年高考试题，摸清高考题型和命题特点，有针对性地进行强化巩固练习，就可以大幅度提高数学成绩。

（发表于《试题调研》2015 年第 8 辑）

解读 2015 年高考新课标数学《考试大纲》

Ⅰ. 考试性质

普通高等学校招生全国统一考试，是由合格的高中毕业生和具有同等学力的考生参加的选拔性考试。高等学校根据考生成绩，按已确定的招生计划，德、智、体全面衡量，择优录取。因此，高考应具有较高的信度、效度，必要的区分度和适当的难度。

Ⅱ. 考试内容

根据普通高等学校对新生文化素质的要求，依据中华人民共和国教育部 2003 年颁布的《普通高中课程方案（实验）》和《普通高中数学课程标准（实验）》的必修课程、选修课程系列 2 和系列 4 的内容，确定理工类高考数学学科考试内容。

数学学科的考试，按照“考查基础知识的同时，注重考查能力”的原则，确立以能力立意命题的指导思想，将知识、能力和素质融为一体，全面检测考生的数学素养。

数学学科考试，要发挥数学作为主要基础学科的作用，要考查考生对中学的基础知识、基本技能的掌握程度，要考查考生对数学思想方法和数学本质的理解水平，要考查考生进入高等学校继续学习的潜能。

【说明】①“考查基础知识的同时，注重考查能力”告诉我们：要扎实掌握基础，注重通性通法。因此，在备考中，应注重“三基”的落实，提升解决问题的能力。

②“考查考生进入高等学校继续学习的潜能”告诉我们：高考是选拔性的考试，会针对不同层次的考生设置难度不等的试题，但还是以基础为主旋律，我们应当以良好的心态迎接高考的挑战。

一、考核目标与要求

1. 知识要求

知识是指《普通高中数学课程标准(实验)》所规定的必修课程、选修课程系列2和系列4中的数学概念、性质、法则、公式、公理、定理以及由其内容反映的数学思想方法，还包括按照一定程序与步骤进行运算、处理数据、绘制图表等基本技能。

各部分知识的整体要求及其定位参照《课程标准》相应模块的有关说明。对知识的要求依次是了解、理解、掌握三个层次。

①了解：要求对所列知识的含义有初步的、感性的认识，知道这一知识内容是什么，按照一定的程序和步骤照样模仿，并能(或会)在有关的问题中识别和认识它。

这一层次所涉及的主要行为动词有：了解、知道、识别、模仿、会求、会解等。

②理解：要求对所列知识内容有较深刻的理性认识，知道知识间的逻辑关系，能够对所列知识做正确的描述说明并用数学语言表达，能够利用所学的知识内容对有关问题做比较、判别、讨论，具备利用所学知识解决简单问题的能力。

这一层次所涉及的主要行为动词有：描述、说明、表达、表示、推测、想象、比较、判别、判断、初步应用等。

③掌握：要求能够对所列知识内容进行推导证明，能够利用所学知识对问题进行分析、研究、讨论，并且加以解决。

这一层次所涉及的主要行为动词有：掌握、导出、分析、推导、证明、研究、讨论、运用、解决问题等。

【说明】①函数与导数、三角与向量、数列、不等式、立体几何、解析几何、概率与统计是高考命题的七大板块。

②莫轻视要求仅为“知道”的知识——高考命题不拘泥于考纲！例如，球、棱柱、棱锥、台的表面积和体积的计算虽为“了解”的内容，但在高考中几乎每年必考；又如，双曲线的定义、几何图形和标准方程及其简单几何性质，虽为“了解”“知道”的内容，但在高考的小题中是常考的内容。

③要求为“理解”与“掌握”这两个层次的知识点是高考命题者的首选。尤其是要求“掌握”的内容，往往成为命题者进行深度命题的“宝库”，所以在备考中要多加重视，强化训练。

2. 能力要求

能力是指空间想象能力、抽象概括能力、推理论证能力、运算求解能力、数据处理能力以及应用意识和创新意识。

①空间想象能力。

能根据条件作出正确的图形，根据图形想象出直观形象；能正确地分析出图形中的基本元素及其相互关系；能对图形进行分解、组合；会运用图形与图表等手段形象地揭示问题的本质。

空间想象能力是对空间形式的观察、分析、抽象的能力，主要表现为识图、画图和对图形的想象能力。识图是指观察研究所给图形中几何元素之间的相互关系；画图是指将文字语言和符号语言转化为图形语言，以及对图形添加辅助图形或对图形进行各种变换。对图形的想象主要包括有图想图和无图想图两种，是空间想象能力高层次的标志。

②抽象概括能力

抽象是指舍弃事物非本质的属性，揭示其本质属性的思维过程；概括是指把仅仅属于某一类对象的共同属性区分出来的思维过程。抽象和概括是相互联系的，没有抽象就不可能有概括，而概括必须在抽象的基础上得出某种观点或某个结论。

抽象概括能力是具体的、生动的实例，在抽象概括的过程中，发现研究对象的本质；从给定的大量信息材料中，概括出一些结论，并能将其应用于解决问题或做出新的判断。

③推理论证能力

推理是思维的基本形式之一，它由前提和结论两部分组成；论证是由已有的正确的前提到被论证的结论正确的一连串的推理过程。推理既包括演绎推理，也包括合情推理；论证方法既包括按形式划分的演绎法和归纳法，也包括按思考方法划分的直接证法和间接证法。一般运用合情推理进行猜想，再运用演绎推理进行证明。

中学数学的推理论证能力是根据已知的事实和已获得的正确数学命题，论证某一数学命题真实情报的初步推理能力。

④运算求解能力

会根据法则、公式进行正确运算、变形和数据处理，能根据问题的条件寻找与设计合理、简捷的运算途径；能根据要求对数据进行估计和近似计算。

运算求解能力是中学数学中要求培养的重要能力，运算求解能力是思维能力和运算技能的结合。运算包括对数字的计算、估值和近似计算，对式子的组合变形与分解变形，对几何图形各几何量的计算求解等。运算求解能力包括分析运算条件、探究运算方向、选择运算公式、确定运算程序等一系列过程中的思维能力，也包括在实施运算过程中遇到障碍而调整运算的能力。

⑤数据处理能力

会收集、整理、分析数据，能从大量数据中抽取对研究问题有用的信息，并做出判断。

数据处理能力主要依据统计或统计案例中的方法对数据进行整理、分析，并解决给定的实际问题。

⑥应用意识

能综合应用所学数学知识、思想和方法解决问题，包括解决相关学科、生产、生活中简单的数学问题；能理解对问题陈述的材料，并对所提供的信息资料进行归纳、整理和分类，将实际问题抽象为数学问题；能应用相关的数学方法解决问题进而加以验证，并能用数学语言正确地表达和说明。应用的主要过程是依据现实的生活背景，提炼相关的数量关系，将现实问题转化为数学问题，构造数学模型，并加以解决。

⑦创新意识

能发现问题，提出问题，综合与灵活地应用所学的数学知识、思想方法，选择有效的方法和手段分析信息，进行独立的思考、探索和研究，提出解决问题的思路，创造性地解决问题。

创新意识是理性思维的高层次表现。对数学问题的“观察、猜测、抽象、概括、证明”是发现问题和解决问题的重要途径，对数学知识的迁移、组合、融会的程度越高，显示出的创新意识就越强。

【说明】①“空间想象能力”应关注识图与画图（直观图、三视图）的训练；强化概念与推理的结合，能够根据概念画出图形，借助图形来思考，分解出解题所需要的要素，从而进行推理和运算。

②对“抽象概括能力”主要从数学语言、数学模式与数学模型三方面进行考查。因此，应在夯实“双基”的同时，认识各种思想或方法的适应性，抽象概括出解决问题的有效的数学思想与方法，这样，可以提高解决问题的能力。

③对“推理论证能力”的考查重点在于立体几何中的线面位置关系的证明、与函数相结合的不等式的证明、归纳推理、类比推理以及演绎推理（常出现在选择题、填空题的压轴题的位置）等。

④对“运算求解能力”的考查成为高考命题者控制题目难易程度的主要手段。解题过程充满了“数”与“式”的化简、求值问题，很多解题失误的“硬伤”不在于方法，而在于计算。“错解”往往是“错算”结出的苦果。

⑤高考命题创新两大特色：背景新颖化、考点综合化。即引入新定义问题或者利用模块知识之间的联系来综合命题。求解基本策略：定义问题去背景，按照定义进行推理；综合问题分解处理，从而降低题目的难度。

3. 考查要求

数学学科的系统性和严密性决定了数学知识之间深刻的内在联系，包括各部分知识在各自发展过程中的纵向联系和各部分知识之间的横向联系。要善于从本质上抓住这些联系，进而通过分类、梳理、综合构建数学试卷的框架结构。

①对数学基础知识的考查，要求既全面又突出重点，对于支撑学科知识体系的重点内容，考查时要保持较高的比例，构成数学试卷的主体。要注重学科的内在联系和知识的综合性，不刻意追求知识的覆盖面。要从学科的整体高度和思维价值的高度考虑问题，在知识网络交汇点处设计试题，使对数学基础知识的考查达到必要的深度。

②对数学思想方法的考查是对数学知识在更高层次上的抽象和概括，考查时必须要与数学知识相结合，通过对数学知识的考查，反映考生对数学思想方法的掌握程度。

③对数学能力的考查，强调“以能力立意”，就是以数学知识为载体，从问题入手，把握学科的整体意义，用统一的数学观点组织材料。对知识的考查侧重于理解和应用，尤其是综合和灵活应用，以此来检测考生将知识迁移到不同情境中的能力，从而检测出考生个体理性思维的广度和深度以及进一步学习的潜能。

对能力的考查，强调综合性、应用性，并要切合学生实际。对推理论证能力和抽象概括能力的考查贯穿全卷，是考查的重点，强调其科学性、严谨性、抽象性；对空间想象能力的考查主要体现在对文字语言、符号语言及图形语言的互相转化上；对运算求解能力的考查主要是对算理和逻辑推理的考查，考查以代数运算为主；对数据处理能力的考查主要是考查运用概率统计的基本方法和思想解决实际问题的能力。

④对应用意识的考查主要采用解决应用问题的形式。命题时要坚持“贴近生活，背景公平，控制难度”的原则，试题设计要切合中学数学教学的实际和考生的年龄特点，并结合实践经验，使数学应用问题的难度符合考生的水平。

⑤对创新意识的考查是对高层次理性思维的考查。在考试中创设新颖的问题情境，构造有一定深度和广度的数学问题时，要注意问题的多样化，体现思维的发散性；精心设计考查数学主体内容、体现数学素质的试题；也要

有研究型、探索型或开放型的试题。

【说明】①数学知识之间的联系是数学"混搭"命题的主要依据，复习时既要注意外在"表象"的联系，又要注意内在"潜质"的联系。由于数学考点多，考题少，要考查的面广，在知识网络的交汇点设计试题就成为命题的必然。

②"数学思想方法"是数学的灵魂，熟练掌握通性通法，才是穿越高考的关键。要掌握以下七种数学思想方法：函数与方程思想、数形结合思想、分类与整合思想、化归与转化思想、特殊与一般思想、有限与无限思想、必然与或然思想。上述七种数学思想是常用的数学思想，它们并不互相排斥，在同一题中常常渗透了多种数学思想。

③"以能力立意"也要通过对基础知识的考查来体现，扎实的基础也是解题能力的体现，简单地说就是算得准、解得对。

④数学应用性试题的背景多为考生比较熟悉的生活、生产实际情境，即背景大众化、生活化、简单化，保证"材料背景不是问题"，问题是去背景的过程，即正确建立数学模型，让大部分考生都能顺利解题。

数学学科的命题，在考查基础知识的基础上，注重对数学思想方法的考查，注重对数学能力的考查，展现数学的科学价值和人文价值，同时兼顾试题的基础性、综合性和现实性，重视试题间的层次性，合理调控综合程度，坚持多角度、多层次的考查，努力实现全面考查综合数学素养的要求。

二、考试范围和要求

考试包括必考内容和选考内容。必考内容为《课程标准》的必修课程和选修课程系列 2 的内容；选考内容为《课程标准》的选修课程系列 4 的"几何证明选讲""坐标系与参数方程""不等式选讲"三个专题的内容。

(一)必考内容和要求

1. 集合

(1)集合的含义与表示

① 了解集合的含义、元素与集合的"属于"关系。

② 能用自然语言、图形语言、集合语言(列举法或描述法)描述不同的具体问题。

(2)集合间的基本关系

① 理解集合之间包含与相等的含义，能识别给定集合的子集。

② 在具体情境中，了解全集与空集的含义。

(3)集合的基本运算

① 理解两个集合的并集与交集的含义，会求两个简单集合的并集与交集。

② 理解在给定集合中一个子集的补集的含义，会求给定子集的补集。

③ 能使用韦恩(Venn)图表达集合的关系及运算。

【说明】①切记：元素与集合之间是属于或不属于的关系；而集合与集合之间则是包含与不包含的关系。

注意：子集与真子集的区别与联系，并且会求给定有限集的子集个数。

②“集合的基本运算”的考查综合化，多以简单的一元二次不等式、分式不等式或函数的定义域等为背景，重点考查补集、交集或并集的综合运算。还需关注以点集为背景的集合的基本运算。

2. 函数概念与基本初等函数Ⅰ(指数函数、对数函数、幂函数)

(1)函数

①了解构成函数的要素，会求一些简单函数的定义域和值域；了解映射的概念。

② 在实际情境中，会根据不同的需要选择恰当的方法(如图象法、列表法、解析法)表示函数。

③ 了解简单的分段函数，并能简单应用。

④ 理解函数的单调性、最大(小)值及其几何意义；结合具体函数，了解函数奇偶性的含义。

⑤ 会运用函数图象理解和研究函数的性质。

【例 1】 已知函数 $f(x)=\begin{cases}\log_{2015}x, & x>0,\\ 3^x, & x\leqslant 0,\end{cases}$ 则 $f[f(1)]$ 的值为(　　)

A. 0　　B. 1　　C. 2　　D. 3

点拨：先求出 $f(1)$ 的值，再求出 $f(f(1))$ 的值。

解析：因为 $f(1)=\log_{2015}1=0$，所以 $f[f(1)]=f(0)=3^0=1$。故选 B。

答案：B

(2)指数函数

①了解指数函数模型的实际背景。

②理解有理指数幂的含义，了解实数指数幂的意义，掌握幂的运算。

③理解指数函数的概念，理解指数函数的单调性，掌握指数函数图象通过的特殊点，会画底数为 2，3，10，1/2，1/3 的指数函数的图象。

④体会指数函数是一类重要的函数模型。

(3)对数函数

①理解对数的概念及其运算性质，知道用换底公式将一般对数转化成自然对数或常用对数；了解对数在简化运算中的作用。

②理解对数函数的概念，理解对数函数的单调性，掌握对数函数图象通过的特殊点。

③知道对数函数是一类重要的函数模型。

④了解指数函数 $y=a^x(a>0$，且 $a\neq 1)$ 与对数函数 $y=\log_a x(a>0$，且

$a\neq 1$)互为反函数。

(4)幂函数

①了解幂函数的概念。

②结合函数 $y=x$，$y=x^2$，$y=x^3$，$y=x^{\frac{1}{2}}$，$y=\frac{1}{x}$的图象，了解它们的变化情况。

(5)函数与方程

①结合二次函数的图象，了解函数的零点与方程根的联系，判断一元二次方程根的存在性及根的个数。

② 根据具体函数的图象，能够用二分法求相应方程的近似解。

(6)函数模型及其应用

①了解指数函数、对数函数以及幂函数的增长特征，知道直线上升、指数增长、对数增长等不同函数类型增长的含义。

②了解函数模型(如指数函数、对数函数、幂函数、分段函数等在社会生活中普遍使用的函数模型)的广泛应用。

【说明】①看到“函数”，先求其定义域。对数函数、分式函数、根式函数、正切函数的定义域可能隐含在函数的每一道考题中，成为考生的“影子杀手”，务必警惕。

②求解分段函数的函数值应先确定自变量的取值范围，然后代入相应的函数的解析式去求值。对于含有“多层”的函数的求值问题，如 $f[f(a)]$，一般需“由内层往外层”计算。

注意：分段函数常与指数、对数的运算问题相结合，要注意指数、对数的运算规律。

③指数函数的图象和性质往往与其他知识相结合命题，不要忽视其底数对函数单调性的影响。

④要注意对数的运算与化简问题，特别是换底公式与幂的对数的运算。

⑤要会画对数函数的图象，这是利用数形结合方法解题的基本功，当然也不要忽视对数函数的定义域、底数对函数的单调性的影响等。

⑥幂函数的图象和性质，高考着重掌握 $y=x$，$y=x^2$，$y=x^3$，$y=x^{\frac{1}{2}}$，$y=\frac{1}{x}$的图象和性质。注意结合函数的定义域和函数的单调性、奇偶性来掌握以上五种幂函数的图象和性质。

⑦零点问题是高考命题的热点，函数的零点通常与函数的单调性、奇偶性、周期性等相结合，背景多样化，常与方程的根、两函数的图象的交点等交汇考查。

3. 立体几何初步

(1)空间几何体

①认识柱、锥、台、球及其简单组合体的结构特征，并能运用这些特征描述现实生活中简单物体的结构。

②能画出简单空间图形(长方体、球、圆柱、圆锥、棱柱等的简易组合)的三视图，能识别上述三视图所表示的立体模型，会用斜二侧法画出它们的直观图。

③会用平行投影方法画出简单空间图形的三视图与直观图，了解空间图形的不同表示形式。

④会画某些建筑物的视图与直观图(在不影响图形特征的基础上，尺寸、线条等不做严格要求)。

⑤了解球、棱柱、棱锥、台的表面积和体积的计算公式。

(2)点、直线、平面之间的位置关系

①理解空间直线、平面位置关系的定义，并了解以下可以作为推理依据的公理和定理。

◆公理1：如果一条直线上的两点在同一个平面内，那么这条直线在此平面内。

◆公理2：过不在同一条直线上的三点，有且只有一个平面。

◆公理3：如果两个不重合的平面有一个公共点，那么它们有且只有一条过该点的公共直线。

◆公理4：平行于同一条直线的两条直线互相平行。

◆定理：空间中如果两个角的两条边分别对应平行，那么这两个角相等或互补。

②以立体几何的上述定义、公理和定理为出发点，认识和理解空间中线面平行、垂直的有关性质与判定。

理解以下判定定理。

◆如果平面外一条直线与此平面内的一条直线平行，那么该直线与此平面平行。

◆如果一个平面内的两条相交直线与另一个平面都平行，那么这两个平面平行。

◆如果一条直线与一个平面内的两条相交直线都垂直，那么该直线与此平面垂直。

◆如果一个平面经过另一个平面的垂线，那么这两个平面互相垂直。

理解以下性质定理，并能够证明。

◆如果一条直线与一个平面平行，经过该直线的任一个平面与此平面相交，那么这条直线就和交线平行。

◆如果两个平行平面同时和第三个平面相交，那么它们的交线相互平行。

【说明】①熟练掌握柱、锥、台、球的结构特征是解决空间线面位置关系的基础。

②三视图问题是高考的“常青树”，常与空间几何体的表面积、侧面积、体积相结合来命题。几何体的三视图的作图规则是解决几何体形状的依据，“长对正、高平齐、宽相等”是解决几何体度量的准则。

③空间线面位置关系的判断经常以命题判断的形式进行考查，判断空间中的线面位置关系时，要把平面几何中的知识与空间中的线面关系区分开来，不要熬成“大锅饭”，乱成一团。

空间线面位置关系的判断与证明以平面图形中的线线关系为基础，所以要注意将空间中的问题通过平面的基本性质、定理转化为平面图形中的问题来解决，这就是平面化的数学思想。

④“空间线、面平行与垂直的判定定理”是证明空间平行与垂直关系的主要依据，证明时，条件要全，结论才能准确，乱改或误用条件，证明就会出现失误。

⑤“空间线、面平行与垂直的性质定理”是处理空间线面关系的重要依据，常将面面关系转化为线面关系，再将线面关系转化为线线关系。

◆垂直于同一个平面的两条直线平行。

◆如果两个平面垂直，那么一个平面内垂直于它们交线的直线与另一个平面垂直。

③ 能运用公理、定理和已获得的结论证明一些空间位置关系的简单命题。

4. 平面解析几何初步

(1)直线与方程

① 在平面直角坐标系中，结合具体图形，确定直线位置的几何要素。

② 理解直线的倾斜角和斜率的概念，掌握过两点的直线斜率的计算公式。

③ 能根据两条直线的斜率判定这两条直线平行或垂直。

④ 掌握确定直线位置的几何要素，掌握直线方程的几种形式(点斜式、两点式及一般式)，了解斜截式与一次函数的关系。

⑤ 能用解方程组的方法求两直线的交点坐标。

⑥ 掌握两点间的距离公式、点到直线的距离公式，会求两条平行直线间的距离。

(2)圆与方程

① 掌握确定圆的几何要素，掌握圆的标准方程与一般方程。

② 能根据给定直线、圆的方程，判断直线与圆的位置关系；能根据给定两个圆的方程判断两圆的位置关系。

③ 能用直线和圆的方程解决一些简单的问题。

④ 初步了解用代数方法处理几何问题的思想。

(3)空间直角坐标系

①了解空间直角坐标系，会用空间直角坐标表示点的位置。

②会推导空间两点间的距离公式。

【说明】①每条直线都有倾斜角，但不一定有斜率。当直线与 x 轴垂直时，其倾斜角为90°，但其斜率不存在。在解决过定点的直线问题时，要根据斜率是否存在进行分类讨论。

②掌握直线方程的几种形式，除了直线方程的一般式，直线方程的其他四种形式各有其应用的条件和范围。

注意：在应用直线方程的点斜式、斜截式时，若直线垂直于 x 轴，其斜率是不存在的。

③点到直线的距离公式与两条平行直线间的距离很重要，如：①点 $P(x_0, y_0)$ 到直线 $Ax+By+C=0$ 的距离 $d=\dfrac{|Ax_0+By_0+C|}{\sqrt{A^2+B^2}}$；②直线 $Ax+By+C_1=0$ 到直线 $Ax+By+C_2=0$ 的距离 $d=\dfrac{|C_2-C_1|}{\sqrt{A^2+B^2}}$。

④直线和圆的位置关系中，常用几何法和代数法。几何法：利用圆心到直线的距离与圆的半径的大小关系来判断。代数法：先把直线与圆的方程联立，再利用判别式来判断。

⑤建立适当的空间直角坐标系，准确求出点的坐标是应用空间向量解决立体几何问题的基础。

5. 算法初步

(1)算法的含义、程序框图

① 了解算法的含义，了解算法的思想。

② 理解程序框图的三种基本逻辑结构：顺序、条件、循环。

(2)基本算法语句

理解几种基本算法语句——输入语句、输出语句、赋值语句、条件语句、循环语句的含义。

6. 统计

(1)随机抽样

① 理解随机抽样的必要性和重要性。

② 会用简单随机抽样方法从总体中抽取样本；了解分层抽样和系统抽样方法。

(2)总体估计

① 了解分布的意义和作用，会列频率分布表，会画频率分布直方图、频率折线图、茎叶图，了解它们各自的特点。

② 理解样本数据标准差的意义和作用，会计算数据标准差。

③ 能从样本数据中提取基本的数字特征(如平均数、标准差)，并做出合理的解释。

④ 会用样本的频率分布估计总体分布，会用样本的基本数字特征估计总体的基本数字特征，理解用样本估计总体的思想。

⑤ 会用随机抽样的基本方法和样本估计总体的思想解决一些简单的实际问题。

(3)变量的相关性

① 会作两个有关联变量的数据的散点图，会利用散点图认识变量间的相关关系。

② 了解最小二乘法的思想，能根据给出的线性回归方程系数公式建立线性回归方程(不要求记忆线性回归方程系数公式)。

【说明】①算法初步的命题的重点是程序框图的三种基本逻辑结构，而“条件结构”与“循环结构”则是重中之重。

②虽为“了解”的内容，但分层抽样和系统抽样却是高考命题的重点。

③“三图”中的频率分布直方图与茎叶图的要求虽低，但为考查重点和热点，尤其是频率分布直方图中相关数据的求解是考查的热点。

④平均数与方差(标准差)的计算，要熟记公式。

⑤“理解用样本估计总体的思想”，即样本的数字特征近似与总体的数字特征相等。

7. 概率

(1)事件与概率

① 了解随机事件发生的不确定性和频率的稳定性，了解概率的意义，了解频率与概率的区别。

② 了解两个互斥事件的概率加法公式。

(2)古典概型

① 理解古典概型及其概率计算公式。

② 会计算一些随机事件所含的基本事件数及事件发生的概率。

(3)随机数与几何概型

① 了解随机数的意义，能运用模拟方法估计概率。

② 了解几何概型的意义。

8. 基本初等函数Ⅱ(三角函数)

(1)任意角的概念、弧度制

① 了解任意角的概念。

② 了解弧度制概念，能进行弧度与角度的互化。

(2)三角函数

① 理解任意角三角函数(正弦、余弦、正切)的定义。

② 能利用单位圆中的三角函数线推导出 $\pi\pm\alpha$ 的正弦、余弦、正切，及 $\frac{\pi}{2}\pm\alpha$ 的正弦、余弦的诱导公式，能画出 $y=\sin x$，$y=\cos x$，$y=\tan x$ 的图象，了解三角函数的周期性。

③ 理解正弦函数、余弦函数在区间$[0,2\pi]$的性质(如单调性、最大值和最小值、图象与 x 轴的交点等)；理解正切函数在区间$\left(-\frac{\pi}{2},\frac{\pi}{2}\right)$的单调性。

④ 理解同角三角函数的基本关系式：

$$\sin^2x+\cos^2x=1\quad \frac{\sin x}{\cos x}=\tan x$$

⑤ 了解函数 $y=A\sin(\omega x+\varphi)$的物理意义；能画出 $y=A\sin(\omega x+\varphi)$的图象，了解参数 A，ω，φ 对函数图象变化的影响。

⑥ 了解三角函数是描述周期变化现象的重要函数模型，会用三角函数解决一些简单的实际问题。

【例 2】 已知函数 $f(x)=2\sin\frac{4\pi}{3}\tan\frac{11\pi}{6}+\sin x\cos x$，

(Ⅰ)求函数 $f(x)$的最小正周期；

(Ⅱ)将函数 $f(x)$图象上所有的点向左平移$\frac{\pi}{6}$个单位长度，所得图象的函数记为 $g(x)$，求函数 $g(x)$的解析式和函数 $g(x)$的单调递减区间。

解：(Ⅰ)因为函数 $f(x)=2\sin\frac{4\pi}{3}\tan\frac{11\pi}{6}+\sin x\cos x$，

所以 $f(x)=2\times\left(-\frac{\sqrt{3}}{2}\right)\times\left(-\frac{\sqrt{3}}{3}\right)+\frac{1}{2}\sin 2x=1+\frac{1}{2}\sin 2x$，

所以函数 $f(x)$的最小正周期 $T=\frac{2\pi}{2}=\pi$。

(Ⅱ)将函数 $f(x)$图象上所有的点向左平移$\frac{\pi}{6}$个单位长度，所得图象的函数 $g(x)$的解析式为 $g(x)=1+\frac{1}{2}\sin 2\left(x+\frac{\pi}{6}\right)$，

即 $g(x)=1+\frac{1}{2}\sin\left(2x+\frac{\pi}{3}\right)$，

令$\frac{\pi}{2}+2k\pi\leqslant 2x+\frac{\pi}{3}\leqslant\frac{3\pi}{2}+2k\pi(k\in\mathbf{Z})$，

解得$\frac{\pi}{12}+k\pi\leqslant x\leqslant\frac{7\pi}{12}+k\pi(k\in\mathbf{Z})$，

所以函数 $g(x)$的单调递减区间是$\left[\frac{\pi}{12}+k\pi,\frac{7\pi}{12}+k\pi\right](k\in\mathbf{Z})$。

【说明】①“互斥事件的概率加法公式”虽为“了解”的内容，但属高考考查的重点，渗透在概率的每一个问题中。

②对“古典概型”的要求比较高，属于命题的重点。

③对“几何概型”的要求为“了解”的内容，但高考常考，要定准衡量的依据：长度、角度、面积还是体积。

④“能进行弧度与角度的互化”，要知道1弧度大约是多少角度（$1\text{rad} \approx 57°18'$，可记成“我气要发”）。

⑤能推导“诱导公式”，我们更应关注诱导公式的识记与应用。

⑥“理解正弦函数、余弦函数在区间$[0, 2\pi]$的性质”，这是研究正、余弦型函数性质的基础，也是高考命题的重点和热点。

⑦“理解同角三角函数的基本关系式”，应灵活应用这两个公式。用$\sin^2 x + \cos^2 x = 1$求正弦或余弦时，应注意对符号的判断。

⑧三角函数解答题的难度一般为中档，但是要求考生对公式应该能熟练掌握。对常考题型，典例2中，考查知识点为倍角公式、诱导公式、函数的图象变换、正弦型函数的周期性与单调性。

9. 平面向量

(1)平面向量的实际背景及基本概念

① 了解向量的实际背景。

② 理解平面向量的概念，理解两个向量相等的含义。

③ 理解向量的几何表示。

(2)向量的线性运算

① 掌握向量加法、减法的运算，并理解其几何意义。

② 掌握向量数乘的运算及其几何意义；理解两个向量共线的含义。

③ 了解向量线性运算的性质及其几何意义。

(3)平面向量的基本定理及坐标表示

① 了解平面向量的基本定理及其意义。

② 掌握平面向量的正交分解及其坐标表示。

③ 会用坐标表示平面向量的加法、减法与数乘运算。

④ 理解用坐标表示的平面向量共线的条件。

(4)平面向量的数量积

① 理解平面向量数量积的含义及其物理意义。

② 了解平面向量的数量积与向量投影的关系。

③ 掌握数量积的坐标表达式，会进行平面向量数量积的运算。

④ 能运用数量积表示两个向量的夹角，会用数量积判断两个平面向量的垂直关系。

(5)向量的应用

① 会用向量方法解决某些简单的平面几何问题。

② 会用向量方法解决简单的力学问题与其他一些实际问题。

【说明】①“理解平面向量的概念”，还要注意特殊向量的概念，尤其是零向量，不可忽视。

②向量加法、减法与数乘的几何意义要求都不低，所以要重视。

③平面向量的坐标表示和运算是把向量“形”往“数”转化的关键，所以考纲的要求比较高，一定要给予灵活应用。

④对“用坐标表示的平面向量共线的条件”的要求虽是“理解”，但此类知识点的考题是高考常考内容，要做到灵活应用，并要注意与用坐标表示的平面向量垂直的条件的区别，不要搞混。

⑤对“平面向量的数量积”的要求向来都比较高——“掌握数量积的坐标表达式，会进行平面向量数量积的运算”，显然告诉我们，这就是向量考查的重点。

⑥用“向量法”解决几何问题和力学问题，是向量应用的主要方面，近几年向量的试题都不简单，需重视。

10. 三角恒等变换

(1)和与差的三角函数公式

① 会用向量的数量积推导出两角差的余弦公式。

② 能利用两角差的余弦公式导出两角差的正弦、正切公式。

③ 能利用两角差的余弦公式导出两角和的正弦、余弦、正切公式，导出二倍角的正弦、余弦、正切公式，了解它们的内在联系。

(2)简单的三角恒等变换

能运用上述公式进行简单的恒等变换(包括导出积化和差、和差化积、半角公式，但对这三组公式不要求记忆)。

【说明】①“两角和与差的三角函数公式”的整体要求就是会推导，会正用、逆用，变着用。这是进行三角函数式化简求值的主要依据，是高考命题的重点，要掌握一定的化简技巧。

②看清考纲要求——“积化和差、和差化积、半角公式，但对这三组公式不要求记忆”，所以不要做无用功。

11. 解三角形

(1)正弦定理和余弦定理

掌握正弦定理、余弦定理，并能解决一些简单的三角形度量问题。

(2)应用

能够运用正弦定理、余弦定理等知识和方法解决一些与测量和几何计算有关的实际问题。

【说明】对解三角形的要求比较高(掌握、运用)，该部分内容往往与三角函数、平面向量、实际应用题等交汇命题，是历年高考的必考内容，务必要熟练把握。

12. 数列

(1)数列的概念和简单表示法

① 了解数列的概念和几种简单的表示方法(列表、图象、通项公式)。

② 了解数列是自变量为正整数的一类函数。

(2)等差数列、等比数列

① 理解等差数列、等比数列的概念。

② 掌握等差数列、等比数列的通项公式与前 n 项和公式。

③ 能在具体的问题情境中，识别数列的等差关系或等比关系，并能用有关知识解决相应的问题。

④ 了解等差数列与一次函数、等比数列与指数函数的关系。

【例 3】 已知首项为 1 的数列 $\{a_n\}$ 中，点 $(a_n, a_{n+1})(n\in\mathbf{N}^*)$ 在直线 l 上，直线 l 的斜率为 3，且在 y 轴上的截距为 2。

(Ⅰ)判断数列 $\{a_n+1\}$ 是否为等比数列，若是，请给予证明；若不是，请说明理由。

(Ⅱ)求数列 $\{a_n\}$ 的前 n 项和。

解：(Ⅰ)数列 $\{a_n+1\}$ 为等比数列。

理由如下：

因为直线 l 的斜率为 3，且在 y 轴上的截距为 2，

所以直线 l 的方程为 $y=3x+2$。

因为点 (a_n, a_{n+1}) 在直线 $y=3x+2$ 上，

所以 $a_{n+1}=3a_n+2$，令 $b_n=a_n+1$，

因为 $\frac{b_{n+1}}{b_n}=\frac{a_{n+1}+1}{a_n+1}=\frac{3a_n+2+1}{a_n+1}=\frac{3(a_n+1)}{a_n+1}=3$，

$b_1=a_1+1=2$，

所以数列 $\{b_n\}$ 是以 2 为首项，3 为公比的等比数列。

即数列 $\{a_n+1\}$ 是以 2 为首项，3 为公比的等比数列。

(Ⅱ)由(Ⅰ)知，数列 $\{a_n+1\}$ 是以 2 为首项，3 为公比的等比数列，

$\therefore a_n+1=2\cdot 3^{n-1}$，$\therefore a_n=2\cdot 3^{n-1}-1$，

$\therefore$ 数列 $\{a_n\}$ 的前 n 项和

$$
\begin{aligned}
S_n &=(2-1)+(2\times 3-1)+\cdots+2\times 3^{n-1}-1\\
&=2(1+3+\cdots+3^{n-1})-n\\
&=2\times\frac{1-3^n}{1-3}-n\\
&=3^n-n-1。
\end{aligned}
$$

【说明】①等差数列、等比数列的考纲要求与其在高考中的地位是相符的，均是命题的重点。

②掌握公式，注意在等比数列求和时，要先判断其公比是否为1。此外，一定要能灵活运用等差、等比数列的性质解决相关问题。

③对于给出数列的递推关系式，求其通项公式；判断或证明数列为等差数列、等比数列；用分组求和法求数列的前n项的和都是近年常考查的题型，应给予重视。应关注数列与函数的图象、方程的根、函数的零点等知识的交汇。

13. 不等式

(1)不等关系

了解现实世界和日常生活中的不等关系，了解不等式(组)的实际背景。

(2)一元二次不等式

① 会从实际情境中抽象出一元二次不等式模型。

② 通过函数图象了解一元二次不等式与相应的二次函数、一元二次方程的联系。

③ 会解一元二次不等式，对给定的一元二次不等式，会设计求解的程序框图。

(3)二元一次不等式组与简单线性规划问题

① 会从实际情境中抽象出二元一次不等式组。

② 了解二元一次不等式的几何意义，能用平面区域表示二元一次不等式组。

③ 会从实际情境中抽象出一些简单的二元线性规划问题，并能加以解决。

(4)基本不等式：$\frac{a+b}{2}\geqslant\sqrt{ab}(a,\ b\geqslant 0)$

① 了解基本不等式的证明过程。

② 会用基本不等式解决简单的最大(小)值问题。

【说明】①虽然“三个二次”之间关系在考纲中的要求为“了解”，但这些问题都可以通过二次函数的相关问题得到解决，所以要结合函数图象领悟把握。

②“线性规划问题”是历年高考必考点，这部分的内容常考查两种类型：一类是求最优解，一般不难；另一类是已知最优解，求参数的值或取值范围，此类题难度一般为中档或中偏高档，应给予重视。

③“基本不等式”主要渗透在函数、数列的有关最值问题中，要求不是很高，但要高度重视。

14. 常用逻辑用语

(1)命题及其关系

① 了解命题的概念。

② 了解“若 p，则 q”形式的命题的逆命题、否命题与逆否命题，会分析四种命题的相互关系。

③ 理解必要条件、充分条件与充要条件的意义。

(2)简单的逻辑联结词

了解逻辑联结词“或”“且”“非”的含义。

(3)全称量词与存在量词

① 理解全称量词与存在量词的意义。

② 能正确地对含有一个量词的命题进行否定。

【说明】常用逻辑用语中只有两个“理解”——充要条件与两个量词，这就是命题的题眼，“充要条件”要掌握其判断的常用方法，“量词”要掌握其否定。

15. 圆锥曲线与方程

(1)圆锥曲线

①了解圆锥曲线的实际背景，了解圆锥曲线在刻画现实世界和解决实际问题中的作用。

②掌握椭圆、抛物线的定义、几何图形、标准方程及简单性质。

③了解双曲线的定义、几何图形和标准方程，知道它的简单几何性质。

④了解圆锥曲线的简单应用。

⑤理解数形结合的思想。

(2)曲线与方程

了解方程的曲线与曲线的方程的对应关系。

【例 4】 顶点为坐标原点 O 的抛物线 C_1 与双曲线 C_2：$\frac{x^2}{a^2}-\frac{y^2}{b^2}=1(a>0,\ b>0)$都过点 $M\left(\frac{2}{3},\ \frac{2\sqrt{6}}{3}\right)$，且它们有共同的一个焦点 F。则双曲线 C_2 的渐近线的方程为____________。

解：由题意可设抛物线 C_1 的方程为 $y^2=2px$。

把 $M\left(\frac{2}{3},\ \frac{2\sqrt{6}}{3}\right)$代入方程 $y^2=2px$，得 $p=2$，

所以抛物线 C_1 的方程为 $y^2=4x$，其焦点为 $F(1,\ 0)$。

所以双曲线 C_2 的另一个 $F_1(-1,\ 0)$，$2a=|MF_1-MF|=\left|\frac{7}{3}-\frac{5}{3}\right|=\frac{2}{3}$，所以 $a=\frac{1}{3}$。

又因为 $c=1$，所以 $b^2=c^2-a^2=\frac{8}{9}$。

所以双曲线 C_2 的方程为 $9x^2-\frac{9y^2}{8}=1$。

故双曲线 C_2 的渐近线方程为 $y=\pm 2\sqrt{2}x$。

答案：$y=\pm 2\sqrt{2}x$

【说明】①一个“掌握”泄露了高考命题的重点——椭圆与抛物线，椭圆又是重中之重。即使有双曲线的考题，也是比较简单的，所以要分清主次。

②“理解数形结合的思想”——既要重视坐标法，又要注意圆锥曲线形的特征，两者结合求解相关问题。

③关注椭圆、抛物线、双曲线交汇的试题。破解此类题的关键是掌握圆锥曲线的简单几何性质。

16. 空间向量与立体几何

(1)空间向量及其运算

① 了解空间向量的概念，了解空间向量的基本定理及其意义，掌握空间向量的正交分解及其坐标表示。

② 掌握空间向量的线性运算及其坐标表示。

③ 掌握空间向量的数量积及其坐标表示，能运用向量的数量积判断向量的共线与垂直。

(2)空间向量的应用

① 理解直线的方向向量与平面的法向量。

② 能用向量语言表述直线与直线、直线与平面、平面与平面的垂直、平行关系。

③ 能用向量方法证明有关直线和平面位置关系的一些定理(包括三垂线定理)。

④ 能用向量方法解决直线与直线、直线与平面、平面与平面的夹角的计算问题，了解向量方法在研究几何问题中的应用。

【说明】空间向量的要求都比较高，以“掌握”“能用”为主，说明此处是高考命题的重点。空间向量法是证明空间线面位置关系、求解空间角与距离的强有力的工具。利用空间向量法解决立体几何题需“四会”：一会“建系”，即利用空间几何体的结构特征建立空间直角坐标系；二会“求空间点的坐标”；三会“转化”；四会“用公式”，熟记异面直线所成角、线面所成角、二面角、距离的向量公式。

17. 导数及其应用

(1)导数概念及其几何意义

① 了解导数概念的实际背景。

② 理解导数的几何意义。

(2)导数的运算

① 能根据导数定义求函数 $y=C$，$y=x$，$y=x^2$，$y=x^3$，$y=\frac{1}{x}$，$y=\sqrt{x}$

的导数。

② 能利用下列给出的基本初等函数的导数公式和导数的四则运算法则求简单函数的导数，能求简单的复合函数[仅限于形如 $y=f(ax+b)$]的导数。

◆常见基本初等函数的导数公式：

$C'=0$（C 为常数）

$(x^n)'=nx^{n-1}(n\in\mathbf{N}^*)$

$(\sin x)'=\cos x$；$(\cos x)'=-\sin x$

$(e^x)'=e^x$

$(a^x)'=a^x\ln a(a>0$ 且 $a\neq1)$

$(\ln x)'=\frac{1}{x}$

$(\log_a x)'=\frac{1}{x\ln a}(a>0$ 且 $a\neq1)$

◆常用导数运算法则：

法则 1：$[u(x)\pm v(x)]'=u'(x)\pm v'(x)$。

法则 2：$[u(x)\cdot v(x)]'=u'(x)\cdot v(x)+u(x)\cdot v'(x)$。

法则 3：$\left[\frac{u(x)}{v(x)}\right]'=\frac{u'(x)\cdot v(x)-u(x)\cdot v'(x)}{v^2(x)}[v(x)\neq0]$。

(3)导数在研究函数中的应用

① 了解函数单调性和导数的关系；能利用导数研究函数的单调性，会求函数的单调区间(其中多项式函数不超过三次)。

② 了解函数在某点取得极值的必要条件和充分条件；会用导数求函数的极大值、极小值(其中多项式函数不超过三次)；会求闭区间上函数的最大值、最小值(其中多项式函数不超过三次)。

(4)生活中的优化问题

会利用导数解决某些简单的实际问题。

(5)定积分与微积分基本定理

① 了解定积分的实际背景，了解定积分的基本思想，了解定积分的概念。

② 了解微积分基本定理的含义。

【例 5】 已知函数 $f(x)=a\ln(e^x x)+\frac{x^2+2x+2}{2}$。

(Ⅰ)当 $a=-1$ 时，求函数 $f(x)$ 的单调递增区间；

(Ⅱ)若函数 $f(x)$ 在定义域 $(0,+\infty)$ 上是增函数，求实数的取值范围。

解：因为 $f(x)=a\ln(e^x x)+\frac{x^2+2x+2}{2}$，

所以 $f(x)=a\ln x+\frac{1}{2}x^2+(a+1)x+1$。

(Ⅰ)当 $a=-1$ 时，$f(x)=-\ln x+\frac{x^2}{2}+1$，

所以函数 $f(x)=-\ln x+\frac{x^2}{2}+1$ 的定义域为$(0, +\infty)$。

则 $f'(x)=-\frac{1}{x}+x$。

令 $f'(x)>0$，又∵$x>0$，∴$x>1$。

所以函数 $f(x)$的单调增区间为$(1, +\infty)$。

(Ⅱ)∵函数 $f(x)$在$(0, +\infty)$上是增函数，

∴$f'(x)=\frac{a}{x}+x+a+1\geqslant 0$ 对于 $x\in(0, +\infty)$恒成立。

∴$x^2+(a+1)x+a\geqslant 0$，即$(x+1)(x+a)\geqslant 0$ 当 $x\in(0, +\infty)$时恒成立。

∵$x+1>0$，∴$x+a>0$ 对 $x\in(0, +\infty)$恒成立，∴$a\geqslant 0$。

即实数 a 的取值范围是$[0, +\infty)$。

【说明】①"能求简单的复合函数的导数"说明复合函数中的内函数仅限于一次函数，其他就超出考纲要求了。超纲的知识一般不考。

②基本初等函数的导数公式和导数的四则运算法则是求解函数的导数的重要依据，一定要记清用活。

③"函数单调性和导数的关系"虽为"了解"内容，但后面提出的"能利用导数研究函数的单调性"才是最终要求——高考命题必考的重点，而且多涉及含参函数的单调性。

④会用导数求函数的极值与最值，特别是函数的最值，有关函数与导数的解答题的压轴题常渗透这个考点，如把不等式恒成立问题、存在性问题等转化为构造函数，求函数的最值问题。"会"这个要求并不低，望同学们不要忽视。

⑤定积分的要求为"了解"，但近年在高考中成为"小题新宠"，所以不仅要了解，还要会用。

⑥求可导函数单调区间一般先确定函数的定义域；再求 $f'(x)$；令$f'(x)>0$($f'(x)<0$)，得 $f(x)$的递增(减)区间。切记：如果一个函数具有相同单调性的区间不止一个，这些单调区间不能用"∪"连接，只能用逗号或"和"字隔开。

若 $f(x)$在区间 D 上单调递增(减)$\Rightarrow f'(x)\geqslant 0$($f'(x)\leqslant 0$)在区间 D 上恒成立。注意"等号"成立的检验。

18. 推理与证明

(1)合情推理与演绎推理

① 了解合情推理的含义，能利用归纳和类比等进行简单的推理，了解合情推理在数学发现中的作用。

② 了解演绎推理的重要性，掌握演绎推理的基本模式，并能运用它们进行一些简单推理。

③ 了解合情推理和演绎推理之间的联系和差异。

(2)直接证明与间接证明

① 了解直接证明的两种基本方法——分析法和综合法；了解分析法和综合法的思考过程、特点。

② 了解间接证明的一种基本方法——反证法；了解反证法的思考过程、特点。

(3)数学归纳法

了解数学归纳法的原理及其使用范围，能用数学归纳法证明一些简单的数学命题。

【说明】①合情推理中的归纳推理和类比推理都是高考命题的重点和热点。

②“分析法和综合法”都是解题中常用的方法。口诀：综合法是由因导果，分析法是执果索因。在实际解题时，通常以分析法为主寻求解题思路，再用综合法有条理地表述过程，相得益彰。

③“能用数学归纳法证明一些简单的数学命题”这个要求主要体现在数列的解答题中。虽然要求是“能”，但高考考查的概率低。

19. 数系的扩充与复数的引入

(1)复数的概念

① 理解复数的基本概念。

② 理解复数相等的充要条件。

③ 了解复数的代数表示法及其几何意义。

(2)复数的四则运算

① 会进行复数代数形式的四则运算。

② 了解复数代数形式的加、减运算的几何意义。

20. 计数原理

(1)分类加法计数原理、分步乘法计数原理

① 理解分类加法计数原理和分步乘法计数原理。

② 会用分类加法计数原理或分步乘法计数原理分析和解决一些简单的实际问题。

(2)排列与组合

① 理解排列、组合的概念。

② 能利用计数原理推导排列数公式、组合数公式。

③ 能解决简单的实际问题。

(3)二项式定理

① 能用计数原理证明二项式定理。

② 会用二项式定理解决与二项展开式有关的简单问题。

【说明】①“复数的四则运算和复数的几何意义”是复数在高考中考查的最核心的内容，复数的其他内容虽然要求较高，但较为基础。在备考中要注意把握难易程度。

②“计数原理”的要求都不低，两个基本原理是我们解决排列组合问题的主要依据，要记住“先组合后排列”，实际上就是先分类后分步的体现。

③“二项式定理”要记准公式，记住规律。其命题两重点：公式求项(二项式系数)、赋值求系数。

21. 概率与统计

(1)概率

① 了解分布列对于刻画随机现象的重要性；理解取有限个值的离散型随机变量及其分布列的概念，会求取有限个值的离散型随机变量的分布列。

② 理解超几何分布及其导出过程，并能进行简单的应用。

③ 了解条件概率和两个事件相互独立的概念，理解 n 次独立重复试验的模型及二项分布，并能解决一些简单的实际问题。

④ 理解取有限个值的离散型随机变量的均值、方差的概念，能计算简单离散型随机变量的均值、方差，并能解决一些实际问题。

⑤ 利用实际问题的直方图，了解正态分布曲线的特点及曲线所表示的意义。

(2)统计案例

了解下列一些常见的统计方法，并能应用这些方法解决一些实际问题。

①独立性检验

了解独立性检验(只要求 2×2 列联表)的基本思想、方法及其简单应用。

②回归分析

了解回归分析的基本思想、方法及其简单应用。

【说明】①“理解取有限个值的离散型随机变量及其分布列的概念”提示我们考查的分布列中随机变量的取值是有限的，其与期望、方差的求解相结合已经成为高考解答题的“盘中菜”，定要重视。

②“相互独立事件的概率”要求虽为“了解”，却是高考命题的重点，自己提点高要求吧！

③认识正态分布曲线的特点——对称性，也就会求服从正态分布曲线的随机变量在某一区间的概率了。

④“独立性检验与回归分析”的要求为“了解”，所以考题一般比较简单，只需记住线性回归中的所有样本必过样本的中心点$(\overline{x}, \overline{y})$，两个公式都不需要记住，若需要这两个公式，一般会在该题的末尾或卷首呈现。

（二）选考内容与要求

1. 几何证明选讲

（1）理解相似三角形的定义与性质，了解平行截割定理。

（2）会证明和应用以下定理：①直角三角形射影定理；②圆周角定理；③圆的切线判定定理与性质定理；④相交弦定理；⑤圆内接四边形的性质定理与判定定理；⑥切割线定理。

2. 坐标系与参数方程

（1）了解坐标系的作用。了解在平面直角坐标系伸缩变换作用下平面图形的变化情况。

（2）了解极坐标系的基本概念，会在极坐标系中用极坐标刻画点的位置，能进行极坐标和直角坐标的互化。

（3）能在极坐标系中给出简单图形表示的极坐标方程。

（4）了解参数方程，了解参数的意义。

（5）能选择适当的参数写出直线、圆和椭圆的参数方程。

【说明】①“理解相似三角形的定义与性质”说明这部分的要求比较高，利用相似三角形证明比例线段是高考命题的重点。

②会证明和应用“六大定理”，显然高考命题的重点是定理的应用，这是圆中比例线段的求解与证明的重要依据。

③“能进行极坐标和直角坐标的互化”暴露了命题的重点，多为直线和圆的两种形式方程的有关问题。当然也不要忽视参数方程与普通方程的互化问题。

3. 不等式选讲

（1）理解绝对值的几何意义，并了解下列不等式成立的几何意义及取等号的条件：

$|a+b| \leqslant |a|+|b|$（$a, b \in \mathbf{R}$）

$|a-b| \leqslant |a-c|+|c-b|$（$a, b \in \mathbf{R}$）

（2）会利用绝对值的几何意义求解以下类型的不等式：

$|ax+b| \leqslant c$

$|ax+b| \geqslant c$

$|x-b|+|x-c| \geqslant a$

（3）通过一些简单问题证明解不等式的基本方法：比较法、综合法、分析法。

【说明】①绝对值不等式中最多含有两个绝对值符号；当然不要忽视“理解绝对值的几何意义”，这是解决绝对值不等式恒成立的依据。应关注含有两个不等式号的不等式的求解，不仅会用绝对值的几何意义求解，还要会应用“零点分区间法”求解。

②“了解证明不等式的基本方法”透露了不等式的证明，若有考查，难度一般定位为容易。

（发表于2015年《试题调研专辑》）

参考文献

[1]中华人民共和国教育部．普通高中数学课程标准(实验)[S]．北京：人民教育出版社，2002.
[2]中华人民共和国教育部．普通高中教学课程标准(新)[S]．北京：人民教育出版社，2012.
[3]中华人民共和国教育部．普通高中课程方案(实验)[S]．北京：人民教育出版社，2005.
[4]皮连生．学与教的心理学[M]．上海：华东师范大学出版社，2011.
[5]冯斌．高中数学教学设计实例[M]．宁波：宁波出版社，2006.
[6]李献林，张淑清．学困生心理特征与教育[M]．北京：人民出版社，2008.
[7]张景中．数学与哲学[M]．北京：中国少年儿童出版社，2003.
[8]虞涛．高考数学命题新思维[M]．上海：汉语大词典出版社，2007.
[9]薛金星．高中数学解题方法与技巧[M]．北京：北京教育出版社，2010.
[10]林光来．新课引入中问题情境的创设[J]．数学教学通讯，2006(4)：37—39.
[11]应之宁．数学教学中有效“问题情境”的创设及案例分析[J]．中学数学教学参考，2006(1—2)：9—11.
[12]赵晓雄．数学教学中培养学生问题意识[J]．数学教学通讯，2006(1)：1—4.
[13]许盈．数学教学中的情感教育[J]．中学数学教学参考，1998(1—2)：22—23.
[14]尹松青，陈为民．数学教学中如何加强对学生兴趣的培养[J]．中学数学教学，1995(5)：10—11.
[15]刘康宁，白志新．非智力因素在教学中的作用[J]．中学数学，1987(11)：461—464.
[16]李红鲜．中专数学教学中培养学生创新精神与实践能力的透视[J]．考试周刊，2007(44)：59—60.
[17]王颖．高中数学课堂有效教学的研究[M]．昆明：云南师范大学出版社，2009.
[18]孙青．数学教学中培养学生创新思维之我见[J]．市场周刊(理论研究)，

2008(6)：209.

[19]张奠宙，木振武．数学美与课堂教学[J]．数学教育学报，2001(10)：1—3.

[20]北京市实施教育部《普通高中数学课程标准(实验)》的课程安排指导意见(试行)[EB/OL]. 2007-09-13. http：//jypx. beijing. cn/jytd/bjgzkg/n214045332. shtml.